中国非洲研究院文库 · 学术译丛

合作伙伴进行时

大学—中小学—社区

Partnerships in Action

University-School-Community

[南非] 帕蒂 · 西尔伯特（Patti Silbert）
罗尚 · 加尔万（Roshan Galvaan） /编
乔纳森 · 克拉克（Jonathan Clark）

李琴 /译

中国社会科学出版社

图字：01－2023－0082号

图书在版编目（CIP）数据

合作伙伴进行时：大学—中小学—社区／（南非）帕蒂·西尔伯特，（南非）罗尚·加尔万，（南非）乔纳森·克拉克编；李琴译．—北京：中国社会科学出版社，2023.5

（中国非洲研究院文库．学术译丛）

书名原文：Partnerships in Action：University-School-Community

ISBN 978－7－5227－1573－5

Ⅰ．①合…　Ⅱ．①帕…②罗…③乔…④李…　Ⅲ．①教育管理—研究—南非共和国　Ⅳ．①G547.86

中国国家版本馆CIP数据核字（2023）第045620号

出 版 人　赵剑英
责任编辑　高　歌
责任校对　杨　林
责任印制　戴　宽

出　　版　中国社会科学出版社
社　　址　北京鼓楼西大街甲158号
邮　　编　100720
网　　址　http://www.csspw.cn
发 行 部　010－84083685
门 市 部　010－84029450
经　　销　新华书店及其他书店

印　　刷　北京君升印刷有限公司
装　　订　廊坊市广阳区广增装订厂
版　　次　2023年5月第1版
印　　次　2023年5月第1次印刷

开　　本　710×1000　1/16
印　　张　18.25
插　　页　2
字　　数　313千字
定　　价　99.00元

《中国非洲研究院文库》编委会名单

充分发挥智库作用　助力中非友好合作

——“中国非洲研究院文库”总序言

当今世界正面临百年未有之大变局。世界多极化、经济全球化、社会信息化、文化多样化深入发展，和平、发展、合作、共赢成为人类社会共同的诉求，构建人类命运共同体成为各国人民的共同愿望。与此同时，大国博弈加剧，地区冲突不断，恐怖主义难除，发展失衡严重，气候变化问题凸显，单边主义和贸易保护主义抬头，人类面临诸多共同挑战。中国是世界上最大的发展中国家，是人类和平与发展事业的建设者、贡献者和维护者。2017 年 10 月中国共产党第十九次全国代表大会胜利召开，引领中国发展踏上新的伟大征程。在习近平新时代中国特色社会主义思想指引下，中国人民已经实现了第一个百年奋斗目标，正在意气风发地向着全面建成社会主义现代化强国的第二个百年奋斗目标迈进，同时继续努力为人类作出新的更大贡献。

非洲是发展中国家最集中的大陆，是维护世界和平、促进全球发展的重要力量之一。近年来，非洲在自主可持续发展、联合自强道路上取得了可喜进展，从西方眼中“没有希望的大陆”变成了“充满希望的大陆”，成为“奔跑的雄狮”。非洲各国正在积极探索适合自身国情的发展道路，非洲人民正在为实现《2063 年议程》与和平繁荣的“非洲梦”而努力奋斗。

中国与非洲传统友谊源远流长，中非历来是命运共同体。中国高度重视发展中非关系，2013 年 3 月习近平担任国家主席后首次出访就选择了非洲；2018 年 7 月习近平连任国家主席后首次出访仍然选择了非洲；6 年间，习近平主席先后 4 次踏上非洲大陆，访问坦桑尼亚、南非、塞内加尔等 8 国，向世界表明中国对中非传统友谊倍加珍惜，对非洲和中非关系高度重视。在2018年中非合作论坛北京峰会上，习近平主席指出："中非早已结成休戚与共的命运共同体。我们愿同非洲人民心往一处想、劲往一处使，共筑更加紧密的中非命运共同体，为推动构建人类命运共同体树立典范。"在2021年中非合作论坛第八届部长级会议上，习近平主席首次提出了"中非友好合作精神"，即"真诚友好、平等相待，互利共赢、共同发展，主持公道、捍卫正义，顺应时势、开放包容"。这是对中非友好合作丰富内涵的高度概括，是中非双方在争取民族独立和国家解放的历史进程中积累的宝贵财富，是中非双方在发展振兴和团结协作的伟大征程上形成的重要风范，体现了友好、平等、共赢、正义的鲜明特征，是新型国际关系的时代标杆。

随着中非合作蓬勃发展，国际社会对中非关系的关注度不断提高，出于对中国在非洲影响力不断上升的担忧，西方国家不时泛起一些肆意抹黑、诋毁中非关系的奇谈怪论，诸如"新殖民主义论" "资源争夺论" "中国债务陷阱论"等，给中非关系发展带来一定程度的干扰。在此背景下，学术界加强对非洲和中非关系的研究，及时推出相关研究成果，提升中非国际话语权，展示中非务实合作的丰硕成果，客观积极地反映中非关系良好发展的局面，向世界发出中国声音，显得日益紧迫和重要。

以习近平新时代中国特色社会主义思想为指导，中国社会科学院努力建设马克思主义理论阵地，发挥为党和国家决策服务的思想库作用，努力为构建中国特色哲学社会科学学科体系、学术体系、话语体系作出新的更大贡献，不断增强我国哲学社会科学的国际影响力。中国社会科学院西亚非洲研究所是遵照毛泽东主席指示成立的区域性研究机构，长期致力于非洲问题和中非关系研究，基础研究和应用研究并重。

以西亚非洲研究所为主体于2019年4月成立的中国非洲研究院，是习近平主席在中非合作论坛北京峰会上宣布的加强中非人文交流行动的重要举措。自西亚非洲研究所及至中国非洲研究院成立以来，出版和发表了大量论文、专著和研究报告，为国家决策部门提供了大量咨询报告，在国内外的影响力不断扩大。按照习近平主席致中国非洲研究院成立贺信精神，中国非洲研究院的宗旨是：汇聚中非学术智库资源，深化中非文明互鉴，加强治国理政和发展经验交流，为中非和中非同其他各方的合作集思广益、建言献策，为中非携手推进“一带一路”合作、共同建设面向未来的中非全面战略合作伙伴关系、构筑更加紧密的中非命运共同体提供智力支持和人才支撑。中国非洲研究院有四大功能：一是发挥交流平台作用，密切中非学术交往。办好“非洲讲坛”“中国讲坛”“大使讲坛”，创办“中非文明对话大会”“非洲留学生论坛”“中国非洲研究年会”，运行好“中非治国理政交流机制”“中非可持续发展交流机制”“中非共建‘一带一路’交流机制”。二是发挥研究基地作用，聚焦共建“一带一路”。开展中非合作研究，对中非共同关注的重大问题和热点问题进行跟踪研究，定期发布研究课题及其成果。三是发挥人才高地作用，培养高端专业人才。开展学历学位教育，实施中非学者互访项目，扶持青年学者和培养高端专业人才。四是发挥传播窗口作用，讲好中非友好故事。办好中国非洲研究院微信公众号，办好中英文中国非洲研究院网站，创办多语种《中国非洲学刊》。

为贯彻落实习近平主席的贺信精神，更好汇聚中非学术智库资源，团结非洲学者，引领中国非洲研究队伍提高学术水平和创新能力，推动相关非洲学科融合发展，推出精品力作，同时重视加强学术道德建设，中国非洲研究院面向全国非洲研究学界，坚持立足中国，放眼世界，特设“中国非洲研究院文库”。“中国非洲研究院文库”坚持精品导向，由相关部门领导与专家学者组成的编辑委员会遴选非洲研究及中非关系研究的相关成果，并统一组织出版。文库下设五大系列丛书：“学术著作”系列重在推动学科建设和学科发展，反映非洲发展问题、发展道路及中非合作等某一学科领域的系统性专题研究或国别研究成果；“学术译丛”系列主要把非洲学者以及其他方学者有关非洲问题研究的学术著作翻译成中文出版，特别注重全面反映非洲本土学者的学术水平、学术观点和对自身发展问题的见识；“智库报告”系列以中非关系为研究主线，中非各领域合作、国别双边关系及中国与其他国际角色在非洲的互动关系为支撑，客观、准确、翔实地反映中非合作的现状，为新时代中非关系顺利发展提供对策建议；“研究论丛”系列基于国际格局新变化、中国特色社会主义进入新时代，集结中国专家学者研究非洲政治、经济、安全、社会发展等方面的重大问题和非洲国际关系的创新性学术论文，具有基础性、系统性和标志性研究成果的特点；“年鉴”系列是连续出版的资料性文献，分中英文两种版本，设有“重要文献”“热点聚焦”“专题特稿”“研究综述”“新书选介”“学刊简介”“学术机构”“学术动态”“数据统计”“年度大事”等栏目，系统汇集每年度非洲研究的新观点、新动态、新成果。

期待中国的非洲研究和非洲的中国研究在中国非洲研究院成立新的历史起点上，凝聚国内研究力量，联合非洲各国专家学者，开拓进取，勇于创新，不断推进我国的非洲研究和非洲的中国研究以及中非关系研究，从而更好地服务于中非共建“一带一路”，助力新时代中非友好合作全面深入发展，推动构建更加紧密的中非命运共同体。

中国非洲研究院

目录

序

山丘与平地：在南非中小学与大学情境中开展合作与学习

克雷恩·苏迪恩

合作是一种人类活动，每当它发生时，除了与之相关的所有其他事物，它还包含理论家所说的“社会动力”——即个人和群体彼此之间的相互作用和行为。合作与合作伙伴关系的社会动力引人关注，虽说是老生常谈，但需要对其正确理解。本书认为，人们应当关注个人和群体对经验的理解和意图、二者结合起来的历史以及它们如何应对结合过程中产生的多重政治、社会和心理差异。

本书所讨论的合作发生在南非——在这里，理解、意向、历史与协商活动承载着350多年来人们在应对社会差异问题上所积累起来的努力。这本书反映了南非两种代表性机构，即大学与中小学的结合，其目标是解决中小学教育质量低下的问题，这与它们两者彼此间的历史有关。

本书所讨论的开普敦大学（UCT），代表着白人和中产阶级的利益，它给合作伙伴关系带来了南非特权的所有附属物。在此涉及的中小学是指位于开普敦市卡雅利沙镇上的小学，背负着各类不利条件，反映出黑人和穷人的境遇。种族和阶级烙印的标记深深印在这种合作伙伴关系上。这些标记能够确定合作伙伴关系中各个参与者的身份角色，但它们常常粗暴伤人，过于确定地揭露着现实的本质。在这种体系下，开普敦大学被赋予一种“山丘”的刻板印象，而卡雅利沙镇则被描述为“平地”，这两个词作为一种符号是具有象征意义的，影响着人们的思维方式、理解、意向、历史以及协商方式。“山丘”是一种优越感和自尊的体现——也就是南非民众对于白人的认知；而在“平地”上的中小学则截然相反，带有一种自卑感和苦涩感——也就是南非民众对黑人的认知。

撰写这篇序的目的是，应对并正确看待南非这种独特合作模式下产生的理解、意向和协商活动所带来的挑战。明确来说，这并不是为了评估。在经典的评估术语中，它不寻求确定与目标相关的结果，也不考察和参与者活动有关的合作伙伴关系运营经验的有效性。本书的大部分内容都致力于回答这个问题，并围绕参与者对自身、合作方以及彼此互动关系认知所产生的社会动力进行讨论，在后续章节中也有进一步探索。本书的重点是探讨合作伙伴关系引起的一系列问题。社会动力问题的核心要点是，既然权力影响人们的理解、意向和协商活动，那么它所引起的问题及其所激发的潜力是否已经成为不平等问题的一种生成力量，而非只是复制或加剧不平等现象？

本书的重点是如何建设性地把不平等的社会动力转变为学习经验，并克服合作伙伴关系中的信任缺失问题。在管理合作伙伴关系建设的社会动力方面，如何将学习确立为首要价值？在权力容易分化、等级制度森严的地方，权力又如何成为合作学习的媒介呢？简而言之，一个人如何在合作伙伴关系中建立一种有意识的合作观念？

本序先是简要概述了南非的社会背景。如果不了解这一背景，读者将无法掌握理解、意向和协商行为在历史上是如何构成权力的补给站。基于这种历史背景，考察了开普敦大学与卡雅利沙镇之间的关系。

历史背景

为了解开普敦大学与卡雅利沙镇合作伙伴关系中固有的社会动力，有必要更清楚地了解南非的教育史。这是一段蓄意将种族边缘化并强调阶级特权的历史。

在应对这场讨论时，我们需要注意一点，即学校是社会形成的最重要场所之一，这种说法是正确的。除了家庭、宗教组织、法院、警察和监狱等司法和监管机构之外，学校也是社会再生产的工具。通过这些机构，特别是学校，人们确定自己在社会中的位置和角色，学习价值观，明确在双方的社群中如何自处；更为重要的是，人们明确自己的社会身份，以及伴随这些身份而来的期望、义务和权利。这些机构通过复制一个社会的主流习俗和习惯，帮助人们建立了规范的秩序。但是，也要特别注意，这些机构不仅仅单纯地发挥复制再现的作用，它们的功能取决于说话人、听话人以及行为人，还有那些有权选择如何说话、听话并行动的人，以及那些对可取性和规范性的思想作出决定的人。正如社会理论家罗姆·哈瑞（Rom Harre 1997：98）所说，学校“是充当某种角色者或担任某一职务者的相互关联的双重结构，并且是涉及表达性和实践性目标和结果的社会实践”。这种双重结构限制了在其中的个人与他们所处的规范框架相关的运作。规范框架及其制裁和激励措施引导他们采取特定的行动。正如安东尼·吉登斯（Anthony Giddens 1976，1984）所解释的那样，它使人类能够通过简单的需要来表达自己。他们做出选择，由此建立自己的机构。这一机构可能与系统约束力量背道而驰。与预期相反的是，在这个框架之外很有可能出现新的思维和行为。由此看来，学校具有形成性和扶持性。它们形成了规律性和预期性的社会形态，也提供了变异性和非预期性的空间。

如上所述，学校是复杂的机构。它们总是有潜力起着约束作用或使能。这些限制和使能可以被操纵，一个可以比另一个的程度还要高。在本次讨论中，需要考虑的正是这一现实。有人认为，南非学校受到了人为的约束。从历史上看，建立学校与其说是为了开发，不如说是为了关闭。这一关闭是在好望角殖民地（实际上是在纳塔尔殖民地和南非共和国）建立公立教育制度早期故意实行的，并在种族隔离时期加剧。随着19世纪的结束，殖民时代的教育管理者有意颠覆了当时盛行的自由主义思潮——这种思潮认为黑人的孩子能够进入主流学校——并将这些学校变成了种族排外的机构。开普敦市第二任教育部部长兰厄姆·戴尔爵士在19世纪90年代初写下了一份教育咨询委员会备忘录，奠定了南非学校种族隔离的基础：

> 欧洲殖民者在社会和政治上具有至高无上的影响力；殖民者的儿女，以及那些来到这里与他们共命运的人们，至少应该像欧洲的同龄人那样接受教育，并在当地进行适当的改造，以保持在这片土地上无可置疑的优势和至高无上的地位。传统、宗教、习俗都要求这一点，认为这对政府的稳定以及这个殖民地和邻国的物质进步都至关重要。
>
> （Cape of Good Hope，1890：3）

随着《班图教育法》（1953年第47号）的通过，这一举措在种族隔离时代得到了强化。该法规定，不仅应该教育黑人了解自己部落文化的价值，而且还应让他们认识到这种文化的低级性。一般来说，黑人应学会如何在白人统治的社会里找到自己的现实地位，即……成为“砍柴工和汲水人”（Christie & Collins 1984：161）。

这段历史的意义在于，教育被用来划分白人和黑人，并将他们置于完全不平等的地位。按照赖利的说法（Reilly 2016），它为“种族隔离思想的架构”提供了基础。学校教导白人认识自身的优越性，而教导黑人看轻自己。在理解开普敦大学和卡雅利沙镇学校的社会地位时，我们需要牢记这一基本的论述性现实，即一个位于“上层的山丘”，一个处在“下层的平地”。开普敦大学代表着该制度的特权历史，而卡雅利沙镇的学校则经历着诋毁。对此有人认为，这种定位的内在原因是来自各方的怀疑和不信任。那么在这样的背景下，如何建立合作伙伴关系呢？

然而，同样重要的是，随着理解发生转变，开普敦大学的许多人员意识到，在卡雅利沙镇这样的地方工作必须得到正确意图的支持。关于该大学和更广泛的开普敦社区工作意图问题，在历史上确实仍然存在争议。在2018 年，当开普敦大学的学生志愿行动（SHAWCO）纪念学校建校 75 周年时，这所大学在有关其与弱势社区合作的漫长历史方面受到了指责——学校的学术工作者在与贫困黑人的交往中带有同情和家长式态度，以及毫不掩饰的优越感。在讨论意向时，与会者对该校希望实现的目标表示关切，而且关心这一计划与其他已经落实的计划有何不同。由校园中的重要学者、积极分子们倡导的参与式研究概念，为在大学意图的形成过程中实施一套不同的、不那么令人反感的价值观提供了相应的知识框架和实践工具。这一术语也被用来区分具有意向性和没有明确大学价值取向的社会参与。“社会外展”“企业社会责任”和“社会响应”等术语过去曾或现在正被视为白人的托词，或被认为是大学里人们的种族和阶级自负。

什么是参与式研究？大学对“参与式研究”一词的定义是“利用学术和/或专业知识，带有明确的公共目的或利益的外部（非学术）团体的参与”（UCT 2012：2）。这一术语在一定程度上是为了承认那些试图超越同行评议出版物的限制和局限的学者，但尽管如此，他们还是试图发展明确围绕着公共利益的意义而界定的知识。可以理解，公共利益的含义并非毫无争议。但它表明了一种不同的公众意识，体现在学术界，而不是更广泛的公共领域，这才是关键。它不仅提出了知识和认识论的问题，特别是知识意图的问题，而且还直接把伴随和围绕着学术身份的本体论分量的问题提到了前沿地位。它以一种完全不同的方式提出了学术公民问题，即在联通性和责任方面，学术公民意味着什么？学者是否将自己所处的情境视作一种物质问题？在这个时期，学者与其所处的特定区域具有什么关系？如果存在关系的话，那么这种更广泛的公民身份又是如何表达的？目前几乎体现在学者公民身份中的知识是如何在更广泛的公民身份表达中或被管理，或被分享，又或被分配？它是作为礼物送给别人的吗？它是无条件提供的吗？它是否可以在有可能被批评的条件下来提供？

在这场关于参与式研究的讨论中，关键是要帮助学者们思考责任的伦理问题以及他们的表达意图，这关乎独特的学术工作在哪里进行以及如何进行。参与式研究并未禁止大学成员作为学者执行其任务，但它无疑促使他们在以审议的姿态来对待公共利益问题。这些讨论不仅有助于确定开普敦大学工作人员在与卡雅利沙镇社区建立关系时的意图，而且也有助于形成这种合作伙伴关系。它们是大学和卡雅利沙镇社区关系中出现的社会动力的一个形成因素。在认识论和本体论上，对大学里的学者们来说，重要的一点是必须强调他们的知识产出工作是由相关事务的紧迫性驱动的，必须看到它对人们的生活产生了影响。这对与卡雅利沙镇参与者的关系至关重要。

这种理解和意向对大学如何与卡雅利沙镇社区建立协商关系的影响是巨大的。它帮助该项目的领导者和中间人更实际地思考大学与其情境下的关系问题，以及大学本身与学校社区之间的权力差异问题。

该项目从一开始就对卡雅利沙镇社区采取了一种深思熟虑的参与和民主的做法。它力求在透明、平等和民主等明确的工作原则下运作；随着社区参与的任务越来越近，这些原则就会被有意提出，并进行辩论。开普敦大学的参与者明确地面对自己的观念问题。他们公开并有意识地提出了种族和阶级的历史性差异问题，以及这些问题在过去被回避、被承认和被误读的方式。同事们谈到，进入交流环境必须采取新的态度并尽量不要存有偏见。透明、开放、尊重和对等互惠的开放，被视为与卡雅利沙镇社区进行合作时不可或缺的工具。如果要在卡雅利沙镇进行协商活动，就必须公开和透明地进行。在社区的各级，许多会议相继举行。这些会议是至关重要的，在某种程度上，它们必须向卡雅利沙镇社区开放，并接受更严格的审查。然而，从表面上看，卡雅利沙镇学校的教师和学生似乎享有发言权。

结论

正如本书中讨论的那样，开普敦大学和卡雅利沙镇社区之间建立了一种可行且强有力的合作伙伴关系。如果说这种合作伙伴关系成功地在历史上享有特权的机构（如开普敦大学）和苦苦挣扎的社区（如卡雅利沙镇）之间重新配置了社会动力，那将是不正确的，也是冒昧的，但必须承认，它确实推动着这些问题成为人们讨论的对象。这一合作伙伴关系是在有意解决理解、意图和协商进程问题的基础上进行的，这一点本身就很重要。参与者本应从早期的项目中了解到尊重每个人的重要性，但他们却大胆地去故意分析造成人们尊严被剥夺的因素，并对此进行界定——种族和阶级因素。正如本书各章节所示，这种方法使得跨越边界成为可能。专业和学科之间的界限经常被跨越并进行重新安排。人们对自己的身份有了新的认识和定位。在南非这样的国家，种族和阶级的界限可能不那么容易相互渗透，也更难进行解构，但这种合作伙伴关系的处理方式使其参与者能够通过培养自我权力意识的高度自觉来处理这些问题。

参考文献

Cape of Good Hope（1890）. G－6a－90. *Special report of the Superintendent-General of Education on a resolution of the House of Assembly concerning school regulations.* Presented to both houses of parliamentary by command of His Excellency the Governor，1890. Cape Town. （CCP 1/2/1/76）.

Christie P & Collins C（1984）Bantu Education：Apartheid ideology and labour reproduction. In P Kallaway（Ed.）*Apartheid and education：The education of black South Africans.* Johannesburg：Ravan Press.

Giddens A（1976）*New rules of sociological method.* London：Hutchinson.

Giddens A（1984）*The constitution of society：Outline of the theory of structuration.* Cambridge：Polity Press.

Harre R (1997) *Social being*. Oxford: Blackwell.

Reilly J (2016) *Teaching the native: Behind the architecture of an unequal education system*. Cape Town: HSRC Press.

UCT (2012) *Social responsiveness policy framework: Senate Resolution*, 14 *September* 2012. University of Cape Town.

第一章

开展合作伙伴关系：开普敦大学“学校改进计划”

帕蒂·西尔伯特　乔纳森·克拉克　费里亚尔·帕克

为应对南非教育的重重挑战及其错综复杂的形势（参见第二章），开普敦大学（UCT）在2012年启动“学校改进计划”（SII）。本章旨在从概念和实践两个方面阐述该计划的工作内容，为后续章节搭建框架。

“学校改进计划”是开普敦大学的一项战略行动，其首要目标是通过建立密切的大学与中小学合作伙伴关系，拓宽大学在学校教育中的参与范围。该计划利用学校范围，特别是隶属于教育学院学校发展处（SDU）和健康科学学院康复科学系的资源和专业知识，与校内外特别是包括省级教育机关在内的教育团体进行密切合作。该计划也与负责卡雅利沙镇学校教育建设的都会东部文教区（MEED）达成合作关系，这表明提高教育质量需要与教育系统中的各个团体协同合作。

重构开普敦大学教育格局

系统性不平等对高等教育的影响体现在方方面面，直接的影响就是学生进入高等院校（HEIs）学习的机会有限，并且高等院校中工薪阶层家庭出身的学生，录取率和保有率较低。

南非的大学在应对教育系统的某些固有挑战以及改善高等教育入学机会方面起着至关重要的作用。大学入学机会增多，科研工作取得进展，就业形势得到改善，经济稳固发展，这些长远成效都突出了开普敦大学在改进学校教育和增加高等教育机会两个方面的基本职责。

本森等人着眼于美国教育环境，主张高等院校“应明确地将解决美国教育系统存在的问题放在首要位置”（Benson et al. 2007：79）。他们得出两大结论，以详述高等院校的重要地位。首先，解决教育系统的整体问题必须从高等教育改革入手。其次，解决这一问题最终会使高等院校更有效地履行其肩负的双重责任，即在发展与传播知识的同时，培养出受过良好教育且为建设民主社会而努力的公民。

南非高等教育界普遍认为，有必要解决结构性缺陷以及教育不平等问题。这种观点在开普敦大学的“2016—2020 年战略计划”中有所体现，开展该计划主要是为了改善现今南非社会仍旧存在的结构性缺陷与教育不平等问题。为了打造一种全新的更包容的形象，巩固这项战略性计划势在必行。该战略计划的第一个目标详细内容如下：

> 打造一种全新的且更包容的形象，反映更具代表性的师生形象，展示开普敦大学师生在文化、价值观、传统和认识论方面的多样性。
>
> （UCT 2016：1）

上述重要目标提倡一种更为多样化且更具代表性的大学生形象，要求增加社会经济背景差的学生比例，这些学生将“在开普敦大学现在与过去的优质资源上做出贡献，同时对影响院校文化的历史价值以及责任承担提出质疑”（UCT 2016：1）。

因此，人们呼吁开普敦大学重构院校文化，明确工作安排来积极响应社会变革，深化社会参与。“学校改进计划”的启动正是这一必要进程的一种表现形式。

院校要加强实践，优化并深化社会参与度，响应于此的转变标志着一种新的“布局机会”（Cantor & Englot 2015：21），对大学教职工如何开展工作、在哪里工作、同谁一起工作以及如何看待科研等方面起着重要作用。开普敦大学启动了一系列诸如“学校改进计划”的战略行动来推动社区参与，对参与式研究提供政策性支持，这些积极转变都反映出它日益增加的社会影响力。

《开普敦大学 2014—2015 年度社会响应情况报告》借鉴了克莱恩·苏迪恩最近有关转型话题的研究，重点强调了参与式研究政策要求大学建立一种新模式：

> 这一政策的转型价值及其所鼓励的方向在于，明确知识在对抗和改变社会权利和权益分配的不平等和不公正方式上所起到的基本作用。针对南非种族、阶级、性别和其他方面不平等的问题，这所南非大学的定位非常特殊。它不能像世界上其他重点大学一样，它必须使自身与所处大背景相联系。正是这一点，使这所大学将其有关社会响应方面的工作置于变革议程的首位。
>
> （Soudien 2015：10）

上述战略目标承认，我们的命运与我们服务的社区密不可分（Harkavy & Hartley 2009）。这就意味着大学、社区和中小学之间的关系需要从过去有限的社区参与转变为建立持续有效的深度合作伙伴关系。合作伙伴关系概念的核心是互惠与合作，以及发展互利关系（Nehring & O'Brien 2012），以此增强大学和中小学的能力。这就要求大学将传统知识基础扩展到不同的、尚未经过测试的专业领域，以便实现个人或组织无法自行制订的创新型战略计划（Corrigan 2000）。

“学校改进计划”中合作伙伴关系这一概念指的是开普敦大学与目标学校之间进行的一项具有持续性、创造性、互惠性的深入参与式合作，目的是加强伙伴学校各方面的实力，增加来自不平等和弱势社区的后入学者的受教育机会，推动大学文化的转型使其能够积极响应社会。

大学—中小学合作伙伴关系：文献综述

世界各地的大学越来越倾向于更积极地进行社区参与（Bawa 2015）。在某些情况下，这些合作采取了服务学习的模式（以学分为目的或不计学分），而在其他情况下，开展社区参与是为了推进学生的专业实践，是课程体系中的必修部分。多数大学—中小学/社区参与往往是围绕特定目的在规定的时间段内组织开展，如职前教学实践。“学校改进计划”采用的合作伙伴关系模式意味着参与的程度更加深入，周期更长。在这种情况下，大学与中小学合作创建长效的互利计划，为双方带来益处。“学校改进计划”对学校整体发展寄予的长期愿景，与宾夕法尼亚大学 Netter 中心以“大学援助的社区学校”模式推进的持续合作产生了共鸣，就其在西费城的伙伴学校而言，这种援助模式可以追溯到20多年前（又见Harkavy et al. 2016；Li 2017）。

1994年之后的南非，在大学内外开展了许多基于合作伙伴关系的干预措施，试图纠正由于种族隔离教育而导致的低收入、资源不足的学校所固有的不平等现象。这也承认非政府组织（NGO）（1994年之前和之后）在努力改变南非学校方面所作的巨大贡献（Soudien 2013）。

赛义德等人（Sayed et al. 2013）提出了一些更为广泛的计划，其中许多计划是基于不同类型的合作伙伴关系展开的。“提升教育质量的合作伙伴关系计划”（Equip）是一项学校整体发展干预措施，是公私合作模式最早的范例之一（O'Connell 2013）。如本章后文所述，这一干预措施侧重于情境驱动下的学校整体发展，有助于为“学校改进计划”的工作提供信息。除此之外，赛义德等人（Sayed et al. 2013）提到的干预措施都以不同类型的合作伙伴关系来支持学校发展。

尽管南非的公共和私人部门之间建立了越来越多的学校改进合作伙伴关系，但大学与中小学合作伙伴关系将跨学科参与定义为一项社会公正发展战略，并将其与学校整体发展联系起来（Bawa 2015），这在南非还是一个新生实践。正如伊斯兰（Islam 2011）所建议的那样，有一部分原因可能是学校发展面临挑战，如确保合作伙伴关系对学校是互利且相关的，同时确保大学在理论和实践方面都有所参与，即提供新知识并解决不平等和不利问题。尽管人们对高等院校与中小学和当地社区合作的兴趣与日俱增，但伊斯兰（Islam 2011）也提醒，这种合作伙伴关系的概念性较弱，没有充分立足于情境，可能导致大学对中小学施以霸权。

正如美国学界所示，在过去的20年里大学中小学合作伙伴关系类型激增（参见Harkavy 2006；Harkavy et al. 2011；Pecheone et al. 2006；Thorkildsen & Scott Stein 1996）。斯托尔和芬克（Stoll & Fink 1989）坚持认为，尽管大学参与中小学改进工作中的范围扩大，但缺乏改进的蓝图，且没有完全相同的两种模型。同样，当涉及合作伙伴关系的定义时，也没有达成共识（Islam 2011）。大学中小学合作伙伴关系的概念是复杂的，且在不断发展，如伊斯兰（Islam 2011）所指出的，该模型的实践因伙伴关系的不同情境、条件以及目的而有所差异。

基于具体情境，我们支持狄普勒（Deppeler 2006）的主张，即大学与中小学合作伙伴关系必须在更广泛的范围内适应特定机构的需要，具体来说，必须适应个别学校的情况。在大学与中小学合作伙伴关系的文献（参见 Deppeler 2006；Nehring & O'Brien 2012；and others）中，“学校改进计划”认为，通过大学、学区、社区组织和学校之间有目的性、有针对性的合作，可以实施并维持更深入、更有效的学校整体性干预。此外，“学校改进计划”内部建立合作伙伴关系的必要性还基于这样一种假设：校本干预战略是在与校长、学校管理团队（SMT）、学校管理机构（SGB）、教师和学习者密切合作的背景下构建的。整个学校的发展战略是多层次、跨学科的，这一点在本章下述内容以及后续章节中都有说明。

确认“学校改进计划”的伙伴学校

基于对相关性、应用和背景（Islam 2011）的关注，“学校改进计划”在与都会东部文教区以及学校发展处商讨后，确认卡雅利沙镇有大量潜在的伙伴学校。Netter 中心对五所费城西部学校的关注为“学校改进计划”与五所学校合作伙伴关系的建立提供了参考，这使得这些学校的校本策略能够深入参与并融入学校共同体的不同部门。除了这五所核心伙伴学校外，还以该学校共同体内所有二十所中学为基础，推行“百佳计划”（100－up）[1]。后文将对此进行详细讨论。

教育实验室（Edulab）是于 2010 年在大学范围内成立的顾问论坛，经过多次广泛的讨论，才决定在卡雅利沙镇开展工作[2]。整个开普敦都会城区的许多中学对大学的资源都有广泛的需求，如果将大学的资源用于帮助一个地区的中学，那么我们可以断定这对双方学校都十分有利。考虑了许多因素之后，确定选择卡雅利沙镇。最重要的是，它是一个规模较大的，仍受限制的社区，在开普敦大学的历届任职人员中，少有人来自此地。

这些中学选择与“学校改进计划”合作，对于与开普敦大学合作伙伴关系的建立至关重要。该计划考虑到的择校关键因素还包括以下几点：

首先分析该校四年内 3—6 年级学生的综合测试[3]成绩。学生成绩在此期间内呈现出改进模式的学校将有资格入选，因为这不仅意味着学校老师和管理人员在提高学生成绩方面做出了一定程度的努力，并且在这一过程中能坚持到底。

另一个考虑因素是基于从学校发展处的在职专业发展课程获得的数据，

这些课程反映出老师和/或学校管理团队成员在大学认证的高级教育证书（ACE）专业课程中的注册率（以前注册的或者择校期间获得的）[4]。老师或学校管理人员在学校发展处进行的两年制兼职课程可以说明学校对在职专业发展的投入。就学校管理人员来说，教育管理和领导力发展专业（EMLD）的高级教育证书专业课程结业能证明他们已经具备基本的能力水平，但这不一定能说明毕业生对自己作为学校管理人员的能力表现出高度自信[5]。

以上两个考虑因素有力支持富兰（Fullan 1992）研究中的论点，即能够培养教职工和学生的学习导向的学校更可能在课程和组织层面实施改进措施，持续提高改进效果。在确定建立合作伙伴关系的学校中，对专业发展的现有投入表明，新引入的干预措施将更可能得到执行，并进行维持。实际上，这些中学已经开始着手这一干预进程。

“学校改进计划”的变革手段

为推动学校整体发展的“学校改进计划”受情境驱动，实施时间较长。这些干预措施在大学与中小学合作伙伴关系框架内形成，与教育部门密切合作，根据学校的需求制定，并按照各个学校的情况进行调整。这些干预措施需要由伙伴学校、校外伙伴关系，以及当前教育环境外的系统提供多层级的支持模式。这种形式需要利用学校的优势，在组织管理以及课堂教学层面，通过优质的外部支持（参见 Correnti & Rowan 2007；Li 2017）来发展学校，这是由学校的需要决定的（参见 Fullan 1992；Harris & Bennet 2001；Hopkins et al. 1994；Hopkins & Harris 1997；Mitchell & Sackney 2009）。因此，干预措施的互惠性是有效改进学校的关键。此外，如果干预措施是以情境为驱动并基于学校的需要，且校长、学校管理人员和教师的能力得到发展，那么传统的实践形式可能会发生改变，进而创造出支持并强化教学的增强型专业实践。

开启“学校改进计划”合作伙伴关系

富兰（Fullan 1982）的研究标志着合作伙伴关系的开启，为后续活动奠定了基础。富兰为确定伙伴学校的需求，采用个案分析的方法（Silbert et al. 2015）进行为期两周的研究。

2012 年，“学校改进计划”负责人和主任举行介绍会议，并邀请伙伴学校校长和副校长参会，随后也与校方管理团队举行了会议。以上两个讨论会议是该计划进程的第一步，对“学校改进计划”进行介绍，并概述合作伙伴关系初始阶段的工作安排。若校方在参与以上会议时有兴趣与“学校改进计划”合作，校长、副校长和校方管理团队（SMT）则应与校内老师和学校管理机构（SGB）进行协商并达成一致意见，合作开始前应对每个学校进行需求调查（Silbert et al. 2015）。这一步是合作伙伴关系的重要阶段，通过观察、咨询和倾听来建立信任。“学校改进计划”与校方合作的核心在于承诺建立信任并考虑学校定位，这一点与愿意进行变革的参与者合作一样至关重要（Westraad 2011）。

在为期两周的需求调查中，“学校改进计划”团队与上述各方和非教职人员进行了半结构化访谈，并组织中学学生进行焦点小组座谈。访谈和讨论的主题主要集中于参与者对学校优势和挑战的看法，以及他们提出的改进建议。正如金和布沙尔（King & Bouchard 2011）所主张的那样，关注学校优势的人会坚定地支持进行改革，而非消极旁观。

“学校改进计划”工作人员参与每所学校的集会、简报会、职工会议、家长会议、管理团队会议、部门会议，旁听校内课程，并参与校外活动；分析学校重要文件，其中包括记录校方愿景和任务、政策和学校改进规划（SIP）的文件；使用话语分析法对访谈进行录音、转写和检查。参与者获悉，他们的所有回答将保持匿名。在由校方各类代表参加的互动研讨会上，工作人员会将观察和调查结果汇编为综合报告反馈至校长、管理团队和教师，并与其协商确定主要优先发展事项。这种参与模式可为各伙伴学校提供机会，说明并讨论调查结果，进而商定战略规划。

在公共讨论会上给予反馈是需求调查的另一个关键阶段，使与会者有机会表达关切并参与重要对话；并且应由外部代理进行调查，这一点至关重要，霍普金斯（Hopkins 2001）也持同样的观点，他认为，由外部人士收集的信息往往会比校内人士获得的信息更有价值。因此，个案调查可用以了解学校背景、建立信任、获得支持以及开启对话（Senge 1990）。反馈报告即为协作战略规划，首先重审学校的愿景和任务。合作可将学校的个体愿景转化为共同愿景，针对一系列商定原则和指导惯例做出承诺，从而促进学校发展。

在确定愿景之后，商定关键的优先发展事项，并在若干发展领域确定事项的处理顺序；确定并优先考虑学校的发展需求，并选择适当的改进策略，这是学校改进过程中的关键步骤（Harris & Bennet 2011）。在中小学确定的主要优先发展事项包括支持领导、服从管理、发展教师专业和支持课程改革。此外，还确定了解决纪律问题和调整家长参与的策略。合作的总体目标在于为伙伴学校创造支持教学和学习的环境，“学校改进计划”的五项关键目标也强调了这一点（表 1.1）。

表 1.1　“学校改进计划”的五项目标

“学校改进计划”目标				
中小学校教育活动		高校的广泛参与		对外合作
目标一 推动教师专业发展； 提高学校组织能力	目标二 建设专业实践学校	目标三 提出教职工的参与式研究； 强调学生志愿活动与服务学习	目标四 提高大学录取率； 实施“百佳计划”（100 - up）	目标五 进行合作与协作

资料来源：作者汇编。

落实合作伙伴关系：五项目标

在对学校改革进行的广泛研究中，人们一致认为有效的学校变革需要采取多层次的方法，而改革战略应在学校、部门和班级层面同时起作用（参见 Fullan 1992；Harris & Bennet 2001；Hopkins et al. 1994；Hopkins & Harris 1997；Li 2017；Reynolds et al. 1993，among others）。霍普金斯（Hopkins 2001）以及韦斯特和霍普金斯（West & Hopkins 1996）认为，在采用全校式教学法时，重点不应是教职工发展、组织发展或领导力训练等单一要素，而应重点发展学校在组织管理层面以及课堂班级层面的能力。

确定“学校改进计划”的五项战略目标之前，应完成对各伙伴学校的初步案例研究，这一过程在很大程度上也能帮助确定五项目标的内容和形式。除了设法满足学校的总体需求外，每项战略目标都突出了大学与中小学合作伙伴关系的核心任务，即将教师专业发展、跨学科合作、服务学习、社区参与和参与式研究五大方面进行整合。

目标一：发展教师专业能力及学校组织能力

“学校改进计划”的首要目标和重点是推动教师专业能力发展，提高学校组织能力。本书第六章和第七章将介绍持续性发展教师专业能力的重要性，即一方面增强领导力和管理发展的同步需求，另一方面强化教师专业能力发展。此外，课堂的重要性也不容忽视，它是学校不可或缺的一部分，无法在校外进行。穆勒和罗伯茨（Muller & Roberts 2000：1）持相同观点：

> 之前，我们以孤立或“独立”的形式干预“课程”和“教学”，“课堂”只是其中一个环节；而现在，“课堂”被视为由学校、学校支持环境、地区、省份和国家部门组成的系统中包含的一部分。

因此，“学校改进计划”重视发展教师的专业能力，并主动将其与学校管理结构中的组织过程和能力建设相连。如第七章所述，校内活动通过建立问责系统、协作系统和课程管理系统来支持教学和学习，这一点至关重要。

教育学院的学校发展处负责为“学校改进计划”伙伴学校提供各类培养教师专业能力和学校组织能力的机会。其中，发展教师专业能力所采用的方法是将由大学批准的不同时长的短期课程组合，并与校本实地支持相结合。除了满足学科特定内容需求之外，这些课程注重发展教学知识。学校发展处通过提供特定情境相关的课程来鼓励教师持续学习，并支持教师将其所学内容应用于课堂教学实践。发展处的经验表明，来自同一学校的教师共同参与专业能力发展活动时，教师专业发展最为有效（参见第六章）。

发展学校组织能力时采用了类似的模型，通过指导和培训校领导和管理人员，使其发挥最大作用。正如怀利和西尔伯特在第七章中所强调的：为校长建立校内实践共同体是一种有益的模式，能够促进校长们分享有关组织和领导的专业知识。因为校长的工作环境较为孤立，缺少来自其他同行的支持，因此校长实践共同体极具价值。

经广泛宣传，通过建立大学与中小学合作伙伴关系来改进教师培训已成为加强实习教师和专任教师联系的有效方法（参见 Deppeler 2006；Mutemeri & Chetty 2011；Ramsey 2000）。

“学校改进计划”的第二个目标是建设专业实践学校，旨在推动合作学校和大学互利互惠。正如西尔伯特和费尔贝克在第十三章中所述，在专业实践学校中，通过学习创新方法和教学法，教师们的在职专业发展需求得以满足，而持有研究生教育证书的职前教师也能够扩大和深化课堂经验。

目标二：建设专业实践学校

“学校改进计划”与开普敦大学健康科学学院合作，扩展了专业实践学校的概念，除教育学院的学生外，还让其他专业的学生参与其中，如健康科学学院职业治疗专业大四学生、听力学专业学生、理疗专业学生以及言语治疗专业学生，在伙伴学校分别进行专业资质要求的实践。此外，人文学院社会工作专业的学生也在伙伴学校完成了专业实践。职业治疗专业大四学生在伙伴学校进行的实践包括社区发展实践（CDP）以及儿童学习、发展和游戏（CLDP）实践。

目标三：提出参与式研究并着重强调服务学习

对上述所有专业来说，服务学习是专业实践的重要部分。因此，建设专业实践学校与参与服务学习（“学校改进计划”第三目标的其中一点）有直接关系，服务学习也是本书的重点内容。我们在解释服务学习时，要区分传统服务学习和批判性服务学习。米切尔（Mitchell 2008）认为传统服务学习侧重于服务，并不关注权力系统和结构性不平等；批判性服务学习“旨在直接破除不平等的结构”（Mitchell 2008：50）。布廷（Butin 2010）认为批判性服务学习是一种干预策略，在这一过程中可打破各学科传统实践，重构传统的研究、实践和教学方式。批判性服务学习还要求学生研究历史、社会、经济和政治因素如何影响学习者的日常活动，这一点将在第八章、第十章以及第十一章进行阐述。这些章节内容都基于健康科学学院的学生实践。各专业有定义和描述专业实践的特定理论框架和方法，这些理论时有重叠，但在不同章节的应用中仍有细微差别，这表明在产生新的、尚未经测试的跨学科实践中既有连贯性，又有差异性。这些专业实践需要在学校中进行，学校环境视为开展实践的重点因素，而非边缘因素。

在伙伴学校内，服务学习通过建立较多的互惠合作来破坏大学与社区之间规范的权力关系，从而弥合专业教育与社区发展之间的差距（Krause 2007）。米切尔（Mitchell 2008）认为，批判性服务学习的核心在于培养一种关系，其中合作伙伴关系要代替权力等级发挥作用。因此，“学校改进计划”合作学校的服务学习以集体赋权为基础，并允许通过长期学习来解决中小学校内固有的社会和政治问题。

本书若干章节深入研究了如何将跨学科方法应用于专业实践和服务学习，标志着学生参与实践的方式发生改变。他们不再按照传统的方式从各自学科的角度来实践，而是与来自不同学科的同学合作，分享各自的优势和专业知识，继而将其应用于专业学习实践。西尔伯特和加尔万在第五章中探讨了这种跨学科参与实践的方式，思考了批判性服务学习如何改变大学和中小学的校内实践方式，进而研究健康科学学院学生进行校内跨学科合作的过程。本章重点关注批判性服务学习和跨学科学习，从多方面确定了本书的中心内容，即以上两类学习方式会帮助学生形成新见解并将其概念化，也可以说明大学与中小学合作伙伴关系对学术研究产生了影响（如第十一章和第十二章所述）。

在第十一章，亚伯拉罕斯等人也研究了言语治疗专业大四学生参与的跨学科专业实践。在第五章和第八章，作者讨论了学校鼓励学生以不同方式挑战他们的传统规范角色和假设，以此来发展一种对情境具有敏感度并能回应学校需求的专业实践。彼得斯和加尔万在第八章用“基于职业的社区发展”（ObCD）框架，探索学校环境中父母参与的新方法。

如上所述，服务学习和跨学科合作重点突出了“学校改进计划”对推动相关研究的承诺。该计划的第三项目标表明，自 2014 年以来，“学校改进计划”内部出现了重大转变，一些大学教职工对在社会不平等体系中进行学生社会实践的研究十分感兴趣，他们开始深化并拓宽了该学术领域（Mitchell 2007）。本书阐明教职工和学生的观点，旨在强调一种新型的、摒弃了传统规范实践的、概念化的参与方式。

该目标的第三点在于学生志愿服务，这种服务仍为一种实践形式。复杂的社会政治权力体系通过这种实践形式得以运作。“学校改进计划”中的学生志愿服务模式不以传统的利他主义志愿服务观为基础提供慈善服务，而采用了一种批判性视角，鼓励学生思考当下的社会问题，并思考在与社区进行互动合作时他们能够发挥的作用，“以此改变并塑造不同的社会风貌”（Catlett & Proweller 2016：68）。批判性服务学习和学生志愿服务认为理论与日常实践相关，并在伙伴学校内为学生提供机会，让他们根据南非学校的结构性不平等和社会经济差异对自我实践进行批判性反思。在撰写本书时，“学校改进计划”的学生志愿服务仍处于早期发展阶段，因此本书不作重点介绍。

目标四：提高大学录取率

开普敦大学被认为是非洲顶尖名校之一，也是许多本地和国际学生的首选院校[6]。但它的录取名额有限，竞争十分激烈[7]。然而，鉴于南非的许多中小学在国家教育方面的表现持续不佳，毫不奇怪，诸如来自卡雅利沙镇的学生录取比例很低[8]。2010 年，开普敦大学共录取 12 年级新生 3000 名，仅 24 名是来自卡雅利沙镇的 11 所中学，该镇共有 20 所中学。作为开普敦市的一个大型社区，学生的录取名额却少得可怜。意识到这点后，开普敦大学开始行动起来，启动了“百佳计划”。

“百佳计划”设立了一系列初期目标，其中最重要的是确保更多来自卡雅利沙镇的考生在竞争中脱颖而出，被开普敦大学录取。其长期目标是利用该项计划积累知识与经验，更好地帮助来自如卡雅利沙镇这样社会经济地位较低社区的学生满足其对高等教育的需求。

卡雅利沙镇 20 所中学的所有学生都是该项计划的目标对象，这意味着开普敦大学决心尽可能地与社区建立广泛联系。每年从每所中学选出 5 名成绩优异的 10 年级学生参与新生选拔，这一选拔涵盖了每所学校。鉴于各所学校的内部测评标准均有不同，新生选拔过程的核心标准就定为开普敦大学统一实行的语言和数学测试，这项测试仅针对每所学校选出的最多 10 名候选学生。

一旦选拔开始，“百佳”项目在随后三年中将组织每所学校的5名优秀学生参与综合学习计划。综合学习计划由许多不同的相互补充的活动组成，包括周六学校项目、校内举办的假期住校训练营，以及各种研讨会和活动——其中一些活动由开普敦大学教职工和学生举办。在南非乡镇学校，数学、科学、英语等学科的教授水平和学习效果普遍较差[9]。因此，为“百佳”学生提供额外的学业支持是该项目的关键，对大多数学生来说，这也是他们进入大学的一张王牌。

同样重要的是，干预学生的生活技能，使其为迎接高等教育的挑战做好准备。如研究所示（参见 Badenhorst & Kapp 2013；Kapp et al. 2014；Pym & Kapp 2013），社会经济地位出身较低的年轻人在试图掌舵大学学习生活时会面临无数的挑战，相比于家庭背景比较优越的学生，他们缺乏应对挑战的技能和策略。因此，对于这些学生来说，困难会加倍。除了不够精通英语外，他们的家里或学校附近没有便利设施，缺乏印刷设备，看书不方便，而且家庭或学校很少积极发展其自主学习的习惯，也没有鼓励他们自主学习（参见 Christie 2008；Kapp 2004；Slonimsky & Shalem 2014）。

大多数从表现不佳的中学考入开普敦大学的学生经常要竭尽全力去理解、适应大学环境及其学术氛围。开普敦大学在很多方面都与他们原来的学校和家庭环境相差甚远。在适应大学生活时，他们通常会面临各种各样的挑战，信心与自尊都受到了打击，倍感沮丧，觉得与大学格格不入（Badenhorst & Kapp 2013）。此外，这些学生的学业表现也会受到影响。巴登霍斯特和卡普（Badenhorst & Kapp 2013）认为，为了成功适应这个迥异的学习和教育环境，学生需要建立自我意识。“百佳计划”支持此观点，在学生开始大学学习生活前提供众多由开普敦大学教职工和学生组织举办的研讨会以进行干预。这些干预项目旨在以各种方式调动个人能动性，培养学生的自信和归属感。至关重要的是，“百佳计划”要纳入一些有着相似背景的导师（由大学生充当）来指导“百佳”学生，这些导师越来越多地来自该计划以前的团队。他们既是之前的“百佳”学生，也是现如今的大学新生，因此有更多的个人经验可以分享。这种同伴学习模式的价值得到了学术界的极大认可（Kagee et al. 1997）。

“百佳”学生从每所学校同一年级选拔的人数上限为5人。过去一直有人认为，卡雅利沙镇上未在“百佳计划”内的其他学生也有可能成为大学候选人。为弥补遗憾，根据大学即将入学学生的年中考试成绩，将招募成绩达到入学门槛的学生参与另一个计划——“刺网计划”（Gill Net Programme）。这项计划与“百佳计划”齐头并进，需要学生接受集中的学业帮助，更重要的是接受有关开普敦大学申请流程的帮助，包括国家基准测试（大学入学考试）、资助来源和住宿等相关信息。关于开普敦大学每年招生名额以及接下来的录取流程，“百佳”和“刺网”学生需同其他新生一样遵循相同的入学要求。

开普敦大学在 2014 年启动“百佳计划”录取新生。在撰写本书时（2017 年），该计划已经执行了七年。卡雅利沙镇的“刺网计划”始于 2013 年，在 2015 年就已扩展至邻近社区米切尔平原镇的 15 所中学。

2013 年至 2016 年间，参加了“百佳”和“刺网”计划的 12 年级学生共有 778 名。2016 年，除一人外，其余所有同学都通过了大学入学考试，且有 709 名学生（91.1%）拿到了 B 以上的成绩（B 是大学最低分数要求）。共有 311 名参与者拿到了开普敦大学的录取通知书，还有 326 名被南非其他学校录取。总的来说，通过“百佳”和“刺网”计划被大学录取的同学共 637 名，是获得 B 分数的人数的 89.8%，是过去六年内所有通过计划的人数的 81.9%。

2016 年，在卡雅利沙镇的 20 所中学的毕业班中，来自 19 所学校的 72 名学生在 2017 年进入开普敦大学学习，开始第一学年的学习。这比 2010 年录取人数增加了三倍，标志着“百佳计划”取得了显著成功。

目标五：对外合作

“学校改进计划”的最后一个目标是致力于外部合作，并与开普敦大学校内外从事教育的团体建立合作伙伴关系，以增强学校的内部能力。这再次提醒我们，学校能力建设需要多层级的干预措施，而且还需扩大建设范围，即在大学和中小学以外的环境建立合作伙伴关系与支持网络（West & Hopkins 1996）。

迄今为止的两项重要计划可以阐释这个目标的意图。首先，“图书馆和语言合作伙伴关系”是一项由校内外合作者共同进行的合作干预项目，校内合作者包括图书馆与信息研究中心（LISC）和新星计划（iKwezi）[10]，校外合作者有国际组织扶轮社（Rotary）[11]、国家阅读活动 Nal'ibali[12]、非营利组织 The Bookery[13]。该项合作的终极目标是在“学校改进计划”的伙伴学校建立功能完善的图书馆，支持伙伴学校的图书馆和语言发展。

在合作启动初期，参与“学校改进计划”的学校合作进行了需求问卷调查（如本章前文所述），调查结果清楚地表明了学校建立图书馆的迫切愿望。经过各校合作得以建立起来的图书馆首先作为试点运行，其成功经验已经并将持续由该地区的其他学校复制、分享并推广，直至覆盖全省范围内的其他学校（第九章）。至今，图书馆已在所有伙伴学校完全投入使用，以班级为单位，每周轮流使用图书馆。此外，图书馆助理馆员（负责全职管理和图书馆运营）也在校内担任领导职位，支持合作组织提供的阅读计划。助理馆员每月召开一次会议，以继续获得由“学校改进计划”、非营利组织 The Bookery 以及图书馆与信息研究中心共同提供的支持和能力培训。这种协作支持模式有一个前提，即通过建立积极的支持性实践共同体而强化获能（Silbert & Bitso 2015）。此外，该模式的构思基础是社区发展，由此带动学生积极学习、培养学生领导能力并促进学生不断成长。第十一章讨论了言语治疗专业学生编写的一本实践指南，帮助图书馆助理馆员制定强化语言和读写能力的策略。所有参与者都认为，图书馆协作支持模式对资源不足的学校来说是建立功能性图书馆的有效、可持续模式，并已将其推广到西开普省的其他 The Bookery 图书馆。

与目标五挂钩的第二项计划是成立科技中心的（COSAT）[14]健康中心，并在 2016 年 1 月作为试点项目开始运行。科技中心健康中心的工作由具备专业资质的社会服务人员管理协调，旨在打造与其他合作组织间的跨学科和跨部门联系，从而为在校学生提供社会心理健康、人际健康、发展健康及身体健康服务。这些社会服务人员，同社会工作专业的大二、大三、大四学生一起提供全职的心理社会支持，此外，社会工作者还会对个人咨询、组织咨询及家庭重建治疗提供心理社会支持。科技中心健康中心是由“学校改进计划”与都会东部文教区、西开普省政府、都会区健康服务处及其他一些以社区为基础的非政府组织合作成立。健康中心的设立很有必要，也取得了极大的成功，心理社会支持服务已扩展至五所“学校改进计划”的伙伴学校。

对“学校改进计划”来说，要实现这五个目标，除了与社区组织合作外，与学区（和科技中心的健康中心范围内的卫生区）的紧密合作也势在必行（Earl et al. 2002）。富兰（Fullan 1993）认为，宏观层面上，合作包括“在形成跨机构合作伙伴关系的组织（如学区、大学和中小社区）中建设工作能力……”（又见 1993：18；Li 2017）。内林和奥勃良（Nehring & O'Brien 2012）对大学为改进中小学教育水平所提供的支持进行了研究，研究结果与富林的观点不谋而合。他们在研究中发现，在区域范围内进行的合作对持续改进工作至关重要。

铺平道路

传统意义上，大学与中小学合作伙伴关系被认为具备特定的目标（如教学实践或服务学习），因此通常在特定的时间段内运行。然而，“学校改进计划”在其伙伴学校内的实施并未局限在上述框架内，而是通过大学与伙伴学校之间进行的持续性跨学科合作得以运行。考虑到学校也是社区的一部分，“学校改进计划”就把重点放在南非的社区参与，并重点关注大学内部合作、大学与中小学之间的合作会以何种方式影响、扰乱、转变这二者的实践。

为了与本章中引用的文献保持一致，“学校改进计划”的工作内容，连同其变革理论及五项目标，会被统一介绍为大学与中小学合作伙伴关系。这个合作伙伴关系的目的是与中小学成为合作伙伴，以在大学嵌入转型文化和社会响应的同时加强中小学能力建设。作为大学的战略举措之一，我们试图概述大学与伙伴学校的不同合作方式。中小学既关注跨学科合作又重视社区参与，是社区不可或缺的一分子，也是合作伙伴关系的中心代理人。

本书的后续章节将会介绍“学校改进计划”的专业人员和合作伙伴提出的几项计划，描述该计划建立合作伙伴关系并进行跨学科参与的合作方法。关于那些挑战并打破常规实践的部署和制度，人们产生了新的理论见解和实践见解。将各个学科纳入其中，并检视这些新的见解，已为建立合作伙伴关系、实现转型和做出社会响应的新途径铺平了道路。

注释

1. “百佳计划”是“学校改进计划”的关键项目之一，重点是从卡雅利沙镇的20所中学向开普敦大学和其他高等教育机构招募学生。它被称为“百佳计划”，是因为20所学校中的每一所学校都有5名学生被选入参加该计划。进入大学后，这些学生继续参与该项计划，直到第一学年结束。

2. 这个名字源于开普敦大学非洲城市中心的城市实验室的倡议。教育实验室汇集了大学里不同身份的人，包括教职员工和学生，他们对学校教育十分感兴趣，并参与其中。

3. 在西开普省，普通公立学校以及接受国家补贴的私立学校中所有的3年级、6年级和9年级的学生每年都要进行数学和语言综合测试。教师工会的代表表示，由基础教育部授权的年度国家评估（ANAs）于2015年暂停。

4. 在选择伙伴学校时，高级教育证书是南非大学提供的促进正式老师专业发展的重要手段。

在最新的教师评价体系中，该证书已经由高级教学证书取代。

5. 例如，尽管两所伙伴学校的6名学校管理团队成员已经完成教育管理和领导力发展专业的高级教育证书专业课程，就学校管理而言，他们仍将自己视作新手，并表示需要继续接受指导和支持。

6. 然而，各学院的数据各不相同，2015年约有15%的本科生是“国际”生，其中大多数来自非洲其他国家。

7. 2017年，26533名考生争夺4200个新生名额。

8. 2017年的新生来源于1000多所学校。

9. 本书另有所述（参见第二章），事实上卡雅利沙镇所有居民的母语都是科萨语。英语是学习和教学语言（LoLT），在学校课程规定中，是第二语言。

10. 新星计划（iKwezi）是学校发展处实行的小学语言和数学项目。该项目于2014—2016年在“学校改进计划”伙伴小学和区域内开展（参考第六章）。

11. 在合作伙伴关系中，扶轮社的目标即通过成立扶轮社预录取俱乐部来培养年轻人的领导才能。为协调图书馆和阅读项目，扶轮社和Nal’ibali于2014年建立了伙伴关系。

12. Nal’ibali是科萨语，意为“讲故事”，它是南非选择性教育研究项目（PRAESA）的国家阅读活动。Nal’ibali的其中一个目标是支持在中小学开展阅读俱乐部，并将其作为提高学生阅读能力的策略。为了成为

Nal'ibali 阅读俱乐部的负责人，“学校改进计划”的所有图书馆助理馆员都参与了为期两天的培训课程。

13. The Bookery 成立于2010年，是教育平等运动的一部分，其目的是在西开普省资源不足的学校建造校图书馆。它于2013年成为独立的非营利性组织。迄今为止，The Bookery 已在西开普省建立了40多个图书馆。

14. COSAT，全称科技中心，是“学校改进计划”的伙伴中学之一。

参考文献

Badenhorst E & Kapp R (2013) Negotiation of learning and identity among first-year medical students. *Teaching in Higher Education*. 18 (15): 465 –476.

Bawa A (2015) Social justice at the centre: Is it possible? In S Bergan, T Gallagher & I Harkavy (Eds) *Higher education for democratic innovation*. Council of Europe Higher Education Series No. 21. Strasbourg: Council of Europe Publishing.

Benson L, Harkavy I & Puckett J (2007) *Dewey's dream: Universities and democracies in an age of education reform*. Philadelphia: Temple University Press.

Butin D (2010) Conceptualising service learning. In D Butin (Ed.) *Service learning in theory and practice: The future of community engagement in higher education*. New Ybrlc Palgrave MacMillan.

Cantor N & Englot P (2015) Not taking democracy for granted: Higher education, inclusion and community trust In S Bergan, T Gallagher & I Harkavy (Eds) *Higher education for democratic innovation. Council of Europe Higher Education Series* (No. 21) . Council of Europe Publishing.

Catlett B S & Proweller A (2016) Disruptive practices: Advancing social justice through feminist community-based service-learning in higher education. In A S Tinkler, B E Tinkler, V M Jagla, J R Strait (Eds) *Service-learning to advance social justice in a time of radical inequality*. Charlotte, NC: Information Age Publishing.

Christie P (2008) *Changing schools in South Africa: Opening the doors of learning*. Johannesburg: Heinemann.

Correnti R & Rowan B (2007) Opening up the black box: Literacy instruction in schools participating in three comprehensive school reform programs. *American Educational Research Journal*. 44 (2): 298 – 338.

Corrigan D (2000) The changing role of schools and higher education institutions with respect to community-based interagency collaboration and interprofessional partnerships. *Peabody Journal of Education*. 75 (3): 176 – 195.

Deppeler J (2006) Improving inclusive practices in Australian schools: Creating conditions for university/school collaboration in inquiry. *European Journal of Education*. 21 (3): 347 – 360.

Earl L, Watson N & Torrance N (2002) Front row seats: What we've learned from the national literacy and numeracy strategies in England. *Journal of Educational Change*. 3 (1): 35 – 53.

Fullan M (1982) *The meaning coeducational change*. New York: Teachers College Press.

Fullan M (1992) *Succesrful school improvement*. Buckingham: Open University Press.

Fullan M (1993) *Change forces*. London: Falmer Press.

Harkavy I (2006) The role of universities in advancing citizenship and social justice in the 21st century. Education, *Citizenship and Social Justice*. 1 (5): 5 – 37.

Harkavy I & Hartley M (2009) University/school-coniniunity partnerships for youth development and democratic renewal. *New Directions for Youth Development*. 122: 7 – 18.

Harkavy I, Hartley M, Weeks J & Bowman C (2011) A renaissance in college engagement. *Educational Leadership*. 68 (8): 58 – 63 .

Harkavy I, Hartley M, Axelroth R A & Weeks J (2016) The history and development of a partnership approach to improve schools, communities and universities. In H A Lawson & D van Veen (Eds) *Developing community schools, community learning centers, extended service schools and multi-service schools*. Switzerland: Springer International Publishing.

Harris A & Bennet N (2001) *School effectiveness and school improvement: Alternative perspectives*. London and New York: Continuum.

Hopkins D (2001) *School improvement for real*. London and New York: Routledge.

Hopkins D, Ainscow M & West M (1994) *School improvement in an era of change*. London: Cassell.

Hopkins D & Harris A (1997) Improving the quality of education for all. *Support for Learning*. 12 (4): 147 – 151.

Islam F (2011) School-university partnerships in preparing new teachers: Possibilities and limitations. In F Islam, C Mitchell, N de Lange, R Balfour & M Combrinck (Eds) *School-university partnerships for educational change in rural South Africa*. Canada: The Edwin Mellen Press.

Kagee A, Naidoo T & Mahatey N (1997) Theoretical underpinnings of a student mentoring programme at an historically black university in South Africa. *International Journal for the Advancement of Counselling*. 19: 249 – 250.

Kapp R (2004) Reading on the line: An analysis of literacy practices in ESL classes in a South African township school. *Language and Education*. 8 (3): 246 – 263.

Kapp R, Badenhorst E, Bangeni B, Craig T S, Janse van Rensburg V (2014) Successful students' negotiation of township schooling in contemporary South Africa. *Perspectives in Education*. 32 (3): 50 – 61.

King M B & Bouchard K (2011) The capacity to build organizational capacity in schools. *Journal of Educational Administration*. 49 (6): 653 – 668.

Krause M (2007) Service learning in physiotherapy taken to a new level: experiences in South Africa. *Physiotherapy Reviews*. 12 (4): 277 – 284.

Li YY (2017) Processes and dynamics behind whole-school reform: nine-year journeys of four primary schools. *American Educational Research Journa*. 54 (2): 279 – 324.

Mitchell T (2007) Critical service-learning as social justice education: A case study of the Citizen Scholars Program. *Equity & Excellence in Education*. 40 (101): 101 – 112.

Mitchell T (2008) Traditional vs critical service-learning: Engaging the literature to differentiate two models. *Michigan Journal of Community Service Learning*. 14 (2): 50 – 65.

Mitchell C & Sackney L (2009) *Sustainable improvement: Building learning communities that endure.* Rotterdam: Sense Publishers.

Muller J & Roberts J (2000) *The sound and fury of international school reform: A critical review.* Johannesburg: JET Education Services.

Mutemeri J & Chetty R (2011) An examination of university/school partnerships in South Africa. *South African Journal of Education.* 31 (4): 505 –517.

Nehring J & O'Brien E (2012) Strong agents and weak systems: University support fbr school-level improvement. *Journal of Education Change.* 13: 449 –485 .

O'Connell J (2013) Education Quality Improvement Partnership Programme: A whole school development framework. In Y Sayed, A Kanjee & M Nkomo (Eds) *The search for quality education in post-apartheid South Africa: Interventions to improve learning and teaching.* Cape Town: HSRC Press.

Pecheone R, Tytler P & Ross P (2006) *Austin Independent School District and the School Redesign Network at Stanford University: A partnership far successful school redesign.* Stanford, CA: School Redesign Network, Stanford University.

Pym J & Kapp R (2013) Harnessing agency: Towards a learning model for undergraduate students. *Studies in Higher Education.* 38 (2): 272 –284.

Ramsey G (2000) Quality matters: Revitalising teaching: Critical times, critical choices. *Report of the Review of Teacher Education and Training, New South Wales.* Sydney: New South Wales Department of Education and Training.

Reynolds D, Hopkins D & Stoll L (1993) Linking school effectiveness knowledge and school improvement practice: Towards a synergy. *School Effectiveness and School Improvement.* 4 (1): 37 –58.

Sayed Y Kanjee A & Nkomo M (Eds) (2013) *The search for quality education in post-apartheid South Africa: Interventions to improve learning and teaching.* Cape Town: HSRC Press.

Senge P (1990) *The fifth discipline.* New York: Doubleday.

Silbert P & Bitso C (2015) Towards functional school libraries: supporting library assistants in under-resourced schools through a university-community-school partnership. *South African Journal of Library and Information Science.* 81

(1)：53 –62.

Silbert R Clark J & Dornbrack J (2015) In schools, in community-implementing a university-school partnership at the University of Cape Town. *South African Journal of Higher Education*. 29 (3)：262 –280.

Slonimsky L & Shalem Y (2014) Pedagogic responsiveness for academic depth. H Griessel (Ed.) *Curriculum Responsiveness：Case Studies in higher education*. Pretoria：South African Universities' Vice-Chancellors' Association.

Soudien C (2013) The change balance sheet in South African education：A post-apartheid assessment. In Y Sayed, A Kanjee & M Nkomo (Eds) *The search for quality education in post-apartheid South Africa：Interventions to improve learning and teaching*. Cape Town：HSRC Press.

Soudien C (2015) *Engaged scholarship and transformation at UCT：Social Responsiveness Report*, UCT. University of Cape Town.

Stoll L & Fink D (1989) *Changing our schools*. Maidenhead：Open University Press.

Thorkildsen R & Scott Stein M (1996) Fundamental characteristics of successful university-school partnerships. *School Community Journal*. 6 (2)：79 –92.

UCT (2016) *Strategic Planning Framework* 2016 – 2020, University of Cape Town.

West M & Hopkins D (1996) *Reconceptualising school effectiveness and school improvement*. Paper presented at the Annual Meeting of the American Educational Research Association, New York (8 – 12 April).

Westraad S (2011) *Changing schools in challenging contexts：The documentation of a South African whole school development journey*. Port Elizabeth：GM South Africa Foundation.

第二章

情境引入：卡雅利沙镇的学校教育

乔纳森·克拉克

本书所述的校本工作在卡雅利沙镇[1]开展，该镇位于开普敦市都会城区的东部边缘，占地广阔。在开普敦市，多元文化共存，社会经济高度不平等，其封闭的地理空间结构反映了种族隔离的历史事实。正因如此，卡雅利沙镇见证了后种族隔离时代的发展使命。尽管该镇有着自己独特的历史、政治和地理，但在许多方面与全国其他城市（城郊）乡镇大同小异[2]，它们面临的普遍问题是：贫困、高失业率，以及学校严重的教育困境。

历史背景

种族隔离结束前的十年里，南非动荡不安，暴力事件频发，在这种环境下，卡雅利沙镇建立了。到 20 世纪 80 年代初，政府未能在西开普省有效地实施移民控制以及有色人种优待政策，导致越来越多的非洲黑人迁入开普敦市[3]。1983 年 3 月，政府做出回应，宣布建立一个新城镇[4]，名叫卡雅利沙镇，东临米切尔平原区的有色人种聚居地，向南与福尔斯湾接壤，向北与 N2 高速公路相连。

建造卡雅利沙镇的第一阶段始于 1983 年 5 月。最初的计划是让该镇成为约 12 万人的家园，但到 1985 年，在该镇已建造了 5000 多套住房，人口已超过 15 万。当时，国内政治动荡不安，民众笼罩在内乱的阴云之下，人们便从原有的定居点迁入到这里[5]。

由于来自十字街区、尼扬加镇东部和 KTC 区的许多居民继续抵制政府对他们的迁离安置，一些社区领导人便带领追随者搬到了卡雅利沙镇为其建立的专区[6]。政治斗争和随之而来（通常受国家支持）的极端暴力蔓延至此，对立的政治团体争斗不断，最近的斗争发生在不同的出租车协会。

1986 年废除通行证法之后，大量人口从东开普省迅速迁入开普敦市。许多人搬到了卡雅利沙镇。在接下来的十年里，该镇人口数量持续增长，大片土地被清理出来，用于建造由“站点和服务”（site and service）和“重建和发展计划”（RDP）[7]提供的低廉房屋。

地理环境

目前，卡雅利沙镇面积超过 45 平方公里。作为开普敦市都会城区城圈发展的典型代表，该镇占地面积不断扩大，其中大多数住房是独栋的单层住宅，以及高度密集的非正式居住区，即临时棚户区。据 2011 年的人口普查显示，几乎一半（46.6%）的住房都是简易的棚屋。

广袤的沙质区域曾覆盖开普平原区，卢考特山（Lookout Hill）是目前仅存的一部分沙质区域。从山顶一眼望去，卡雅利沙镇延伸至四面八方。在 2001—2011 年人口普查期间，人口增长最快的是卡雅利沙镇南部的 95 区和 98 区[8]，这两个地区分别建有恩卡尼尼和恩德洛维尼两个大型临时棚户区。零零星星的棚户区在一片荒地里逐渐建立壮大。这种类型的“土地征用”（惯用说法）经常发生在地方政权竞争的高度紧张的情况下[9]，那些穷人中的穷人，饱受排挤，处在边缘，想设法在这座城市里获得一席之地。

人口统计数据

开普敦市总人口中大约有 10% 居住在卡雅利沙镇，该市非洲黑人人口中有 27% 居住于此（Seekings 2013）。2011 年 10 月进行的全国人口普查显示该镇总人口为 398182 人；2001 年人口普查显示总人口为 329013 人，也就是说 2001—2011 年人口平均增长率不到 2%[10]。据此可以预估 2017 年该镇总人口将达到 45 万人。

南非社会保障局（SASA）的数据显示，2013 年 12 月卡雅利沙镇约发放 1.1 万份养老金、8.7 万份儿童补助金和 1 万份残疾补助金。这些数字与2011年人口普查做出的预测一致（Khayelitsha Commission of Inquiry 2014：36—37）。

鉴于在种族隔离制度下实施了严格的管制，现居住在卡雅利沙镇的大多数老年人都出生于东开普省[11]。相比之下，据2011年人口普查数据显示，大多数（78%）19岁以下的儿童和青少年在本地出生；只有18%的人的出生地是东开普省（4%的人出生在其他地方）。

近几年来，迁入卡雅利沙镇的人口数量急剧下降。据估计，2001—2011年间只有5.5万人从东开普省迁出（Seekings 2013）。跟南非其他地区的情况一样，随着越来越多的家庭脱离原籍社区，循环迁移也变得越来越罕见（Gelderblom 2006：18）。

社会经济条件

受地理位置影响，卡雅利沙镇与能带来大量工作机会的城市经济发展驱动力相脱节。该镇的小型企业相对较少，主要经济活动都基于单一零售业（如水果和蔬菜的销售）的非正式贸易。2011年，官方数据显示15—64岁人口的失业率为38%（开普敦市2011a）。尽管与当地其他乡镇和全国其他乡镇的情况一样，卡雅利沙镇的青年失业率更高。据官方统计，一半以上的23岁以下青年男子处于失业状态（Khayelitsha Commission of Inquiry 2014）。

在该镇118809户家庭中，62%的家庭可以在住宅或庭院内里使用自来水；72%可以使用连通公共下水道系统的抽水马桶，81%可以使用电力照明。将近一半（45%）的家庭居住在正式住宅里[12]，相当多的居民住在可以使用自来水且有电力供应的棚屋内。2009年，近2/3的非洲黑人儿童生活在西开普省的贫困线以下；40%的儿童家庭中没有工作的成人，其中大部分儿童家里吃不起饭，也就是新闻报道中所说的饥饿儿童家庭（City of Cape Town 2011b）。

犯罪和暴力

尽管近年来在解决该镇基础设施短缺方面取得了长足进展[13]，基本社会服务也稳步改善，但对许多居民来说，生活质量因贫困和居高不下的犯罪和暴力而大打折扣。

希金斯（Seekings 2013）指出，对于生活在卡雅利沙镇的居民而言，犯罪事件是他们持续关注的问题；犯罪活动导致人们夜间出行受限，即使在白天，许多社区居民也因犯罪活动而焦虑不已。谋杀率是衡量犯罪活动最可靠的指标，可以据此了解犯罪活动；与谋杀率不同，卡雅利沙镇的犯罪率常有漏报。事实上，该镇的谋杀案报告数量全国最高：根据警方的官方统计，在2012—2013年共有354起谋杀案。例如，在暴力事件严重的B站点，在周末两天时间内发生7起谋杀案是很常见的。

根据卡雅利沙镇调查委员会最近特意进行的一项调查显示，41.3%的调查对象在过去一年中曾是犯罪活动的受害者，遭受过持械抢劫、普通抢劫和黑帮火拼等。调查进一步表明，在每10起犯罪事件中，只有6起有报案记录（由此证明上述的漏报情况）。

越来越多的证据表明，许多青年在学校和社区在内的多个生活领域中都面临着多起同时发生的暴力事件（Du Plessis et al. 2015）。目前已有文献调查过暴力事件对儿童的影响（参见 Burton 2008；Burton & Loeschut 2013；Edwards et al. 2008；Ward et al. 2007）。调查委员会调用了警方的专家证人证词，而下述摘录总结了暴力事件对儿童的影响：

> [他们] 正在暴力中成长，这意味着他们不得不在一个充斥暴力的环境中完成个人的发展过程，而这种环境对人的心理具有非常特殊的影响……
>
> （Khayelitsha Commission of Inquiry 2014：134）

如卡米纳所述，研究表明，儿童反复接触暴力会导致暴力常态化，促使他们认为暴力在社会层面和道德层面都是正当的、可以接受的，儿童甚至会崇尚暴力，将其视作解决冲突和达成目标的方法（Khayelitsha Commission of Inquiry 2014）。

健康状况

沙勒姆和霍德利（Shalem & Hoadley 2009）关于社会阶层与学生表现之

间关系的研究发现，学生成绩间的差距主要体现在儿童身体健康状况以及工薪阶层和中产阶级家庭在育儿方式上的差异。卡雅利沙镇是南非艾滋病和结核病高发地区。2008 年，该镇产前艾滋病感染率为 31.1%；结核病患病比率接近 1.6%，而同时患有结核和艾滋病的比率接近 70%（CDE 2010）。

该镇婴儿死亡率（IMR）从 2003 年的 4.2‰下降到 2006 年的 3.2‰，这主要归功于 1999 年无国界医生组织（MSF）在该镇成功实施了母婴传播预防（PMTCT）和抗反转录病毒治疗（ART）措施。尽管如此，艾滋病毒/艾滋病仍然是导致 1—4 岁儿童死亡的主要原因。14—19 岁青少年的死亡原因有一半（48.6%）是源于凶杀案（Groenewald et al. 2008）。

社会经济地位与学业成绩

国际上普遍认为，社会经济地位（SES）是决定学业成绩的关键因素（Coleman et al. 1966；Ladd 2012；Rothstein 2004）。在研究西开普省学生学业成绩的过程中，范·德伯格和伯格（Van Der Berg & Burger 2002）发现，大约 2/3 的成绩差异都可以用社会经济地位因素[14]来解释。范·德伯格（Van Der Berg 2007）也总结道，较低的社会经济地位对孩子造成的有害影响在小学就已形成，且没有证据表明小学教育能够扭转这种不利局面。

在任何情况下，高度贫困都会使许多儿童处境非常不利。拉维奇（Ravitch 2010）对美国教育的描述提醒着我们，生活在贫困状态下的儿童面临诸多不利因素：健康状况不佳、营养不良、住房条件差。南非的许多学校都面临着贫穷、沟通渠道匮乏、经济无法得到保障的问题，家长对教育的参与也因此受到限制，这些都是造成教育质量不达标的原因。

在这种大背景下，卡雅利沙镇共设有 55 所普通公立学校、3 所为有特殊教育需求的学生[15]设立的学校和 3 所私立学校，以满足当地的教育需求。每天有 6 万多名儿童去学校上学。

教育背景

在深入探究该镇教育系统的具体细节之前，有必要对南非的教育做出总体评价。学习的大门（学校）很可能在后种族隔离时期就已经敞开[16]，基础教育虽然普及了，但南非大多数儿童却不能获得学业成功（Shindler & Fleisch 2007）。从3年级学生的综合测试成绩到高中毕业考试成绩均能够证实上述问题，这揭示了服务于中产阶级的学校和服务于工薪阶层的学校在教学成绩上存在的巨大差距。这种双制办学特色在该教育系统的各个层面均有所体现（Spaull 2012；Taylor 2011；Der Berg 2007），并造成了在南非教育界存在已久且根基牢固的“二元教学结构”（Shalem & Hoadley 2009；Taylor & Yu 2009；Van Der Berg & Louw 2006）。

许多学校，尤其是诸如卡雅利沙镇的学校，很难充分利用现有的物力和人力资源。这并不是说这些学校不能实现高质量教学，全国各地均有证据证明（Christie et al. 2007）学校可以克服不利的教育环境。泰勒等人（Taylor et al. 2003：47）已经发现，成绩不佳不仅是由学生（教师）背景和资源等外部因素造成的；学校在物质条件和象征意义上，能够而且确实会对其学生产生重大影响。

这些因素很大程度上影响了卡雅利沙镇的学校教育。尽管在省级教育部门的良好运作下，西开普省的教育问题能够得以缓解；但必须指出，该地区中产阶级学校和工薪阶层学校之间的差距与南非其他地区的一样大，两类学校的高中毕业考试成绩可作为佐证。

学校人数统计

卡雅利沙镇属于开普敦市四个教育区中的都会东部文教区（MEED）。该教育区负责监管的学校中有相当一部分位于城镇地区：其中包括35所小学、1所预科中学[17]和20所高中[18]。

如图2.1所示，2015年该镇中小学入学学生总数近6万人；此外，还有3000余名儿童在社区托儿所入学[19]，总入学人数约为6.3万人。

由于小学缺乏专门的教室，R级学生入学人数较少并不意外。在多数情况下，R级学生的教室设备齐全，备有厕所，并与学校其他教室分开。通常一所学校的R年级的班级数量是1年级的一半。此外，有1162名学生就读于三所特殊教育学校[20]，642名学生就读于该镇的三所私立学校[21]。在镇外上学的人数不确定，目前卡雅利沙镇在校学生人数不到65000人。

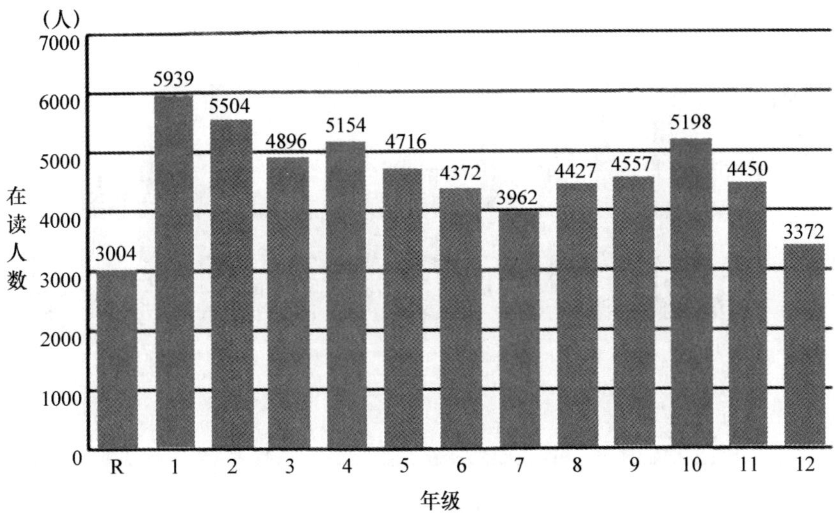

图 2.1 2015 年卡雅利沙镇各年级入学人数

资料来源：西开普省教育厅（WCED）。

入学人数情况也证实只有约 50% 的 1 年级学生最终完成了高中毕业考试[22]，而每一学年入学人数的变化非常有趣。图 2.2 显示了 2009 年和 2015 年的复杂变化。

这些数字只代表每年各年级的实际入学人数，不能直接用来解释总人数、年级保留率或留级率情况，也无法提供学生退学或入学人数的相关信息。

在严格执行降低高留级率（特别是 1 年级以上）政策的情况下，8 年级以下学生的辍学率变得很低（教育部 2008）。2009 年 2 年级入学人数为 4647 人，与 2015 年 8 年级入学人数（4427 人）相近。这表明，在卡雅利沙等城镇，义务教育阶段的学生续读率较高。

然而费解的是，据人口普查预测，在校人数与实际入学人数之间略有差异。按照 2011 年人口普查的计算，从 R 年级到 9 年级预计约有 78000 名儿童入学。

与之相反，经西开普省教育厅核实的数据显示，2015 年义务教育阶段的 34 所普通公立小学、3 所特殊教育学校和 3 所私立学校的入学总人数仅为 49000 人左右。此外，假设社区托儿所有 3000 名 R 年级学生入学，最多有 2000 人未入学，不到 2000 名儿童在镇外上学[23]。总计约有 56000 多名义

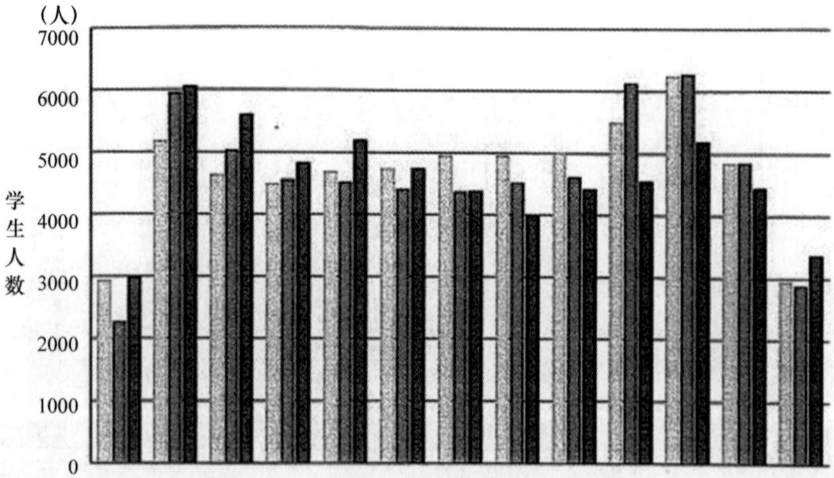

	R	1	2	3	4	5	6	7	8	9	10	11	12
2009	2933	5181	4647	4496	4693	4743	4962	4956	5018	5501	6248	4847	2938
2012	2273	5950	5037	4568	4529	4410	4370	4523	4625	6132	6278	4860	2884
2015	3004	6057	5607	4837	5206	4749	4385	4004	4427	4557	5198	4450	3372

2009年　2012年　2015年

图 2.2　2009—2015 年卡雅利沙镇各年级入学人数

资料来源：西开普省教育厅。

务教育适龄儿童。即使允许存在一定程度的误差，这两个数字之间还是存在巨大差异，因此人口普查数据[24]的准确性令人生疑。

就学生流动而言，每天似乎很少有学生转出到卡雅利沙镇以外的学校或转入卡雅利沙镇上的学校学习。然而确实存在一定程度的入学人数变化，即学生在镇上的学校之间的流动，正因如此，学校学生数量每一年都会发生变化，下文将对此进行详述。

小学入学人数

2009 年至 2015 年间，小学总入学人数从 35241 人增加到 37854 人，增幅为 7.4%。这相当于平均每年 1% 的增幅，远低于预期[25]。同期，各学校平均规模从 1075 人增加到 1119 人。在过去七年里，卡雅利沙镇没有建立新的学校，这也低于人们的预期。一种可能性是，四所中间学校（intermediate schools）在过去几年里削减了 8 年级和 9 年级班级，增加了其他年级的班级数量，因此小学适龄儿童入学人数有所增加[26]。

学校之间的学生人数也存在很大差异。有趣的是，2009 年只有两所学校入学人数超过 1300 人，而现在有六所学校入学人数超过了 1300 人。虽然学校规模和（例如）学习成绩之间没有明显的因果关系，但两者之间的联系值得关注。在这方面经常被忽视的是：在大型乡镇学校中，学校的办学水平系统要求推动高效的教学和学习，但要建立、管理和维持这样的系统非常困难[27]，这被称为组织资本（Hopkins & Jackson 2003），在当前教育环境中十分缺乏。

在卡雅利沙镇，学校规模有大有小，最少可容纳 707 名学生，最多可容纳 1534 名学生，这在附近的工薪阶层社区中并不罕见。米切尔平原区的 46 所小学也规模各异，最少可容纳 529 人，最多可容纳 1652 人；这些学校平均可容纳 980 名学生，比卡雅利沙镇同类学校的规模要小。更重要的是，米切尔平原有三分之一以上的学校（17/46）学生人数不足 900 人；而在卡雅利沙镇，只有五所学校如此。

中学入学人数

中学的情况更为复杂。过去七年里，中学入学人数大幅减少（降幅略高于 10%），从 2009 年的 24552 人下降到 2015 年的 22004 人。造成这种状况的种种原因具有相关性。

假设（如下文所述）离开该镇到其他地方读中学的学生人数没有大幅度增加，那么就读于职业技术教育与培训（TVET）学院的学生人数将有所增加。这些职业技术教育与培训（TVET）学院目前正在扩建[28]。然而，没有切实的证据表明大量学生不再接受主流的学术教育，而是到当地（福尔斯湾职业技术教育与培训学院的希望校区）或都会城区其他地方的职业学院学习。

在 2015 年，10 年级的学生数量相对于其他年级有所减少，这可能是因为旨在降低整个教育系统高留级率的国家政策正在发挥作用。许多学校倾向于让成绩差的学生在完成 10 年级或 11 年级的学业后留级，目前这种趋势似乎正在下降。考虑到来自东开普省的移民数量较少，学校总体学生数量减少的原因仍是一个谜。

个别中学学生入学人数的同比变化比小学更加明显。图 2.3 显示了在 2009 年和 2015 年学生数量变化最大的四所学校的情况。

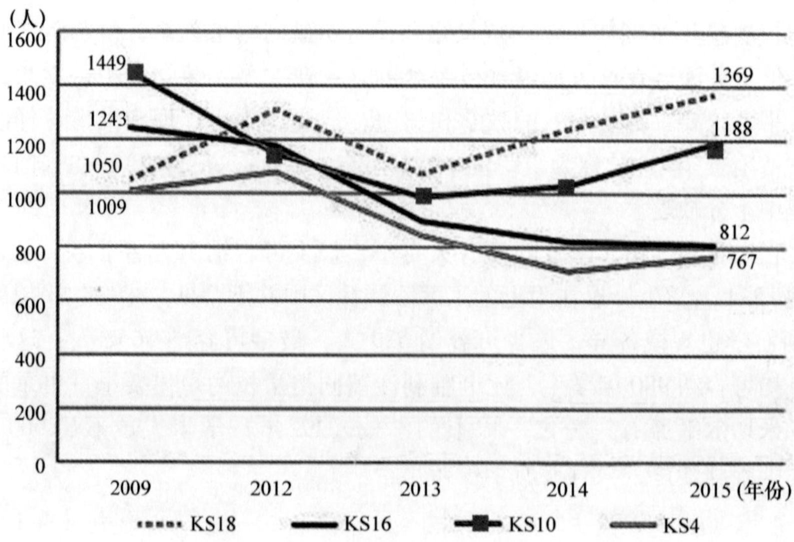

图 2.3　2019—2015 年卡雅利沙镇中学入学人数趋势

资料来源：作者查找多项数据汇编而成。

学生人数的同比变化反映出许多乡镇中学的动态，会对很多方面产生影响。一是，与小学一样，大多数中学无法负担一个或两个以上的自筹资金职位[29]。教师的岗位分配与入学学生人数相关，入学人数的减少必然导致岗位缩减——鉴于中学教师的学科专业化，这可能在组织结构上给个别学校带来巨大负担。二是，总体入学人数趋于稳定，可能会掩盖校内各年级人数的巨大同比变化。

转入和转出：卡雅利沙镇转学情况

卡雅利沙镇的居民普遍认为，本镇有大量学生每天往返于其他乡镇学校，甚至到更远的市里上学。1994 年后，就学迁移模型一直是许多研究的主题（Msila 2005；Nkomo et al. 2008；Soudien 2004）。南非其他地区乡镇学生的就学“转出”（Msila 2005）也适用于卡雅利沙镇，但其转出程度并不明显。但现实情况正如奇泽姆和苏耶（Chisholm & Sujee 2006）所指出的，与南非其他省份相比，西开普省的学校对非洲黑人学生的接受度最低。他们指出，前下议院管理的学校中（前白人学校）[30]只有3%黑人学生，众议院管理的学校中仅有6%的学生是非洲黑人。此外，如苏迪恩（Soudien 2004）的一项早年研究所述，几乎不会有学生转入前黑人学校。卡雅利沙镇的教育状况就是如此。

拉斯特韦尔镇[31]是开普敦市黑人与有色人种混住的工薪阶级社区，在法塔尔（Fataar 2007）对该社区进行的大量人种学研究中，一幅更微妙的图景浮现了出来，转学情况中有两个现象值得注意。部分学生会去开普敦市的其他地区上学，此外，还有大量学生会去自己居住区以外的学校上学[32]。至少在拉斯特韦尔，社区学校的就学率与法塔尔（Fataar 2007）提出的“入学量变化”相关——高达15%的学生经历过转校。

从东开普省转出

西开普省的转学情况受西开普省教育厅（WCED）严密监控[33]。在2010—2014年间转入该省学校的122378名学龄儿童中，绝大多数（80.2%）来自东开普省。2014年，中小学共有19857名新生，其中大部分进入R年级、1年级和10年级就读。许多学生在开学时寻找就读学校[34]，而这些学校（即乡镇学校）并没有准备好容纳这些学生。尽管没有给出具体数字[35]，但卡雅利沙镇仍被列为接收东开普省转学人数最多的地区之一。回顾本书图2.1所描述的2015年学生入学人数，1年级和10年级入学人数剧增可能源于来自东开普省的转学生。这对学校有何影响，需要进一步调查，但鉴于上述入学模式，预计其影响将局限于社区学校，它们最可能接纳这些新生，特别是那些来自该镇最南端恩卡尼尼临时棚屋区的学生。因此，附近地区的两所小学现在都有1500多名学生可能并不是巧合。

据克拉克所述，卡雅利沙镇（与兰加镇一样）“有余力招收额外的学生”（Clark 2015b：4），这进一步证实了官方的态度，即该镇学校教育

（就学生学习机会而言）并没有过度的压力。近期在一所“学校改进计划”伙伴学校进行的“总人数调查”显示了学生的就学转入情况。值得注意的是，超过1/3（35%）的学生在完成1年级学业后会转入该校[36]。这似乎证实了一些学校之间确实存在着显著的学生流动，特别是涉及在当地社区居民眼中较好的学校时。

学校同比数量变化是入学量变化程度的另一个可能指标。如前所述，中学和小学在学生总数和保留率方面表现出明显不同的趋势。通常（重申：就学转入对该镇学校并未产生重大影响），入学人数的任何重大变化都可以归因于学生的校际流动。

法塔尔（Fataar 2007）指出，与人们的普遍看法相反，许多在乡镇学校上学的年轻人能够自主择校。而在卡雅利沙镇的小学教育中，这是父母的选择（而非孩子的选择）。毫无疑问，在更广泛的社区学校中，人们对这些学校有不同的判断和评价，其中一些学校相对于附近学校地位更高，成为择校时的“首选”。

与拉斯特韦尔镇一样，家长们对卡雅利沙镇学校价值的认识如何产生、如何传播以及如何起作用受到各种因素的影响——从学校的学术和公共地位，到某种与个人相关的可能性（例如，有家庭成员在该校就读过），此外，学费负担（无论学校管理机构是否征收某种形式的“学费”）[37]、学校的统一政策以及学校离家较远而产生的交通费用，这些都是影响家长择校的因素。

一所中学的毕业考试通过率无疑会对择校产生长远影响，但由于各所中学存在一定的成绩变化，也许并不总能达到其预期。因此，如何选择学校以及家长（和孩子）如何自主抉择等问题都具有深刻的复杂性。

2015年“学校改进计划”对卡雅利沙镇20所中学的学生进行了调查，显示只有不到2/3（65.4%）的学生住在离学校很近的地方（在合理的步行距离内）。该调查只是对中学教育情况的概述，调查显示每天往返于该镇的学生人数相对较少。在265名受访者中，只有15人（略高于5%）称他们居住在卡雅利沙镇外。这证实了学校层面数据的另一个来源（Dornbrack & Clark 2014），即从更远地区（即东开普省）转到卡雅利沙镇的学生对卡雅利沙镇学校教育的影响可能没有人们普遍认为的那么深远。在其中一所中学接受调查的学生中，只有39人（14.7%）表示他们曾就读于东开普省的小学。

非公立（普通）学校

该镇的三所非公立学校都是收费较低的私立学校，其中两所是宗教类学校，第三所是南非华德福教育联合会下设的学校[38]。近年来私立学校市场发展迅猛，但在卡雅利沙这样规模的城镇中只有三所私立学校，数量略少[39]。

从卡雅利沙镇整体的收入状况来看[40]，儿童有机会去开普敦市其他城区的私立学校上学。假设这类学生人数较少，且其中一部分不会去收费低的私立学校，那么从某种程度上来说，开普敦市的低收费私立学校市场较为有限。

在西开普省教育厅都会城区注册的150多所私立学校中，只有超过三分之一（57所）[41]受到一定程度的政府补贴[42]，而通常这些学校处于市场的底端。除了穆斯林学校、阿非利堪斯语（南非荷兰语）授课的学校和地理位置较远且远离主要交通路线的学校，学生的选择范围有限，最多可能不超过25—30所学校。

暂未有任何迹象表明，在不久的将来，卡雅利沙镇的低收费私立学校在数量上会有任何显著增加。一方面，当地政治集团反对外部利益集团（例如活跃在国内其他省份的新一代教育企业家）建立私立学校，该说法还未经证实。另一方面，当地贫困程度高，最大的也是最关键的障碍可能是大多数居民根本没有财力投资子女教育，而有财力的人会把子女送到其他地区就读。

考虑到上述因素，很明显在卡雅利沙镇最多有2500—2750名儿童，即不到该镇学生总数5%的学生会去镇外学校上学。加上镇上64000名在校学生，该镇的在校学生总数约为66750人。

性别问题

据2011年人口普查数据显示，卡雅利沙镇男女居民人数相近[43]，同年西开普省总体性别均等指数（GPI）[44]为1.06（DBE 2013）。卡雅利沙镇55

所普通公立学校的男女入学人数最新（2015 年）数据证实，同南非其他地区一样，几乎没有证据表明女孩在入学时受到歧视（Hall & De Lannoy 2013）。

图 2.4 描绘了不同年级（从 R 年级到 12 年级）的入学率。

全省乃至全国小学男女入学人数差异较小。然而这种情形在中学发生改变，与男生相比，女生上学的概率更大。如图 2.4 所示，在卡雅利沙镇，基本可以实现性别均等（gender parity），但是小学 6 年级出现偏差，此后女生入学人数比例略高于男生（52：48），但一直保持稳定，直至义务教育阶段结束。

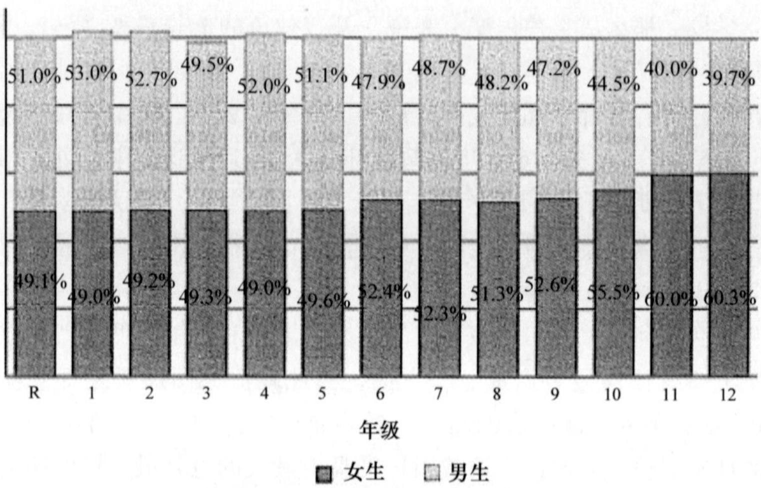

图 2.4　2015 年 R 年级到 12 年级男女入学人数百分比

资料来源：西开普省教育厅中央教育管理和信息系统（CEMIS）。

进入高中后，男女入学人数比例将更多地向女生偏移，到 11 年级和 12 年级，女生和男生比例达到 60：40。这一比例相当高了，因为 2014 年全国高中毕业生中有 54.6% 是女生，2007—2014 年间各省毕业生中女生平均占比为 53.6%，男女入学比例在不同学校间差异巨大。极端情况下，一所学校女生人数与男生人数比例会高于 2∶1，而其他三所学校的比值会大于 65∶35。与之形成对比的是，只有两所学校男生的高中毕业考试的报名率略高于女生。

出现这种情况可能是男生会因经济原因辍学，他们必须找工作来补贴家庭收入。因此，男女比例极度不平衡（女生人数多于男生）的学校往往是距离卡雅利沙镇南部的恩卡尼尼临时棚屋区最近的学校，这的确不足为奇。

尽管未成年怀孕也常被视作造成工薪阶层社区辍学率高的主要原因之一，但卡雅利沙镇的数据证明情况并非如此（Hall & De Lannoy 2013）。这并不是说，未成年怀孕不是造成女孩辍学的重要因素，现实是，女生在学校接受教育的时间通常比男生更长。卡雅利沙镇的情况就是如此。

学术教育与职业教育：南非的两难选择

卡雅利沙镇小学阶段过后的教育环境是南非其他城镇的典型代表：虽然中学就读名额充足，但大多数学校只会教授学术科目[45]，只有四所中学教授技术和职业科目。此外，还有一所职业技术与教育培训学院，坐落在之前的教师培训学院。

“省级重点学校计划”（Provincial Focus School initiative）（现已终止）提出职业专业化的概念，其中“艺术与文化”“商务”和“技术与工程”代表职业专业化的三个领域。为了响应西开普省“人力资源发展战略”（HCDS），2005 年，重点学校得以建立，是开展职业教育的特殊方式，旨在成为学术教育之外的另一种选择，同时对诸如迪纳莱蒂学校项目[46]（the national programme of Dinaledi schools）（其中两所学校也在卡雅利沙镇）、行业教育和培训管理局（SETA）组织的各类活动以及“工作世界”（world of work）等项目进行补充。卡雅利沙镇被确定为设立重点学校的地区之一，已确定将镇内四所学校改造为重点学校，其中包括现有的一所艺术文化学校和一所技术学校，这所技术学校是在卡雅利沙镇最初建立的四所中学里的一所。

拉里（Larey 2012）对该计划提出了批评，他认为，参加职业导向学习的入学人数表明该计划算不上成功。卡雅利沙镇学校的情况无疑证明了这一点。2014 年，中考生里只有不到一半升入这三所（之前的）关注职业教育的重点学校。总的来说，除了传统上的“学术性”科目外，学生似乎没有兴趣学习其他科目。

学生们做出这种选择可以归结于历史因素——包括结构层面和态度层面的原因。种族隔离制度下，非洲黑人学校的课程紧紧围绕着三类学术科目，这些科目同农业科学一起在目前所有农村学校中占据主导地位（如上所述）[47]。非洲儿童的技术教育指导在种族隔离后期才开始出现。如上所述，在卡雅利沙镇最早建造的四所中学里，有一所是指定的技术学校。

“班图教育”对“工作与劳动”的传统态度取向使南非黑人对以职业为导向的教育评价不高，这一问题至今仍困扰着我们，诸如工程等重点职业科目的低注册率也反映了该问题。然而近年来，有人试图通过增加职业技术与教育培训学院的入学名额[48]来打破过去的做法，福尔斯湾职业技术与教育培训学院在当地校区的发展可以证明这一点。但是，这些职业学院在多大程度上能够为学生提供一个可行的、有吸引力的、可以作为主流学术教育之外另一种选择的方案，仍值得商榷。

这不仅仅是教学质量和适用性的问题。国家证书（职业教育类）（NCV）的通过率一直很低[49]。考生选择一门课程的目标和潜在动机是希望通过国家证书（职业教育类）四级升入技术类大学，但实现的可能性似乎很小。此外，相关证据表明，很少有学生选择在 9 年级结束后去职业学院就读。相反，大量的国家证书（职业教育类）获得者是没有通过高中（12 年级）毕业考试或考得很差的考生。2013 年福尔斯湾职业技术与教育培训学院在好望角校区的入学人数可以反映这一问题。同年，有 900 名学生参加了各类国家证书（职业教育类）项目；500 名学生注册了国家认可的技术教育文凭（NATED）课程，而其余的学生则学习护理和酒店服务类的技术课程。

可以说在现阶段，职业技术与教育培训学院在正规教育系统中起着类似安全阀的作用，它招收了一些潜在的“尼特族”（全称 NEETS，指不升学、不就业、不进修的人群），并为他们提供了少量继续学习或参加就业辅导的机会。

综上所述，在 20 所中学注册继续教育与培训（FET）课程的 1.3 万名学生中，只有一小部分（约 1000 人）在四所（前）重点学校中学习特定的职业学科，而在当地职业技术教育与培训学院学习的学生不超过 1500 人。接受传统教育的学生人数是接受职业教育学生人数的四倍。

科目选择

许多服务于中产阶级的中学和服务于工薪阶层的中学之间的明显区别

在于，两类学校教育环境下能够提供的科目选择范围不同。与上级部门经费较充足的学校不同，那些乡镇学校获取经费的能力严重受限，这些经费本可以用来聘用更多教师进入管理岗位，继而为学生提供更多的科目选择。考虑到这一现实［且忽视（前）重点学校和迪纳莱蒂学校的不同的课程驱动因素］，我们可以认为科目选择在南非的教育环境中起着代表性的优势作用。

20 所卡雅利沙镇学校考试科目注册率与都会东部文教区七所开普敦市教育局直属学校[50]不相上下（Clark 2015c）。这些数据突出了中产阶级学校和工薪阶层学校之间的一些重要区别。就科目选择而言，中产阶级学校的学生选择范围更广。就艺术领域而言，七所开普敦教育局直属学校都开设一门或多门艺术类课程，如视觉艺术、音乐和戏剧。而在卡雅利沙镇，只有在专门的艺术和文化学校，学生才能学习这些科目，此外，申请这类课程学习的流程也很复杂。例如，有绘画天赋的学生可以在 8 年级申请入学[51]，甚至在后期转学。但是，由于其他 19 所中学没有开设任何有关视觉艺术的课程，很难培养学生的兴趣，因此学生转学的可能性也会很小。在这七所开普敦教育局直属学校中，80 名学生（5%）选择视觉艺术，而在整个卡雅利沙镇中只有 27 名（1%）学生参加了这一课程。

音乐类科目的情况更能揭示两类学校教育形式或内容的本质差异。七所中产阶级学校里要么直接开授这门课程，要么安排学生将其作为一门课外拓展课程。而卡雅利沙镇，全镇只有 6 名学生选择音乐作为一门课程。近期推出的（即 1994 年后）“软性职业”科目，即消费者研究和旅游业科目，也证明了乡镇学校课程设置范围较窄。这两门课程的就读率都相对较低（分别为 9% 和 14%），而且只在三所学校开设。相比之下，七所开普敦教育局直属学校中有五所同时开设这两门课程，且 12 年级学生的课程就读率明显更高，分别为 29% 和 20%。

信息技术（IT）及其相关科目计算机应用技术（CAT）也是体现这种差异性的主要领域。七所开普敦教育局直属学校都开设了这两门课程。事实上，相当一部分（40%）考生正在攻读计算机应用技术这门课程来拓展基本的计算机技能。在卡雅利沙镇，仅有一所学校开设了信息技术课，另有五所学校在毕业考试前为考生提供学习计算机应用技术的机会。

这些都是有说服力的数字，特别是与该省为弥合学校技术鸿沟开展的“坎雅项目”[52]的巨大投资相比：尽管所有卡雅利沙镇中学都有计算机实验室（有些学校有不止一间），但有充分事实证据表明在“坎雅计划”后期，计算机实验室的使用率很低[53]。这无疑是导致计算机应用课程注册率低的原因——乡镇中学毕业生中仅有6%选择该课程——与其他课程相比人数极少。

科目的总体注册情况也说明了中学教育中存在深刻历史根源的趋势。例如，种族隔离制度下，历史和地理在非洲黑人学校中随处可见。虽然地理仍然很受欢迎（注册率47%），但近年来学习历史的学生数量有所减少。2015年，卡雅利沙镇12年级中只有不到四分之一的学生选择了这门课。开普敦教育局直属学校也有类似的趋势。

在乡镇学校里，经济学课程一直很受欢迎，并且经常被商科体系内的学生视作会计科目的替代课程。目前有18所学校开设了该课程，其中只有不到三分之一的学生（32%）选修了该课程。相比之下，经济学课程在开普敦教育局直属学校关注度很低，其中一所学校里，只有26名学生选择了该课程。

下文将就高中毕业成绩展开更广泛的讨论，其中数学和数学能力科目的注册人数问题是我们讨论的一部分。

最后，也许对过去种族隔离制度最大的突破是，卡雅利沙镇只有三所学校开设阿非利堪斯语（南非荷兰语）（第一外语）相关课程；2014年，只有80名（3%）学生学习这门课。南非荷兰语是许多工薪阶层有色人种的母语，这说明了西开普省语言的复杂性，也说明了在卡雅利沙镇所有的受教育者中，将近99%的人（从R年级到12年级）的母语是科萨语。

从这些数据可以看出，在中产阶级学校上学的孩子比在工薪阶层学校上学的孩子有更大的科目选择范围。科目选择与学费之间的联系是明确的——毫无疑问，通过任命更多的管理部门职务可以提供更广泛的科目选择，而这些职位是通过提高学费来增设的。七所开普敦教育局直属学校在2015年的平均学费略低于13000兰特，从最低每人每年9500兰特到最高20898兰特不等，这与卡雅利沙镇的免费学校形成了鲜明对比。

关于语言

与开普敦市所有其他非洲黑人乡镇一样，科萨语是卡雅利沙镇绝大多数人的母语[54]。除科萨语外，该镇唯一重要的语言社群是一个相对规模较小的塞索托语社区；这一社区的父母们通常把孩子送到镇上仅存的一所将塞索托作为母语的中间学校，以完成该阶段（9 年级）的学业。此后，说塞索托语的孩子可以继续在以该语言为母语的两所中学中的一所完成 10 年级到 12 年级的学业[55]。尽管少数居民表示英语甚至南非荷兰语是他们的母语，但卡雅利沙镇没有一所学校将这两种语言视作学校常用语言。那么，总共只有不到 1.5%（只有 900 多名学生）接受除科萨语以外的其他语言课程教学。

尽管卡雅利沙镇位于一个国际化的多语种城市，但它自身是一个内部联系紧密、凝聚力强、本质上孤立的单语社区（Bloch et al. 2010）。大多数 B 站点的居民到该镇后既不会说英语也不会说南非荷兰语，之后在社区中也不需要使用这些语言。事实上，他们只有在工作或在镇外经商时需要使用这些语言。因此，在德克勒克（De Klerk 2006：612）有关东开普省的研究中，关于讲科萨语的调查对象的描述也同样适用于开普敦市的情况：

> 他们每天都会用科萨语进行多种多样且密集的交流；他们的人数在其居住地占较大比重，因此不容易丧失母语。在西开普省南非荷兰语环境下，尽管获得高薪工作和资源无疑与英语能力相关，但对他们来说，越来越多地与标准的英语语言和讲英语的人接触是很困难的。在其日常生活的大多数领域，这些双语者在使用科萨语时才会感到自在。

尽管卡雅利沙镇所有的学校从 4 年级就开始在学习与教学活动中正式使用英语，但学生的英语水平是否能达到正常交际的程度仍备受争议。无论在校内还是校外，学生都没有机会接触英语母语者，不利于学生的语言使用[56]。毫无疑问，精通英语可以为学生带来更多的社会优势和经济优势，而作为一个独立的语言社区，卡雅利沙镇的社会环境与自身的局限性极大地阻碍了儿童英语技能的获取。

这对教学与学习有什么影响？已有多项研究对在第二语言环境中接受教育的人（在本例中是英语）所经历的困难和可能遇到的学习障碍进行了细致的记录（Fleisch 2008；Murray 2002；Probyn 2001；Setati et al. 2002）。许多教师的教学语言不够流利，进一步阻碍了学生的学习（南非国家教育评估与发展部 2013），使其英语语言能力更加不足。已有文献表明，这种情况会对学习结果产生一定的负面影响[57]。此外，2013 年，所有母语不是英语或南非荷兰语的高中毕业生在考试科目中都得到了额外 5% 的加分。从 2014 年起，这一数字降至 4%，并将在未来四年内逐步降低[58]。

不管怎样，对第二语言学生来说，此举是否能算作一项公平补偿仍是一个未知数：泰勒（Taylor 2011）表明，人们很难准确估计语言熟练程度对考试成绩的影响。然而，非洲黑人学生所遭遇的语言劣势可能在某种程度上解释了在其学校生涯中，他们在各种强制性评估制度下取得的成绩上限，其中包括省级综合测试、年度全国评估（ANAs）以及最后的高中毕业考试[59]。

卡雅利沙镇学校教育成效：自上而下

非洲黑人中有 27% 居住在卡雅利沙镇。尽管随着非洲黑人的迁移，这一比例正在下降，但开普敦市大量的非洲黑人学校仍在该镇建立，这不足为奇。受人口迁入的影响，这种转变波及其他乡镇，特别是菲立皮、代尔夫特、姆弗雷尼、都会城区北边的克拉伊方丹、西海岸的米尔纳顿和海德堡盆地的卢万德勒/斯特兰德[60]。

图 2.5 比较了卡雅利沙镇与开普敦市其他乡镇的高中毕业考试成绩[61]，并对 2014 年非洲中学在全省范围内农村/城郊的分组情况进行说明。

与菲立皮和古古勒苏/尼扬加/十字街区的另外两大非洲学校集聚地相比，卡雅利沙镇的学校在总体通过率上明显更高。古古勒苏/尼扬加/十字街区和兰加表现不佳，证明该地依然有许多根深蒂固的问题，种族隔离时期的学校深受其害。农村学校的总体表现不如卡雅利沙镇，但与内陆乡镇（兰加、古古勒苏、菲立皮）相比，这类学校的情况依然是有利的。而考虑到农村贫困大背景下这些社区的社会经济状况，这一点也许令人惊讶。

1994 年后，农村学校的整体表现又如何与省和国家的情况相适应呢？这方面的数据是从 1997 年以后才开始有记录的，因为在此之前的几年（特别是 1994—1996 年）里，没有现成的学校层面的信息。

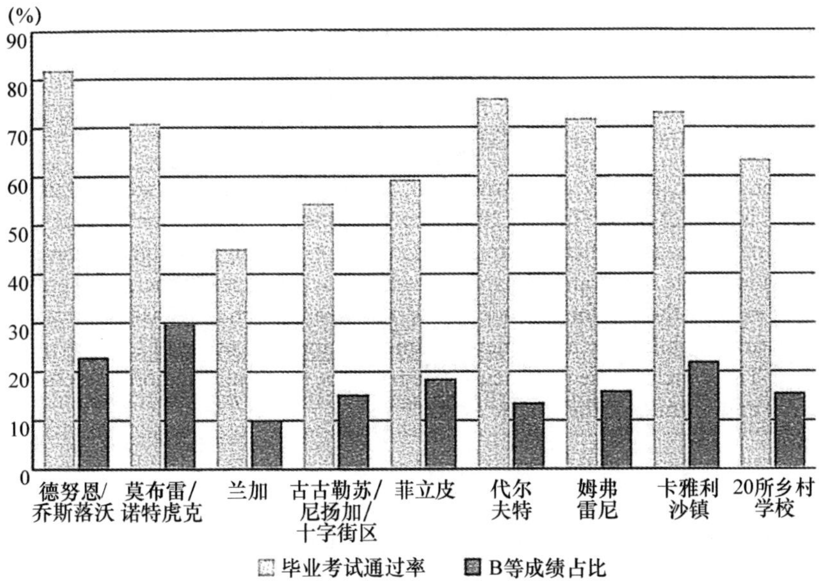

图 2.5　2014 年高中毕业考试成绩与 B 等成绩占比的分布

资料来源：作者查找多项数据汇编而成。

毕业考试通过率历史趋势

1997—2014 年，尽管卡雅利沙镇高中毕业考试通过率已经将近翻了一番，即从 1997 年较低的 45.7% 上升到 2014 年的 75.0%，但是 12 年级参加毕业考试的学生数量仅增加了 22.4%。那么该镇与其他地方的情况相比如何？

如图 2.6 所示，我们可以将卡雅利沙镇年通过率与其他省和国家的通过率进行有效对比。

非常重要的一点是，我们要从国家的层面看待卡雅利沙镇和其省级成果[62]。首先与国家成果进行比较，出现了以下的趋势。在卡雅利沙镇，在后种族隔离时期（1997—2006 年），毕业通过率获得了初步的提升，在这十年里，该镇学校的整体表现基本接近，有时还会超过全国平均水平。随后是一段下降期（2007—2010 年），卡雅利沙镇通过率与国家通过率之间的差距扩大，而到 2010 年，这一差距已扩大到 17.5%。此后，学校成绩从 2011 年开始改善，到 2014 年，其平均（75.0%）只比全国平均水平（75.8%）略低。

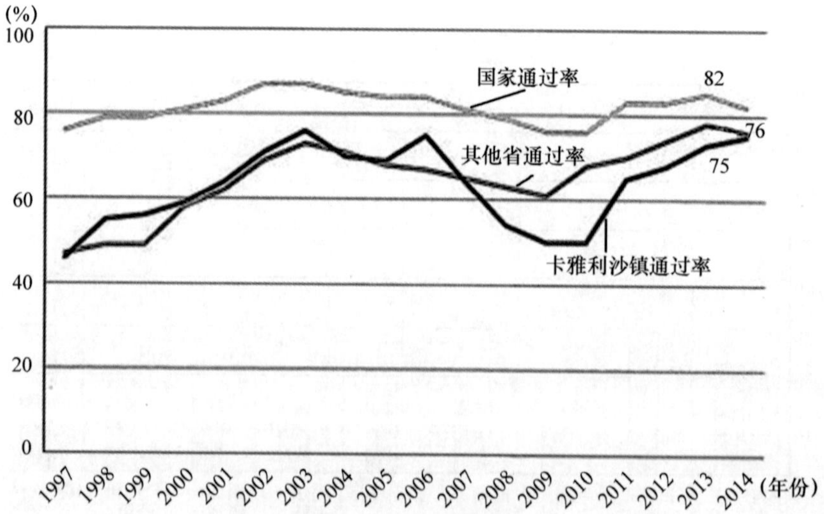

图 2.6　1997—2014 年高中毕业成绩比较

资料来源：作者查找多项数据汇编而成。

考虑到省情，西开普省的通过率一直高于卡雅利沙镇的 20 所学校。这并不奇怪，因为有相当一部分（120 余所）的前 C 类学校通常表现都很好。克拉克（Clark 2013）提醒人们注意该省学校教育的这一特点，他采用了一个类比加以说明，即前 C 类学校就像“蛋糕上的糖霜”，不仅提高了学校成绩，而且往往掩盖了前 HOR 类学校和前 DET 类学校的较差表现。这两类学校占学校总数的三分之二。

关于高中毕业考试通过率的文献不胜枚举，从学术报告（Grussendorf et al. 2010；Reddy 200）和年度监管报告[63]，到公共领域关注的问题（Bloch 2009；Jansen 2012）。至于乡镇中学为何在 2006—2010 年间出现如此大幅度的成绩下滑，目前还没有明确的解释。这或许可以说明，南非基础教育部在 2005 年实施的与成果导向教育（OBE）相关的课程尝试[64]存在缺陷，对学校教育成果产生了负面影响，尤其不利于容易受到课程变化影响的地区的教育系统[65]。2003—2009 年，仔细“管理的”[66]国家通过率向下调整政策在地方（即乡镇）一级经历了更加不平衡的情况。

从毕业考试通过率来看，卡雅利沙镇的总体学校成绩较 2010 年有了显著提高。虽然这种变化令人欣喜，但需要注意的是：在个别学校，其通过率往往存在极大的差异。这表明了中产阶级学校和那些为社区服务的学校

（如卡雅利沙镇）之间存在的本质区别，即同期学生成绩具有连续性和稳定性。

如前文所述，南非学校教育的基本特征是双轨制并行[67]——即能够稳定运转又运行良好的中产阶级学校和绝大多数不太稳定的工薪阶层学校之间存在的连续性与变化。在双轨制系统中，每一个系统的毕业成绩都反映了学校应对相互冲突的需求的能力。一方面，中产阶级学校能够在课程改革中大显身手，吸收当下流行的各种形式。另一方面，像卡雅利沙镇这样的工薪阶层学校则缺乏这种课程灵活性，易受 1994 年后国家课程改革项目给学校带来的变迁影响。

以上是大学与中小学合作伙伴关系的背景，也是后续章节中提到的协作研究的背景。这种合作伙伴关系是加入“学校改进计划”（SII）的核心。

注释

1. 科萨语意为“新家园”。

2. 卡雅利沙镇的面积与马姆罗迪（豪滕省茨瓦内/比勒陀利亚东北部）相近，却比索韦托面积小许多，在正式住房和临时定居点方面可以和约翰内斯堡镇的迪普斯鲁特相媲美（Seekings 2013）。

3. 1982 年 6 月，非洲裔人口约为 22.6 万人，其中三分之二是该地区的合法居民。

4. 这是用于描述城市和城郊非洲裔迁移的俗语。

5. 1985 年 6 月，国内动荡达到顶峰，全国处于紧急状态，并持续三个月之久。

6. 例如，在马里·霍扎领导下，十字街区教堂区居民在“C 站点”定居。据新闻报道，该事件涉及人数众多，可达 4.2 万人（参见 1985 年 4 月 6 日美联社档案）。

7. RDP 是“重建和发展计划”（Reconstruction and Development Programme）的缩写，这是一项国家计划，旨在提供大量低成本住房。

8. 就地方政府而言，卡雅利沙镇在 9 区、10 区和 24 区设有 13 个分区委员会。

9. 服务交付抗议，参见：http：//groundup. org. za/article/maggots – bodies – and – stench – what – khayelitsha – residents – say – about – their – toilets_ 2888。

10. 本数据源于：《为了一个更安全的卡雅利沙镇：调查委员会针对卡雅利沙镇警察效率低下和南非治安勤务部与社区关系破裂相关指控的报告》，http：//www. khayelitshacommission. org. za/iniages/to – wards_ khaye_ docs/Khayelitsha_ Coinmission_ Report_ WEB_ FULL_ TEXT_ C. pdf。访问日期：2015 年 3 月 31 日。以下简称“卡雅利沙镇调查委员会”。2014 年，西开普省省长委派该委员会调查有关卡雅利沙镇警察效率低下和警察与当地社区关系破裂的指控。

11. 根据 2011 年人口普查，约为 69%。

12. 正式住宅是指按照获批图则建造的房屋，即：独门独院的房子、公寓、联排别墅、后院里的一个房间、一间屋子或公寓小套间。相比之下，临时棚屋区是一种临时房屋，未经地方政府批准，也不能视作永久性住宅；通常由各类找来的材料（瓦楞铁、纸板、塑料等）建造而成，故此被称为棚屋。

13. 1996—2011 年间，使用抽水马桶或简易厕所的家庭数量翻了一倍，使用照明用电（无论是合法连接还是非法连接）的家庭数量增加了一倍以上（Seekings 2013）。

14. 其他研究表明，南非儿童的学业成绩与其社会经济地位息息相关（Reddy et al. 2010；Taylor and Yu 2009；Der Berg 2008；Anderson et al. 2001）。

15. LSEN 全称为“有特殊教育需求的学生”，即为身体和智力残疾的儿童提供服务。

16. 2011 年南非统计部综合住户统计调查显示，在 7—15 岁的儿童（义务教育阶段适龄儿童）中有 98. 8% 在上学。

17. 中间学校是教育系统中从过去保留下来的一种办学形式，现在很少有中间学校。实际上，中间学校就是包含 9 年级在内的小学。这类学校意在为中学的高要求做缓冲。而卡雅利沙镇现存的一所中间学校是为特定的语言需求而服务的。

18. 数据来源于西开普省教育厅中央教育管理和信息系统，网址如下：https：//wcedemis. westerncape. gov. za/wced/findaschool. html。在 10—12 年

级的继续教育与培训（FET）阶段，除了各年级的入学人数之外，每所中学还关注各科目注册人数。

19. 卡雅利沙镇入学、未入学以及非正规托儿所数量并不确定。假设1年级在读人数稳定不变，那么可以根据2016年1年级入学人数（预计为6000人）估算此处的托儿所入学人数为3000人。

20. 卡雅利沙镇特殊教育学校、拉迪塔技能学校和诺鲁萨多聋哑学校。

21. 鹰翼中学、泽恩泽莱尼中学和圣迈克尔中学。

22. 南非教育系统的学生保留委员会（Department of Education 2008）数据显示，在1980—1984年出生的人中有46%从1年级读到了12年级。

23. 据估计，在卡雅利沙镇外上学人数不足2750人，这些孩子中有四分之三（即2062人）即将进入9年级。

24. 该事项在其他部分有详细介绍（Clark 2015a）。

25. 西姆金斯向卡雅利沙镇调查委员会（2014年）提交的报告中预设人口年增长率为2%。

26. 从2009—2015年，这四所学校的小学适龄儿童入学（即从R年级到7年级）人数从2446人增长到3650人。

27. 管理工作流程的实例如下：时间安排、课程设置、教学评估、图书采购、数据检索以及教师职业发展。

28. 职业技术教育与培训部门为10年级以后的学校教育提供了另一种选择。2014年，开普敦市都会城区的三所职业技术教育与培训学院的总入学人数超过5万人。像本章后续部分探讨的那样，福尔斯湾职业技术教育与培训学院的希望校区坐落于之前的教师培训学院，招收了许多来自当地社区的学生。但毫无疑问，也会有一些学生去镇外上学。然而，在缺乏对相反情况研究的情况下，似乎职业教育学院的大部分学生要么未能一直读到12年级，要么毕业考试成绩不理想。从各方面来看，9年级以后就不再上学的学生人数仍然十分有限。

29. 大多数情况下，一所学校可提供给学校管理机构（SGB）的职位数量完全取决于从上级机构筹集的资金数额；其实也可以说，一所学校能够负担的管理机构职位数量是一种优势体现。通常，中产阶级学校有一半以上的教师担任这类职位，而工薪阶层学校则没有。

30. 在种族隔离制度下，白人学校、有色人种学校、亚裔学校和黑人学校分别由下议院（HOA）、众议院（HOR）、省参议院（HOD）和南非教育和培训部（DET）管理。在开普敦市省参议院管理的学校数量较少。方便起见，这些首字母缩写词仍然经常被用来描述1994年之前的学校。在西开普省，1994年后的学校在官方文件中被称作由西开普省教育厅（WCED）管理的学校。

31. 这是化名。

32. 在乡镇教育的大背景下，塞克特等人（Sekete et al. 2001）指出，不到一半（45%）的儿童没有在附近社区上学。

33. 2014年2月6日，教育部办公室发布一则新闻，概述了2010—2014年的转学情况（www. wced. school. za/comms/press/2014/13_ 6feb. html）。

34. 教育系统具有较高水平的组织结构功能，大多数学生可以在上一学年结束前完成入学。

35. 2014年，在来自东开普省的新生中，约有5750名学生（29%）就读于都会东部文教区。并不清楚其中有多少学生在卡雅利沙镇就读，但该区的其他社区也存在学生入学人数的大幅增长，如卢万德勒和斯特兰德社区。

36. 另有16名学生在一年级入学，这并不重要，因为这所学校和镇上的其他学校一样，学前班（R年级）只能容纳一定量的学生。事实上，在许多学校，高达一半以上的1年级学生入学前曾参加过社区托儿所。

37. 卡雅利沙镇上的所有学校名义上都不收费。

38. 据西开普省教育厅“择校网”显示，学校2015年一年学费在2460兰特（圣迈克尔中学）到6000兰特（鹰翼基督教学校）之间。

39. 了解更多信息，请查看参考文献CDE（2010）。

40. 2011年人口普查数据显示，在卡雅利沙镇117363户家庭中，有4743户月收入超过12801兰特，1410户超过25601兰特。

41. 总共（R年级到12年级）人数约为15000人。

42. 私立学校有资格获得政府补贴，具体数额取决于每所学校收取的费用以及它所服务的社区。这些补贴由省教育厅负责支付。最高补贴额相当于同等公立学校配额的60%。卡雅利沙镇的三所私立学校都有这样的补贴。

43. 女性（51.1%），男性（48.9%）。

44. 性别均等指数反映了女孩与男孩的相对受教育程度。该指数在学校教育的各个阶段均有计算。性别均等指数小于1表明，在正规教育系统中，学龄女生比男生少。指数大于 1 意味着入学女生比例高于男生。指数等于 1 则说明男女入学率相等。

45. 除了家庭语言和第一外语这两门语言必修课程外，基本上还有三类科目：（1）常规学术课程：历史和地理；（2）数学和科学（物理科学与生命科学）；（3）商科：会计、商业研究和经济学。

46. 迪纳莱蒂在塞索托语中是“星星”的意思。该计划是南非基础教育部“国家数学、科学和技术教育战略”（NSMSTE）的重要组成部分，旨在提高数学以及物理科学与自然科学领域的发展潜力和入学率。在过去几年里，该项目发展壮大，500 所中学参与其中；作为指定的“迪纳莱蒂学校”，这 500 所学校获得了额外的教学和学习资源，包括（在某些省份）分配额外的教学岗位，通常是为了使学校能够任命一名额外的数学教师。

47. 一些乡镇学校也提供这类科目——作为存留科目（可以这样说）。2014 年，在卡雅利沙镇的三所学校中有 58 人在学习这类科目。

48. 在过去五年里，全国职业技术教育与培训学院的入学人数增加了一倍。

49. 根据南非高等教育与培训部（DHET）2013/2014 年度报告，临时学业成绩显示二级、三级与四级考生取得证书的概率分别为 32.8%、30.2% 与 37.1%。

50. 1994 年之前，西开普省的白人学校（即前 C 型）由开普敦教育局管理，因此在官方数据库中指定这类学校为开普敦教育局所属学校。

51. 拉里（Larey 2012）指出，重点学校从未打算实行公开招生政策。

52. 坎雅项目（Khanya project）（2001—2011）是西开普省教育厅推行的一项雄心勃勃的“在线学习计划”。

53. 在 MSEP 项目中，凡波斯高中计算机实验室设施状况不佳，这也被视作学校功能越来越欠缺的证明。

54. 根据 2011 年人口普查，98.7% 的人表示科萨语是他们的母语。

55. 很有可能，一小部分人迁到古古勒苏的费泽卡，在这里可以使用塞索托语交流，但涉及距离问题，毫无疑问，这里的人数较少。

56. 较为讽刺的是在 20 世纪 80 年代末有更多（Clark & Linder 2006）。

57. 泰勒等人（Taylor et al. 2003：54）指出用母语以外的语言学习产生的困难在数学方面更为明显。科学界也提出了类似的问题（Rollnick 2000）。

58. 该政策于1999年实施，仅被视为一项临时措施；取消该政策的理由是，母语不是南非荷兰语的学生语言能力已经有所提高。

59. 卡雅利沙镇学生成绩以及如何对其做出最好的评价都将在后续考虑到。

60. 1994年，卡雅利沙镇14所中学占全市中学总数的42%；到2015年，该镇20所中学占总数的38%。在教育供应方面，卡雅利沙镇和菲立皮似乎已趋于稳定水平，类似于兰加、古古勒苏、尼扬加和十字街区等老牌乡镇。小学也有类似的趋势。

61. 方便起见，将这两个异常情况（莫布雷和诺特虎克）组合在一起。

62. 从1997年开始，毕业通过率经历了七年的稳定增长期。当时，国家将此作为1994年后更广泛的制度改进的证据，也从政治角度上对该成果进行保护。然而，人们对学校绩效水平的怀疑情绪越来越强烈，伴随着政治领导层的变化，再加上课程的修改，似乎为一段时间的向下调整政策创造了条件。在接下来的六年里，全国通过率从2003年的73.2%下降到2009年的60.2%，降幅为12.6%。此后，再次进入了一个成长期。2014年，在第四次课程迭代与毕业考试的交互影响下，出现了轻微的“耽搁”。

63. 每年，大学入学委员会（Umalusi）（继续教育与培训质量保障局）会发布一项有关国家高级证书（NSC）考试和基础教育部评估的公告。参见 www.umalusi.org.za/documents/quality assurance。

64. 想要了解2005年课程的复杂性和面临的挑战，以及修订的国家课程声明（RNCS），可参见恩格尔布雷希特和哈丁（Engelbrecht & Harding 2008）。

65. 詹森（Jansen 1998）在对成果导向教育的批评中认为，最不能够应对新课程要求的学校将受到最大的影响。

66. 这纯粹是猜测。有关高中毕业考试结果可能受到国家和/或省级出于纯粹政治动机而进行的不当操纵，南非基础教育部和大学入学委员会认证机构均对此表示强烈否定。

67. 这一解释与范·德伯格（Van Der Berg 2008）的观察结果非常吻合，即可以将南非学校归类为能够在不同的数据生成过程下运作的学校。

参考文献

Anderson K G，Case A & Lam D（2001）Causes and consequences of schooling outcomes in South Africa：evidence from survey data. *Social Dynamics*. 27（1）：1 –23.

Bloch G（2009）*The Toxic Mix：What's wrong with SA's schools and how to fix it*. Cape Town：Tafelberg.

Bloch C，Guzula X & Mahobe N（2010）Towards normalising South African classroom life：The ongoing struggle to implement mother tongue based bilingual education. In KA Menken（Ed.）*Negotiating language policies in schools：Educators as policy makers*. New York：Routledge.

Burton P（2008）*Merchants，skollies and stories：Experience of school violence in South Africa*. Centre for Justice and Crime Prevention Monograph No. 4，Cape Town.

Burton P & Loeschut L（2013）*School violence in South Africa：Results of the 2012 National School Violence Study*. Centre for Justice and Crime Prevention Monograph No. 12，Cape Town.

CDE（2010）Hidden Assets：South Africans low-fee private schools'. *CDE In Depth Number* 10，*August* 2010. Centre of Development & Enterprise，Johannesburg，http：//wwwxde. org. za/wp-content/uploads/2012/12/Hidden%20Assets. pdf.

Chisholm L & Sujee M（2006）Tracking racial desegregation in South African schools. *Journal of Education*. 40：141 –159.

Christie E Butler D & Potterton M（2007）*Schools that Work. Report on the Ministerial Committee*，Pretoria：Government Printer.

City of Cape Town（2011a）Population profile for Khayelitsha.（Accessed March 2015）https：// www. capetown. gov. za/en/stats/2011CensusSuburbs/2011_ Census_ CT_ Suburb_ Khayelitsha_ Profile. pdf.

City of Cape Town（2011b）*2011Census Suburb Khayelitsha*. Strategic Development Information and GIS Department，City of Cape Town.

Clark J（2013）*Through the looking glass darkly-Some reflections on schooling in*

South Africa. TEI Presentation, Cape Town (21 August).

Clark J (2015a) *The demographics of schooling in the township. Briefing Document* 2. Schools Improvement Initiative, University of Cape Town, http://www. sii. uct. auza/node/814574.

Clark J (2015b) *Moving in and moving around: school migration in Khayelitsha. Briefing Document* 3. Schools Improvement Initiative, University of Cape Town.

Clark J (2015c) *Subject choice in the FET band: A proxy far disadvantage? Briefing Document* 7. Schools Improvement Initiative, University of Cape Town, http://wwwisii. uct. ac. za/ node/814574.

Clark J & Linder C (2006) *Changing teaching, changing times: Lessons from a South African science classroom*. Rotterdam: Sense Publishers.

Coleman J S, Campbell E Q, Hobson C J, McPartland J, Mood A M et al. (1996) *Equality of educational opportunity*. Washington, DC: U. S. Government Printing Office.

De Klerk V (2006) Code switching, Borrowing and mixing in a corpus of Xhosa English. *International Journal of Bilingual and Bilingualism*. 9 (5): 597 –614.

DBE (2013) *Education Statistics in South Africa 2007 –2011*. Pretoria: Department of Basic Education, South Africa.

DoE (2008) *Report of the Ministerial Committee on Learner Retention in the South African Schooling System*. Pretoria: Department of Education, South Africa.

Dornbrack J & Clark J (2014) *Mathematics and Sciences Education Project (MSEP)*. Report prepared for the School of Education, University of Cape Town.

Du Plessis B, Kaminer D, Hardy A & Benjamin A (2015) *The contribution of different forms of violence exposure to internalizing and externalising symptoms among young South African adolescents*. Child Abuse and Neglect. 45: 80 –89.

Edwards N, Nadasen K & Pierce L (2008) The effects of community violence on children in Cape Town, South Africa. *Child Abuse and Neglect*. 32 (5): 589 –601.

Engelbrecht J & Harding A (2008) The Impact of the transition to outcomes-based teaching on university preparedness in mathematics in South Afri-

ca. Mathematics Education Research Journal. 20 (2): 57 -70.

Fataar A (2007) Educational renovation in a South African "township on the move": A social-spatial analysis. *International Journal of Educational Development*. 27 (6): 599 -612.

Fleisch B (2008) *Primary education in crisis: Why South African schoolchildren underachieve in reading and mathematics*. Cape Town: Juta.

Gelderblom D (2006) *Limits to the urbanization of poverty in South Africa*, Department of Sociology University of South Africa.

Groenewald R Bradshaw D, Daniels J, Matzopoulos R, Bourne D et al. (2008) *Cause of death and premature mortality in Cape Town, 2001 - 2006*. Cape Town: South African Medical Research Council.

Grussendorf S, Booyse C & Burroughs E (2010) *Evaluating the South African National Senior Certificate in relation to selected international qualifications: A self-referencing exercise to determine the standing of the NSC*. Pretoria: HESA.

Hall K & De Lannoy A (2013) Education-gender parity index. *Statistics on children in South Africa. Children's Institute*. Cape Tbwn: University of Cape Town.

Hopkins D & Jackson D (2003) Building the capacity for leading and learning. In A Harris, C Day D Hopkins, M Hatfield, A Hargreaves & C Chapman (Eds) *Effective leadership for school improvement*. New York: Routledge-Falmer.

Jansen J (1998) Curriculum reform in South Africa: A critical analysis of outcomes-based education. *Cambridge Journal of Education*. 28 (3): 321 -331.

Jansen J (2012) Matric razzmatazz conceals sad reality. *Weekend Argus*, 8 January. http: /Avww. ioLco. za/news/south - africa/western - cape/matric - razmatazz - conceals - sad - reality - 1. 1209349#. UMiChINJOAg.

Khayelitsha Commission of Inquiry (2014) *Towards a safer Khayelitsha: The report of the commission of inquiry into allegations of police inefficiency and a breakdown in relations between SAPS and the community in Khayelitsha*. http:// wvw. khayelitshaconimission. org. za/images/toward_ khaye_ docs/Khayelitsha_ Commission_ Report_ WEB_ FULL_ TEXT_ C. pd£ Accessed, 31 March 2015.

Ladd H F (2012) Presidential address: Education and poverty: Confronting the evidence. *Journal of Policy Analysis and Management*. 31 (2): 203 – 227.

Larey D P (2012) *Focus schools and vocational education in the Western Cape*. M Ed research report, Stellenbosch University.

Medecins Sans Frontieres (2010) *Providing HIV/TB care at the primary health care level. Khayelitsha Activity Report 2008 – 2009*. Cape Tbwn: Medecins Sans Frontieres.

Msila V (2005) Education exodus: the light from township schools. *Africa Education Review*. 2 (2): 173 – 188.

Murray S (2002) Language issues in South African education: An overview In R Mesthrie (Ed.) *Language in South Africa*. Cambridge: Cambridge University Press.

NEEDU (National Education Evaluation and Development Unit) (2013) *NEEDU National Report 2013: Teaching and learning in rural primary schools*. Pretoria: Department of Education, South Africa.

Nkomo M, Weber E, Amsterdam CEN (2008) *Geographies of school desegregation*. Research report submitted to the National Research Foundation, University of Pretoria.

Probyn M (2001) Teachers' voices: Teachers' reflections on learning and teaching through the medium of English as an additional language in South Africa. *International Journal of Bilingual Education and Bilingualism*. 4 (4): 249 – 266.

Ravitch D (2010) *The death and life of the great American school system: How testing and choice are undermining education*. Philadelphia: Basic Books.

Reddy V (2006) . *Marking Matric: Colloquium Proceedings*. Cape Town: HSRC Press.

Reddy V Prinsloo C H, Netshitangani T, Moletsane R, Juan A et al. (2010) *An investigation into educator leave in the South African ordinary public schooling system*. Cape Town: HSRC Press.

Rollnick M (2000) Current issues and perspectives on second language learning in science. *Studies in Science Education*. 35 (1): 93 – 121.

Rothstein R (2004) *Class and schools: Using social, economic and educational reform to close the black-white achievement gap.* New York：Teachers College/Economic Policy Unit.

Seekings J（2013）Economy，society and municipal services in Khayelitsha. *Report for the Commission of Inquiry into allegations of police inefficiency in Khayelitsha and a breakdown in relations between the community and the police in Khayelitsha.* Centre for Social Science Research，University of Cape Town.

Sekete G. P. L，Shilubane M. S. & Moila B. M.（2001）*Deracialisation and migration of learners in South African schools.* Cape Town：HSRC Press.

Setati M，Adler J，Reed Y & Bapoo S（2002）Incomplete journeys：Code-switching and other language practices in mathematics，science and English language classrooms in South Africa. *Language and Education.* 16：128 –149.

Shalem Y & Hoadley U（2009）The dual economy of schooling and teacher morale in South Africa. *International Studies in Sociology of Education.* 19（2）：119 –134.

Shindler S & Fleisch B（2007）Schooling for all in South Africa：Closing the gap. *Review of Education.* 53：135 –157.

Soudien C（2004）Constituting the class：An analysis of the process of mtegration in South African schools. In L Chisholm（Ed.）*Changing class：Education and social change in post-apartheid South Africa.* Cape Town：HSRC Press.

Spaull N（2012）*Poverty and Privilege：Primary school inequality in South Africa.* Paper presented at the Strategies to overcome poverty and inequality：towards Carnegie Ⅲ conference. University of Cape Town（3 –7 September）.

Taylor N（2011）*A five-year plan far South African schooling：A report commissioned by the National Planning Commission.* Johannesburg：JET Educational Services.

Taylor N，Muller J & Vinjevold P（2003）*Getting schools working：Research and systemic school reform in South Africa.* Cape Town：Maskew Miller Longman.

Taylor S & Yu D（2009）*The importance of socio-economic status in determining educational achievement in South Africa.* Working Papers 01/2009. Department of Economics，Stellenbosch University，http：//ideas. repec. 0rg/e/

pyu81. html (June 2015).

Van der Berg S (2007) Apartheids enduring legacy: Inequalities in education. *Journal of African Economics*. 16 (5): 849 – 880.

Van der Berg S (2008) How elective are poor schools? Poverty and educational outcomes in South Africa. *Studies in Educational Evaluation*. 34: 145 – 154.

Van der Berg S & Burger R (2002) Education and socioeconomic differentials: A study of school performance in the Western Cape. *South African Journal of Economics*. 71 (3): 496 – 522 .

Van der Berg S & Louw M (2006) *Lessons learnt from SACMEQII: South African student performance in regional context Paper presented at the Investment Choices for Education in Africa Conference*, Johannesburg (19 – 21 September).

Ward C, Martin E, Theron C & Dishiller G (2007) Factors affecting resilience in children exposed to violence. *South African Journal of Psychology*. 37 (1): 165 – 187.

第三章

伙伴小学概览：因沙耶洛小学

乔纳森·克拉克　姆多利西·姆博博

本书第三章和第四章由两所“学校改进计划”（SII）伙伴学校校长合作编写，他们分别来自因沙耶洛小学和乌萨萨邹中学，分别于2013年和2016年开始在学校建立合作伙伴关系。在写作过程中，两位校长商定这两章的内容和框架并最终达成一致。这种合著方式是基于更广泛的“学校改进计划”合作伙伴关系的背景，写作目的是提供这两所学校的简要介绍。

本章我们将重点介绍卡雅利沙镇五所伙伴学校之一的因沙耶洛小学，描述该镇的学校教育环境。

由于因沙耶洛小学是首次通过“学校改进计划”而建立大学与中小学合作伙伴关系的学校之一，我们将介绍其特殊的教育背景。自2013年建立合作伙伴关系起，“学校改进计划”与该校合作实施了一系列项目，其中最早的一项就是建立新图书馆。此外，从2014年初开始，开普敦大学（UCT）安排本校健康科学学院和教育学院的学生在因沙耶洛小学实践学习，该小学也借由这些实习活动向校内引入了各种项目。如本书各章所述，在“学校改进计划”启动初期，两校合作确定小学的需求，基于双方的合作伙伴关系来实施各类改进方案[1]。除了以学生为基础的活动外，该校还从领导、管理和教师专业发展等层面引入了相关的干预措施。

合作伙伴关系的活力除了体现在一系列以大学为基础的项目外，还体现在中小学在合作过程中扮演的角色。因沙耶洛小学的校长自“学校改进计划”合作伙伴关系建立之日起就积极参与其中，发挥着关键作用。为了将该计划纳入学校的日常组织结构，也为了将该计划涵盖的活动纳入学校改进规划（SIP）之中，该校校长做出了巨大贡献。如本章所示，正是这种积极参与凸显了“学校改进计划”的合作伙伴关系理念。

在介绍因沙耶洛小学的实际情况时，我们希望明确，虽然这所小学有其特别之处，但它在许多方面与卡雅利沙镇的其他34所小学大同小异。正如在第二章中阐释的那样，这主要是因为这些学校所处的外部环境基本一致，即其所在的社区极其贫困、失业率高。

“因沙耶洛”在科萨语中有“新引进的事物”之意。因沙耶洛小学地处城郊丽莎帕克，那里坐落着成片的独立式住宅，相当于卡雅利沙镇中产阶级的富裕程度。该小学于1994年开始招生，在那个高速发展的时期，大片沙丘被夷为平地，季节性湿地被抽干，以此容纳成千上万迁入该地区的人。

因沙耶洛小学的教学水平远高于许多周边学校，因此，它的入学机会十分难得。学校里大多数学生居住在丽莎帕克或其附近，但也有一些学生从镇上的其他地方来上学。2017年，该校入学人数为1206人，女生（587人）和男生（619人）人数相近。过去几年里该校学生人数一直非常稳定，而在2016年，由于一些班级人数过多，教室空间过于拥挤，当年入学人数减少了6%，这在当时是喜闻乐见的。该校不同年级学生的分布相对均匀[2]。R年级人数最少，因为学校政策规定该年级每个班最多不能超过30名学生，而且只有四间教室可供使用。4年级学生人数最多，这反映出在该年级留级的学生人数最多。原因是4年级是从初级阶段（R年级到3年级）到中级阶段的过渡。初级阶段的教学用语是学生的母语（科萨语），而中级阶段所有科目（除母语外）都将用英语（学生的第二语言）讲课。2014年“学校改进计划”对因沙耶洛7年级学生进行的一项调查说明了该年级学生在小学期间录取率和保有率的总体情况。对调查数据的分析显示，每个年级的学生流入量相对较少，大约五分之一的学生在7年级之前都会留级一年。然而，超过一半的学生从R年级或1年级开始就一同逐步升入7年级。

各年级的分布情况反映了一定程度的稳定性——在学校面临大量入学压力的情况下，对入学人数进行严格控制事关重大。这些控制措施包括必须安置举家从（主要是）东开普省迁居而来的儿童以及应对那些希望将子女从邻近学校转入该校的父母。除此之外，西开普省教育厅（WCED）还努力确保尽可能多的儿童在其年龄组别中都能同时取得进步。因此，学生的不及格率非常低（4年级除外）[3]。这种录取率需求有时会忽略其他考虑因素，例如学生是否为升入下一年级做好准备。

面对相互竞争的需求，各年级入学的管理工作需要校长及其管理团队在一定程度上有效地组织。这对像因沙耶洛小学这样的学校来说是一个重大挑战，因为它们面临着物质和人力资源的限制。每间教室只能安放这么多的桌椅，而且除西开普省教育厅资助的教学岗位外，学校很难再设置额外的岗位[4]。这是工薪阶层学校教育的典型特点，也是环境较优越的学校（即中产阶级）所没有的。这类学校的入学人数本身就更稳定，而且对入学人数的控制也严格许多，因此学生升入下一年级也更加容易。

与镇上所有其他学校一样，因沙耶洛小学是一所免费学校，它依靠国家每年为每位学生分配的资金来支付其人事以外的费用。这包括课本费、文具费、基础设施维护费和其他日常运行费用（如水电费）。每位学生的分配金额根据《国家学校经费规范和标准》（NNSSF）中规定的公式计算得出。2017 年，Q3 等级学校里每位学生的学费达到了 1243 兰特；其中 30% 将必须用于购买学习和教学辅助材料（LTSM）。

除了为 R 年级单独提供的补助金（2017 年每位学生每天的补助金为 26 兰特）外，学校还可以获得补贴，用于支付其电话线上网（ADSL）或连接互联网的费用，以及向六名餐厅员工支付薪资（略高于 1000 兰特）。在财务方面，按照《国家学校经费规范和标准》第 21 条规定[5]，因沙耶洛小学属于自主管理类的学校，这意味着教育部资金每年分两次直接存入学校的银行账户。在 2017 年，该校才达到这种自主管理状态。如下文所述，这种自主管理的责任重大。

经济上，学校努力维持收支平衡。尽管免费学校（如暗示的那样）不能收费，但学校管理机构（SGB）确实要求家长每年自愿进行少量的捐款。2017 年，每位学生收取 100 兰特，用于支付电脑维护以及与家长保持短信沟通[6]的费用。学校管理机构已授权筹集这些款项，但考虑到许多家庭的社会经济情况，该校能在任意一年里向一半家长筹集到资金已是万幸。

校舍

与其他许多卡雅利沙镇上的学校相比，因沙耶洛小学占地面积相对较小。由于场地有限，学校没有礼堂或运动场[7]。这些限制也导致学校的设计有些不同寻常。六栋单层教学楼和行政办公室构成了一个封闭的院落，这里有许多独立中庭可以作为操场和集会区。学校设有四个洗礼区，校舍的每一端有两个。而鉴于学校的规模，它们还远远不够。附近房屋的后院把学校两边的围墙挤得水泄不通。地勤人员用心维护校舍，以确保学校环境保持清洁并无垃圾。这是一场持久战，因为学校人满为患，到处都是沙子，尤其是在夏天。这也提醒人们卡雅利沙镇所处的环境多风。

在教室里，使用超过20年的设备磨损迹象非常明显。学生数量一直都很庞大。在许多教室里，桌椅也挤得很紧。如前文所述，人数最多的班级都在4年级，其中三个班级各有44名学生。而且，按照1年级到7年级每班平均39人的规模，通常很少能留有空余空间供老师在教室内走动。鉴于西开普省的经费供给水平，尽管学校经费供给会定期补充，但也无法为每位学生提供桌椅，教师办公桌和餐厅橱柜也很短缺。据校长所说，自1994年学校开办以来就没有任何额外的经费。2015年，因沙耶洛小学有幸成为卡雅利沙镇五所获得省议会资金援助的学校之一。在学校建成后，所有的教室都安装了黑板，目前还在使用，并计划在不久的将来安装一些电子白板。

从1年级到7年级，每年级有4个班，总共有28个班。学生通常在上课期间待在本班教室。除这些教室外，学校还建有一个藏书充足的小图书馆，馆内有相互连通的教学场所，也就是学校指定的多媒体中心。尽管《国家学校经费规范和标准》年度拨款的10%（约13万兰特）都会分给图书馆，但考虑到其他方面的资金需求，这样的份额几乎不可能。幸运的是，“学校改进计划”的合作伙伴关系促使学校任命一位全职图书馆助理馆员。

另一间教室已分配给教授有特殊教育需求学生（LSEN）的全职教师[8]。这一职位的费用由西开普省教育厅（WCED）单独承担。

学校建有一个指定的科学实验室，该实验室本质是配备储藏柜和水槽的标准教室。设施储备虽多，却都没有实用性，而且现有的科学资源也没有得到有效利用，这与利用率高的图书馆形成鲜明对比。另外还设有一间维护完善的计算机实验室，在2015年安装了服务器和25台台式电脑。但实验室规模较小，无法轻松容纳不同的班级，不过还留有空间可以再多放置几台电脑。学校计划在不久的将来购买7台电脑。与其他地方的趋势一样，南非的学校教育倾向于便携式、动态电子学习的基础设施建设。因沙耶洛小学有幸参与了西开普省教育厅一项名为“百所学校”的计划。通过该计划，他们获得了 99 台平板电脑，可以用于基础阶段的课程。另一项计划，“微软联合服务计划”（Microsoft USO project），在最近为该校交付了 24 台平板电脑、3 台笔记本电脑、1 台台式电脑和 2 台打印机，用于多媒体中心建设（Rademeyer 2016）。在未来，学校面临的挑战将不再是缺乏电子学习资源，而是如何更好地利用这些资源来辅助课堂教学。

在学校一角建有一栋独立大楼，楼内可容纳四个 R 年级班级。楼外还有一个带儿童攀登架的沙地游戏区。

如上文所述，课本是学校用教育部的拨款买给每名学生的。大体上，南非其他地区都遭受课本短缺的困扰，但西开普省未出现这种情况。与乡镇学校的惯例一样，因沙耶洛小学通过独立的供货商购买书籍，地区办事处确保学校能够及时订购：教育部发放工作手册，学校根据该手册的要求进行大部分的日常教学和学习活动。

在文具方面，父母应该为孩子提供钢笔和铅笔。在卡雅利沙镇，学校为学生购买练习本，这种做法相当普遍，但也花费了相当多的钱（2017 年约 20 万兰特）。

因沙耶洛小学有四台复印机，这是几年前一位赞助人捐赠给学校的。其中一台分配给初级阶段的几个年级，放置在主任（HOD）办公室。中高级阶段[9]中也有类似的安排，其余两台都安装在行政办公室。因为机器的维护费用很高，复印纸也很贵，所以每名学生都需要捐献一大摞纸。在卡雅利沙镇上的小学中，这种做法非常常见。与学费自愿捐资的情况相同，如果学校能从一半孩子那里筹集到纸张，那就太幸运了。即便如此，25 万多张纸也在一定程度上抵消了学校的印刷费用。

教学日

上午上课时间为 8：00。1 年级和 2 年级学生下午 1：45 放学；3 年级以上的学生下午 2：00 放学。初级阶段的各年级学生在教学楼的同一块区域内上课，与楼内其他区域略微隔开。课间休息时间和时段变化由手动敲钟提示。对其他年级，则用鸣笛来做提示。上课时间一般为 30 分钟，有两次休息。较短的一次在上午 10：00 休息 15 分钟，稍长的一次在中午 12：00 休息 20 分钟。初级阶段的班主任往往是通才，可以负责所有科目。从 4 年级开始，教师教授学科的专业化程度越来越高，他们在各个班级内轮流讲课。

教职工简报会在每天早上7：45举行，所有教师都应出席。但据校长所说，总是有少数教师习惯性迟到。最近，行政办公室安装了生物特征识别系统，用于教师打卡。该数据于每天上午10：00前上传至教育部人力资源管理系统（HCMS）[10]平台。通过这种方式监控教师出勤率，显著减少了教师迟到和缺勤的现象，正如校长所说："一切全在掌控之中！"有了这一管理系统，教师们就更难对上午到校时间提出异议。

该校学生的旷课率也相对较低。许多学生住在离学校很近的地方，迟到对他们来说也不是一个大问题。

天气允许的情况下，晨会定于每周五举行。近1200名1年级至7年级的学生必须站在户外，因此集会时间短也就不足为奇，一般不超过15分钟。晨会很难吸引这么多小孩子的注意力，尤其是在寒冷的冬天或是刮风的时候（就像夏天连续几天刮风那样）。因此，在唱完赞美诗和进行祈祷之后，学生们就可以在老师的护送下回到教室里。

学校里有许多监督员——4名6年级学生和8名7年级学生——在课间休息时，他们会在操场上协助老师巡查，并于上学前和放学后在校门口值岗。有些学生监督员还会在图书馆帮忙。

膳食计划

与所有其他免费学校一样，因沙耶洛小学参加了南非基础教育部（DBE）开展的全国学校营养计划（NSNP）[11]，由教育部向学生提供食物。每天在该校两个食堂准备1300多人的饭菜是一项浩大的工程。学生的膳食被放置在翻新的集装箱中，由6名当地妇女组成的膳食小组根据指导方针来准备相应的食物。青豆、大豆和扁豆是常见的蛋白质来源，学校尽一切努力确保学生吃到营养丰富的饭菜。餐食在上午10：00开始供应，学生在短暂的15分钟休息时间内进餐。对于许多学生来说，这可能是他们一天中享用到的一顿丰盛的大餐。

教育部鼓励乡镇学校自主种植，有些学校的菜园品类丰富，长势良好，但因沙耶洛小学不在这些学校之中。校园一角设有一个围栏区域，专门用来种植蔬菜，但那里更多时候是一片荒地。

医疗保健

如果有儿童报告在学校生病，他们可以得到一封介绍信，在家长或监护人的陪同下凭此信可以到当地的初级保健诊所就诊。在一公里以外的迈克尔马蓬瓦纳地区医院（Michael Mapongwana Regional Hospital）还有一个学校护士小组；但由于他们服务的学校数量众多，少有人来此就诊也就不足为奇了。接受临床检查往往是为了接种疫苗（最近的接种对象是 4 年级学生）并实施驱虫计划，但这并不是说学校完全没有自己的医疗资源。学校安全保健委员会中的两名教师参加了急救课程，学校还有指定的医务室。不过按照教育部门的规定，教师被绝对禁止向学生分发任何药物。

谈及克拉克（第二章）讨论的安全和安保问题时，我们可以发现犯罪是普遍存在的现象。犯罪分子的目标是配有电子设备（投影仪、台式电脑和平板电脑）的学校，特别是在周末和学校放假期间。近年来，因沙耶洛小学的入室盗窃案频频发生，于是该校雇用了一家私人保安公司，利用武装手段来保证学校安全。该地区六所学校都受益于西开普省教育厅在学校放假期间提供的额外私人安保资金，因沙耶洛小学也是其中一所。在教学日，学校进出口通道受到严格管控。只有一个入口可以进入学校，即一扇直接通向小型停车场的电动门。老师们在那个停车场停车。这扇门是关闭的，主管督导员负责监测大门处的情况。所有访客在进入学校后必须向行政区的秘书办公室报告，并在西开普省教育部登记簿上签字。校长办公室可以通过闭路电视监控摄像机来监控停车场和校门口全景。

校舍内几乎没有存放现金。与邻近的一些中学不同，因沙耶洛小学非常幸运，没有成为武装抢劫的受害者。然而即便如此，鉴于该校所处的大环境，每个人都时刻保持警惕。

教职工

因沙耶洛小学的学校管理团队（SMT）由 1 名校长、2 名副校长和 5 名主任组成，负责几乎全部的行政工作。在这所容纳 1200 多名学生的学校里，要建立一支强大的且上下贯通的管理团队，并要具备应对复杂情况所必需的知识和经验，需要大量时间和精力。2017 年初，该校只有一位主任获终身教师职位，其他几位均以代理身份任职，而这些人是学校里非常重要的中层管理人员，因此，通过临时任命来填补这些职位空缺绝不是理想的做法。此外，这些职位还有升职空间，因此教职工之间常常存在着激烈竞争，有时甚至是直接竞争。

除了这些在教师队伍中获得职位晋升的管理人员外，还有两名助理文员和一名督导，他们负责监督两名清洁工的工作。

除学校管理团队之外，目前因沙耶洛小学共有 23 名在职教师，其中 16 名为终身制教师，7 名为合同制教师。该校无力承担雇佣管理岗教工的费用，这也是南非中产阶级学校的一个典型特征[12]。就任职资格而言，大多数年长的教师在教师培训学院取得任职资格，而年轻教师往往就在当地大学完成四年本科学习，获得教育学学士学位。只有两名教职工具有在卡雅利沙镇外或东开普省农村地区教学的经验。因沙耶洛小学拥有一支非常稳定的教师队伍，自 20 多年前建校以来，已有 9 名教师在此任职；另有 11 名教师在该校服务年限超过 10 年。这些教职工的平均年龄是 47 岁，目前为止大多数（80%）教职工是女性，这也是小学的普遍情况。

包括校长和两位副校长在内的每位教职工都在教书[13]。在低年级（R 年级到 4 年级），班主任教授全部科目。从 4 年级开始，学科专业化程度越来越高，教师每天很少有空闲时间，系主任也必须保证完成分配的教学任务，因此少有余力来监督缺课教师的班级。尽管在教师缺勤 15 天以上时，教育部将支付临时代课老师的工资，但对因沙耶洛小学这类学校来说，他们无法直接用学校资金来负担相关费用，因而临时代课老师也是一种奢侈品。平均而言，每天会有一位或两位教师缺勤，因此在任何一天都无法避免这种情况，故而一些班级只能上自习，只有学校管理团队的成员在名义上对其进行监管。在一年中的不同时期，当地大学的实习教师可以代替缺勤教师，这在一定程度上缓解了缺课的问题。重要的是，由于学生每年的入学率相对稳定，该校基本避免了教职工岗位分配的波动问题，而这种波动对南非其他一些地区的学校教育产生了负面影响。即便如此，像因沙耶洛小学这样不收费的学校也很少有多余的资金去任命管理职位。因此，对学校来说，任何教师的流失从组织结构上看都是最具破坏性的，而且在教研室中总会产生负面的连锁反应[14]。

与其他乡镇学校一样，因沙耶洛小学的管理层必须应对在其他情况下教研室普遍缺勤的动态变化。矛盾心理是南非特有的一种现象，一些教师会将自身的定位与当权者联系起来，无论是雇主、省教育厅还是（说直白点）校长。这可能会被视为种族隔离制度的遗留影响，从而对学校活动产生深远而消极的影响，也会导致一种与当权者有关的冲突。暗流涌动，组织环境变得不稳定，学校领导力受到限制，有时甚至遭到损害[15]。

卡雅利沙镇发生的实例证明了这一点。在过去几年中，许多学校经历了严重的动荡，至少有两次造成校长被迫离职。众所周知，在这两起事件中，教师都以某种方式参与了抗议行动。这表明，卡雅利沙镇的学校社区存在着根深蒂固的当局权威危机[16]。此外，校长们也注意到了这一点。在任期内，他们不可避免地会被要求不时地面对这一问题。因沙耶洛小学的校长们也不例外。

可以说，在校长及其管理团队试图维护学校职能的过程中，如因沙耶洛小学，他们被迫直接应对组织架构上的挑战，相比处于更优越环境的学校所面临的问题，这些挑战更加巨大。主任作为学校的中层管理者，必须承担管理和教学的双重责任。以科马尼[17]女士为例，她除了在 7 年级四个班教授会计和经济管理科学（EMS）外，还监督 5 年级教师的工作，并且担任他们的年级主管。她还负责计算机实验室，是学校管理机构秘书，还协调一些学校委员会的工作。

学校管理

因沙耶洛小学的学校管理机构由家长委员会与教职工选举的代表组成，目前能够正常运作。如《南非学校法案》（1996 年第 84 号）所述，学校管理机构在学校事务中拥有相当大的权力，其任务是确保学校的管理符合所有利益相关者的最佳利益（南非基础教育部，未注明日期）。学校管理机构的职责多种多样，包括管理、维护和控制归学校所有的建筑物和场地，以及确定当地社区出于社交目的与学校开展的活动范围（如教堂集会）。

对于《南非学校法案》第 21 条涉及的学校来说，监督学校财务尤其重要。这包括编制年度财务预算，将其提交给家长委员会批准；起草财务报表，并将审计结果交由西开普省教育厅。校长在学校管理机构中具有官方权力，有责任为该机构提供支持和帮助，同时对其上级西开普省教育厅负责，但校长的这两种角色规范并非没有发生冲突。校长以首席财务官的身份直接负责学校的财务状况，因此需要谨慎管理。

此外，校长不能想当然地认为，代表学校管理机构的不同人员在涉及诸如学校管理的问题上总能达成一致。学校管理机构对教师的任命具有相当大的发言权。如前文所述，这可能会引起职工间的竞争，特别是在主任和副校长等晋升职位上。不单这些职位的竞争非常激烈，填补这些职位空缺的过程也是一场持久战，经常会引起争议。

家长参与

学校每季度举行一次会议，重点是向家长或监护人提供有关其子女学业进步的反馈意见。为了照顾到大多数人，会议一般在周六下午举行。除非有非常棘手的问题需要在会议上解决，否则很少有超过100名家长参加。唯一出席率较高的会议是每三年举行一次的家长代表选举，将会选出5位家长加入学校管理机构。总而言之，和许多学校的情况一样，该校校长也肩负着巨大挑战，那就是保证学校管理机构仍然坚定不移地支持该校的办学宗旨，即提供高质量的教学和学习服务。

尽管面临重重挑战，因沙耶洛小学仍是一所相对稳定的学校。如前文所述，在学业表现方面，该校被认为是卡雅利沙社区办学较成功的学校之一。每年的省级3年级和6年级语言和数学综合考试[18]可以作为唯一的外部评估手段。这项考试在每年年底举行，两个年级的学生全部都要参加。

在这些综合测试中，因沙耶洛小学的学生成绩是有变化的。就3年级而言，科萨语作为其初级阶段的学习和教学用语（LoLT），该门课程的成绩在过去四年（2013—2016年）里同比有所下降，进而与邻近学校学生成绩持平[19]。而6年级情况则相反，在同一时期，学生的英语成绩稳步提升。现在，该校的学生成绩远远超过Q3学校的要求。与处在相同环境下的其他学校相比，因沙耶洛小学整体的数学成绩更优异，但在2015—2016年间出现明显下降，这让校长和其他教职工有些惊讶。6年级学生的总体成绩和语言成绩一样，一年比一年有所提高。

学区支持

人们普遍认为，西开普省省级教育部门运行良好[20]，其以学区为基础的支持模式被视为该教育系统的一个特殊优势。八个教育区主要负责教育管理工作，而设在开普敦市中心的西开普省教育厅总厅则负责学术研究、战略规划、政策制定和职能协调等服务。

卡雅利沙镇所有学校都位于都会东部文教区（MEED），该教育区总部设在库尔斯河，距离卡雅利沙镇约 15 公里。区内有十个巡回指导组，其中因沙耶洛小学属于第五巡回指导组。该指导组由 13 所小学、7 所中学和 5 所私立学校组成，其中有些学校不在卡雅利沙镇。这样的组内配置是都会东部文教区有意为之，旨在保证每个巡回指导组都能涵盖来自该学区内不同乡镇的学校。该巡回指导组的管理员经验丰富，曾任因沙耶洛小学校长，多年来负责该校的管理工作。由管理员领导的团队成员包括许多学科顾问和其他辅助型教学工作者，如学校心理咨询师、社工和学习支持顾问。在这个团队中，管理员的职责是提供一系列服务，并负责学校管理、行政以及教师发展和支持工作。当学校的组织架构问题需要解决时，巡回指导组的管理员通常是校长第一个要联络求助的对象。学科顾问会进行旁听，在课程方面向教师提供建议和支持。学区还通过开展一系列在职讲习班和课程来为教师提供额外支持。

在过去，教师们并不欢迎教育厅官员来教室听课[21]，但近年来反对的情况在逐渐减少，因沙耶洛小学的教师愿意接受提供课堂支持的学科顾问。然而，这些官员负责的区域范围过广，如第五巡回指导组的初级阶段学科顾问必须协助 13 所小学的教师。在这一阶段，每所学校平均有 12 名班主任，因此学科顾问必须为将近 200 名教师提供支持。尽管该学区设置巡回指导组是出于好意，但因沙耶洛小学的校长和工作人员基本还是依赖本校的资源。这项任务相当艰巨，因为在像卡雅利沙镇这样的社区里，学校面临着一种复杂的办学情况，即在资源不足的同时，努力提供高质量的教学。

正是对这一情况的支持，该校于 2013 年与“学校改进计划”建立了合作伙伴关系。多年来，该计划拓宽了与学校的合作范畴。表 3.1 总结了 2017 年的活动范围。

表 3.1　因沙耶洛小学“学校改进计划”活动汇总

领导与管理	加入校长实践共同体； 向学校管理团队提供组织管理帮助
课程支持	教师专业发展，包括为数学、科学和语言课程提供课堂帮助； R 年级：为 R 年级的数学课程提供帮助
学生支持项目	6 年级和 7 年级的家庭作业由来自科技中心的学生进行辅导； 11 年级
基础设施发展	图书馆：同国际组织扶轮社和非营利组织 The Bookery 合作建立； 与学校共同出资聘用图书馆助理馆员，并提供后续支持
开普敦大学专业实习	教学实习： —具有研究生教育证书的实习学生 实践学习： —职业治疗专业：社区发展实践以及儿童学习、发展与游戏； —言语治疗专业； —听力学专业

资料来源：作者编制。

本书后续章节将描述关于“学校改进计划”与因沙耶洛小学合作伙伴关系各部分的更多细节，并侧重于描述其中合作参与的过程。

注释

1. 第一章详细介绍了案例研究法，在第四章中将进行再次阐释。

2. 1 年级 148 人；2 年级 141 人；3 年级 155 人；4 年级 175 人；5 年级 167 人；6 年级 150 人；7 年级 150 人。

3. 未经证实的数据表明，3 年级和 6 年级的升学率都远高于 90%。

4. 关于南非普通公立学校岗位设置流程的概述，参见塞夫顿（2017）。

5. 《南非学校法案》（SASA）第 21 条规定，学校可以自行管理教育部提供给每名学生的资金。与此同时，第 20 条规定，学校对其资金的自主权行使有限。学校不能自行购买教科书或获取服务，而需要向其教育区为这些项目申请资金。

6. 在南非，手机使用率非常高，短信（SMS）是学校与家长沟通的一种有效方式。然而，考虑到南非高昂的通话和数据成本，手机短信套餐并不便宜。

7. 2017 年初，学校接到通知，其向南非国家彩票运营商申请的足球场资金项目已经获批。由于 30 万兰特的奖金不足以支付筹建场地的费用，因此学校必须向地方议会寻求援助（只有容纳建造一个球场的空间）。

8. 根据国家政策，西开普省教育厅尽量为主流学校的学生提供支持。一些主流学校被指定为全面服务学校，并通过“班级单元组”来提供支持。因沙耶洛小学就是这样一所学校。

9. 一般指中级阶段（4 年级到 6 年级）和高级阶段（8 年级）。

10. 西开普省政府的人力资源在线管理系统。

11. 南非 21000 多所学校的 900 万名儿童受益于该项目，因沙耶洛小学的学生也受益于该项目。南非基础教育部在 2016/2017 财年对该项目的预算超过 60 亿兰特。

12. 前 C 类（即以前的白人）学校有多达一半的员工以这种方式受聘，这并不少见。

13. 管理教学岗位分配的部门规范和标准如下：一级岗位是教师，占 92%（即 100 学时中 92 学时）；二级岗位是主任，占 90%；三级岗位是副校长，占 60%；四级岗位是校长，占 10%。

14. 在普通公立学校中，教职工的岗位编制取决于学生的入学率，因此情况各不相同。如果入学人数下降，教师将被视为“超额”，会被调到其他地方，重新安排岗位。这种影响在中学阶段更为明显，因为中学教师往往都是学科专家。

15. 有关教师特别是教师工会所起作用的信息，参见弗莱施（Fleisch 2010）以及曾格勒和科泽尔（Zengele & Coetzer 2014）。

16. 有关该观点的支持论证，参见第三章克拉克和林德（Clark & Linder 2010）。更广泛地说，有关反对种族隔的斗争对学校教育产生的长期负面影响，参见胡普等人（Khupe et al. 2013）。

17. 这里是化名。

18. 继 2015 年 9 月暂停年度国家评估（ANAs）之后，到 2017 年，西开普省是南非唯一继续以任何形式开展综合测试的省份。

19. 2016 年，通过率为 21.2%，略低于其他以科萨语为学习和教学用语（LoLT）的学校（23.5%）。

20. 该省的学区模式受到好评，例如见巴伯等人（Barber et al. 2010）。

21. 多年以来，教师工会积极（并成功地）反对诸如课程顾问之类的教育厅官员听课。

参考文献

Barber M，Chijioke C & Mourshed M（2010）*How the worlds most improved school systems keep getting better*. McKinsey & Company Social Sector Insights.

Clark J & Linder C（2010）*Changing teaching*，*changing times*：*Lessons from a South African township science classroom*. Sense：Rotterdam.

DBE（n. d. ）*What does an SGB do*? http：//wwwieducation. gov. za/Infbrmationfor/ParentsandGuardians/SGBs/SGB3. aspx.

Fleisch B（2010）The politics of the governed：South African Democratic Teachers Union Soweto Strike June 2009. *Southern African Review of Education*. 16（2）：117 - 131.

Khupe C，Balkwill K，Osman R & Cameron A（2013）A needle in a haystack：A search for value for money in turn-around strategies for schools in difficult circumstances. *Educational Researcher*. 55（2）：165 - 179.

Rademeyer M（2016）*Microsoft USO Western Cape Department of Education master training report*. Schoolnet South Africa. http：/Avww；schoolnet. org. za/wp ~ content/uploads/2016. 02. 27. Microsoft-USO-WCED-Master-Iraining-report. pdf.

Sephton S（2017）Post Provisioning. In F Veriava，A Thom，T Fish Hodgson，*Basic education rights handbook*：*Education rights in South Africa*. Johannesburg，Section27. http：//section27. org. za/basic-education-handbook.

Zengele T & Coetzer I（2014）The perceptions of educators on the involvement of teacher unions during the filling of promotional posts. *Africa Education Review*. 11（1）：17 - 32.

第四章

伙伴中学概览：乌萨萨邹高中

帕蒂·西尔伯特　帕特里克·巴恩斯

在本章，我们将详细介绍“学校改进计划”（SII）伙伴中学乌萨萨邹中学的情况。在第二章和第三章的基础上，我们把关注点放在中学的学校教育上。尽管这所学校有其特别之处，但在许多方面与镇上其他19所中学大同小异，且该校与其他卡雅利沙镇工薪阶层社区学校相似，每天都面临着相同的挑战。乌萨萨邹中学位于卡雅利沙镇人口稠密、贫困且失业率高的B站点，这使得该校特别容易受到犯罪事件的影响。

除了介绍该校的背景和概况外，我们还将举例说明通过合作伙伴关系引进校内的项目和活动。本章和第三章在内容上的差异主要与小学和中学之间的总体差异有关——既有系统与结构上的差异，也有程序与流程上的差异。此外，这两章之间也存在一个重要的相似之处，即“学校改进计划”合作伙伴关系的性质和完整性以及各校校长[1]、教师和学校管理团队（SMT）在保证该计划顺利实施中所发挥的作用。尽管乌萨萨邹中学是五所中学里最晚与“学校改进计划”建立合作伙伴关系的学校，但自2016年1月开展相关活动以来，各类关键角色的积极参与已经证明了合作伙伴关系具备的优势。

乌萨萨邹中学校长和学校管理团队曾表示，希望与“学校改进计划”建立合作伙伴关系。此后，“学校改进计划”项目经理于2015年8月在该中学开展了一项案例研究（参见第一章）。如第一章所述，案例研究的目的是深入了解学校的办学体系、教学和学习方面的结构和实践，以及校园风气、文化和动态关系。在调查分析中，工作人员对一系列角色参与者进行了大量观察，组织了访谈和焦点小组座谈，其中包括地区巡回指导组管理员、校长、学校管理团队（SMT）、教师、学校管理机构（SGB）、维护人员、行政人员、学生和家长。在征得各方同意后，在不同级别上进行实践观察，包括对课堂教学、教职工会议、简报会以及学校管理团队会议的观察。此外，他们还观察了学生的课间活动以及教师的教研室活动[2]。焦点小组座谈涉及8年级至12年级的学生以及教师、家长和维护人员。

在访谈、观察和焦点小组座谈的基础上，项目工作人员编写了一份关于乌萨萨邹中学优势和挑战的报告。该报告旨在与学校管理团队以及教职工就主要优先发展事项进行一系列讨论，推动学校的整体性发展。报告反馈分两次进行：第一次以会议形式与校长和学校管理团队会面，第二次以研讨会形式与全体教职工交流。在这两次会议上，与会人员对报告进行了深入讨论，确定了影响各类计划和干预措施的主要优先发展事项（参见表4.1）。

背景与基础设施

乌萨萨邹[3]中学于2004年建成，隶属于都会东部文教区第三巡回指导组，是一所Q2等级的学校，也是《国家学校法案》第21条中规定的免费学校[4]。该校前身于1995年在梅特兰[5]刚刚成立时，被归为“存在职能障碍”的学校，当时校内只设有8年级和9年级。2004年，乌萨萨邹中学迁至卡雅利沙镇，并于2006年成为一所继续教育和培训（FET）学校，首次将10年级至12年级纳入办学体系。在2011年，西开普省的一些学校获得国家高级证书[6]（NSC）的学生数量有显著提升，该省教育厅（WCED）为这些学校颁发奖项，乌萨萨邹中学也是其中之一。现任校长从2012年起担任该校副校长，并于2014年1月被正式任命为校长。从那时以来，他已经为学校新系统和新结构的建设实施了许多方案，下文各节将重点介绍。

乌萨萨邹中学是卡雅利沙镇的一所公立学校，学校大楼由省政府委托建造，包括图书馆、消费者研究实验室、计算机实验室、物理科学实验室、计算机应用技术（CAT）实验室以及31间教室。

该校由开普敦市的一家建筑公司设计建成[7]，它过去的办学宗旨是发展创新创业教育，现在依然如是。为此，学校引入了旅游、经济、商业研究和计算机应用技术等学科，使它成为卡雅利沙镇为数不多拥有这种特殊学科组合的学校之一。街道一侧的教室由沃尔夫建筑师事务所[8]设计，在教室朝向街道的一面设有活板门，原本是用作公共交往的空间，推动课堂开展的科目能够为社区服务。然而，现任校长就职后，他担心这样的小窗会使犯罪分子乘虚而入，因此关闭小窗。随着该地区犯罪率显著上升，保证学校安全迫在眉睫，应重点关注。

同样是因为安全问题，该校长上任后不久就在全校安装了许多闭路电视监控器。这些设备与他办公室的一台电脑联通，在任何时间都能够对学校内的不同地点予以监控，采集并存储信息。

为进一步加强校内安全管理，学校任命了四名安保人员，不论周末或假期，每天晚上都有两人值班。这样做能够降低风险，避免入室抢劫可能造成的惨重损失。安保人员的费用由学校管理机构支付。同样出于安全考虑，门卫在放学后要留校工作一小时，这样教师在下午晚些时候就可以留在学校，从而能够减轻对其人身安全的威胁。门卫的额外工作也是有津贴的。这些安保计划有效遏止了乌萨萨邹中学发生盗窃事件，这与同片区的五所学校形成鲜明对比。这五所学校过发生多起盗窃和入室抢劫案件，此类犯罪事件在周末和学校放假期间尤为频发。校长实施的安全措施以及对校内迟到问题的解决措施都得到了家长委员会的大力支持，迟到问题的具体解决措施概述如下。

该校长任职后，为应对校内迟到这一历史遗留问题，他很快安装了“实时”（打卡）系统以降低缺勤率和迟到率。每天早上，学生到校后刷门禁卡，系统会识别没有刷卡的学生，并自动向其家长或监护人发送短信，通知孩子的缺勤情况。保安每天都会监控学生的刷卡情况，以防他们借用同学的卡。此外，学校里设置了安全围栏，引导学生在刷卡后进入用餐区，并在早上 7：30 到 8：00 之间为学生供应粥食。

校长密切监控门禁系统，并定期与合约公司沟通，必要时对软件程序进行技术性调试，以确保该系统能继续满足学校的需要。学校还引进了移动门禁设备，迟到的学生（待在单独的区域内）到校时可以进行登记，这也是一种校内系统性调试。在乌萨萨邹中学，这种门禁系统的应用效果显著，研发该系统的公司将乌萨萨邹中学作为典型案例，介绍给其他希望安装该系统的学校。如果学生忘记带门禁卡，他们需要支付 5 兰特来换取一张临时通行卡，并在此后的两周时间内使用自己的门禁卡，否则到期就需要支付 50 兰特来办理新的门禁卡。

教学与学习

目前乌萨萨邹中学共有 1345 名学生。许多入校新生都来自同一学区的五所小学[9]，总入学人数相对稳定。与卡雅利沙镇的其他中学一样（参见第二章），乌萨萨邹中学的性别均等（gender parity）指数更偏向于女生。该校五个年级的男女比例基本相近，但在 2017 年，该学校男生与女生入学总人数分别为 662 人和 683 人，女生人数略高于男生；而各年级入学情况[10]也与邻近学校相似，从 10 年级到 12 年级的入学人数有明显下降趋势（这一点将在下文进一步解释）。

该校共有 39 名教师，其中学校管理团队（SMT）有 8 人，包括 1 名校长和 2 名副校长。校长受聘于学校管理机构（SGB），而副校长则是在 2016 年才被任命。

同卡雅利沙镇的所有中学一样，英语作为第一外语（FAL），是乌萨萨邹中学的学习和教学用语（LoLT）。几乎所有学生的母语都是科萨语，只有少数是祖鲁语和茨瓦纳语。每节课 50 分钟，有一次 40 分钟的课间休息。在因沙耶洛小学（参见第三章），学校管理团队的所有成员都参与授课。副校长每天上三节课，部门领导（HOD）每天至少上五节课。

如前文所述，乌萨萨邹中学的办学初衷是培养创新创业精神。该校在 2016 年初同青年企业家协会（Youth Entrepreneur Society，YES）的合作就是最好的证明。这项合作计划由南非国家电力公司（Eskom）[11]与南非联合银行（ABSA）[12]赞助。学校 8 年级至 12 年级的学生参与到学校和更广泛的社区生产、产品营销与服务之中。2016—2017 年，参与该计划的学生在老师的协调下，合作生产垃圾箱，并为学校提供清洁服务。此外，他们还设计并生产了 100 件学位服，专供乌萨萨邹中学的毕业生使用，另有 100 件于 2017 年完成生产。这些学位服不仅能为该校节省 6000 兰特，而且还能租借给社区的其他中学，从中获得租金。在青年企业家协会开办的竞赛上，学生们提交的项目申请获得了省级二等奖，并在南非全国竞赛中获得第二名的成绩以及 25000 兰特的奖金。受这些成就的鼓舞，乌萨萨邹中学又参加了一次省级比赛，并再次获得二等奖，得到 50000 兰特的奖金。

自“学校改进计划”合作伙伴关系建立以来，乌萨萨邹中学教师在数学、物理和第一外语英语等科目上都得到了帮助。这些以学科为基础的干预措施主要利用大学批准的短期课程，结合教师课堂教学实践，以此来提供帮助（参见表4.1以及第一章）。2017年3月，“学校改进计划”启动了新的物理科学实验室，为科学教师提供持续的帮助。在整个合作伙伴关系中，教师职业发展与管理支持相互配合。反过来，副校长和部门领导的能力配备又与学校的领导力相关。通过“学校改进计划”，伙伴学校的校长每两个月召开一次校长实践共同体（COP）会议。在会议上，校长们能够分享有关组织领导的最佳实践和专业知识，同时确保个人和职业发展得以持续下去（参见第七章）。

2015年，乌萨萨邹中学获得南非创新学习学院（SAILI）目标驱动项目[13]的支持。2016年底，基于该校在2015年取得的进步，校方收到南非创新学习学院提供的38000兰特的资金支持。

正如本章之前提到的，过去乌萨萨邹中学的大学入学考试整体表现不佳。不过，最近情况有所好转。2013—2016年，高中毕业率从73.6%提高到93.3%，同期，大学录取率翻了一番多（从12.8%提高到27.3%）[14]。在卡雅利沙镇的20所中学里，2015年乌萨萨邹中学入学考试表现排名第六，2016年跃居第三。2015年该校在省级的Q2等级学校中排第九（在该省59所五等分学校[15]中进行排名），并在2016年上升到第四位。

然而，这种成绩提升是有代价的，尤其体现在继续教育与培训（FET）阶段（10—12年级）的保有率方面。如前文所述，学生从低年级升入高年级的人数有明显下降趋势。例如，在2015年，10年级共有343名学生；而在2017年，这些学生最终顺利升入12年级的只有186人，人数大幅减少。也就是说辍学率接近50%，这对乡镇学校来说偏高。

校长和老师每年都非常重视大学入学考试成绩的整体提高。具体表现为，学校每年都会针对考试通过率制定新的目标，并显示在学校门口的大横幅上，用不同颜色代表不同类别，例如：红色表示国家高级证书，橙色表示毕业证，绿色表示大学录取通知书。2017年的目标是，10%的学生取得国家高级证书，40%拿到高中文凭，50%被大学录取。

卡雅利沙镇的中学通常很少开展课外活动。但自2015年以来，学校开始更多地关注体育运动，足球、橄榄球和无板篮球都成为高年级学生的活动选择。最近，学校为女生引入了橄榄球活动。课外项目主要以两种形式进行，一种是以家庭作业辅导的形式让11年级学生参与其中（参见第十章），而另一种是利用“学校改进计划”为11年级学生提供每周的计算机扫盲课程（参见表4.1）。此外，在下午为12年级学生进行额外的指导，而周六上午则基于开普敦大学学生活动之一“TeachOut”项目（周末课堂）对8年级和9年级学生进行辅导（参见第一章和表4.1）。学校放假期间也开设课程，12年级还要参加周六上午的课程。所有的大学入学考试应考生都必须参加这些额外的辅导课程，学生的出勤情况通过门禁卡系统进行监控。乌萨萨邹中学教师在周六上午教授经济学、生命科学和阿非利堪斯语[15]，社区其他中学的外部指导教师也是如此。

制度与流程

上课时间是8：00，8：05学校大门就会关闭。如前文所述，自从门禁制度实施以来，迟到现象明显减少。从平均每天400—500名学生迟到减少到如今不到30人。学校不允许迟到的学生上第一节课，以免其扰乱课堂秩序。在第一节课结束时，才会打开学校大门让学生上第二节课。迟到的学生需要付1兰特或参与社区服务，如垃圾收集，大多数学生会选择前者。

利用生物特征识别系统可以有效遏制迟到现象，教师迟到人数从30%减少到5%。针对教师旷课现象，如果校长认为其理由无效，则对该教师实行无薪休假政策，因此此类现象也有所减少。这些措施的执行与否需要同教职工进行商定，力图确定解决教职工迟到和旷课问题的战略。在这方面，校长与教师就以上措施实施的程序进行讨论。双方合作达成的协议是，如果教师在学期内迟到五天以上，就对其进行渐进性惩处。

会议、简报会和晨会

校长和学校管理团队（SMT）共同努力，加强学校内部的沟通。2015年引进短信群发系统，以此改善学校与家长之间的沟通。事实证明，这也促使参会家长人数增多。学校管理团队成员使用免费通信程序WhatsApp来建立群组，相互沟通。

定期举行教职工和管理层会议来进行专业参与层面的沟通。学校管理团队会议和教职工简报会在一周内交替举行，每周至少有两次学校管理团队会议和三次教职工简报会。简报会于上午 7：45 开始，并于 8：05 准时结束，不会耽误 8：15 开始的第一节课。教职工会议、年级会议和部门会议每两周举行一次，每月至少举行两次，并列入年度计划。教师会提前收到开会通知，并在会前收到开会提醒。

所有会议都必须进行记录。这些会议记录将转交给副校长，并在副校长编写会议大纲后一并交给校长。学校管理团队成员致力于专业发展，他们都报名了开普敦大学批准的南非教育从业者委员会（SACE）[16]注册短期课程——即 2017 年 1 月开授的“领导与管理课程教学团队”课程（参见表4.1）。本课程被视作“学校改进计划”的管理干预措施之一。每季度的课程计划在上一学期结束前完成，所有的课程计划都在新学期开始之前提交，以便各部门领导能够实时跟踪并调整课程安排。随后，部门领导将课程计划提交给副校长进行最终审批。针对需要干预的科目，教师以书面形式提出“改进计划”，并由部门领导监督。其中一名副校长负责监督“科目改进计划”。同样，部门领导也会监督 12 年级的教师，保证他们按时完成教学大纲。

每周一上午在学校礼堂举行晨会与学生进行沟通交流。学校利用音响系统在演讲台上进行广播。有时是受邀嘉宾到学校演讲，有时是教师带领大家进行宗教敬拜。每学期举行一次颁奖，每个年级前十名的学生都会受邀上台，并被授予获奖证书。

膳食计划

学校供应早餐和午餐。上午 7：30 到 8：00，所有学生都可以从学校的活动板房里领到粥食。7 名食堂工作人员准备午餐，将不易腐烂的食物存放在一个单独的房间里，这间屋子在校长上任后被重新装修过。之前入室抢劫事件频发，为预防此类事件，对学校的建筑进行了重新装修。

为了促进膳食计划的运作，学校配备了供餐货箱。每班都配有一个餐箱，每位学生一个餐盒。食堂工作人员将备好的午餐装进餐盒内，再放入餐箱中。每天课间休息开始时，两名班级代表把餐箱抬到各自的班级，再将餐盒分发给其他学生。学生在教室里享用午餐，饭后根据每日排班表清洗餐箱。乌萨萨邹中学的膳食计划非常成功，西开普省教育厅希望其他学校也能够效仿这种模式。

在周六以及节假日上课的学生也能够享受膳食计划供应的食物。学校将自愿捐款得到的资金用于购买肉类，作为鼓励学生在周六参加额外辅导的奖励。

结论

在乌萨萨邹中学，正是互利互惠的共同理念推动了大学与该校的合作伙伴关系，这体现在该校积极参与了通过合作伙伴关系引进的各个项目（参见表4.1）。每项活动都由一名教师协调，并直接向校长汇报工作进展。协调工作的教师、校长、“学校改进计划”项目经理以及项目协调员之间经常举行会议，以确保课程能够顺利进行，并通过合作和协商来解决面临的问题和挑战。此外，每年年底都会进行项目审查，必要时可以提前进行。通过审查，可以明确有可能妨碍活动顺利进行的问题，并据此制定推动活动进行的有效战略。正是通过学校整体性发展，“学校改进计划”力求在与乌萨萨邹中学开展合作伙伴关系时实现学校的持续改进。

表4.1　　乌萨萨邹中学“学校改进计划”活动汇总

领导力和管理能力	校长实践共同体； 向学校管理团队提供组织管理帮助，包括进行开普敦大学批准的短期课程
课程帮助	教师职业发展，包括数学、生命科学与第一外语英语科目在内的教师课堂教学实践
学生支持项目	开普敦大学学生组织； 尤本耶“周末课堂”：8年级与9年级学生辅导； 因卡耶兹：11年级就业指导； 开普敦大学法律协作项目：10年级和11年级的宪法扫盲； 10年级和11年级电脑扫盲； 乌曼加里索11年级辅导老师； 6年级和7年级家庭作业辅导项目

续表

大学招生（百佳计划）	10 年级—12 年级学生
基础设施建设	同国际组织扶轮社和非营利组织 The Bookery 建立合作，合资（同学校）雇用图书馆助理馆员，并提供长期支持； 科学实验室翻修
开普敦大学专业实践	教学实习：注册研究生教育证书专业课程的实习教师； 为 11 年级学生辅导员提供辅导能力培训：职业治疗专业学生； 社区发展实践专业学生

资料来源：作者编制。

注释

1. 乌萨萨邹中学的校长帕特里克·巴恩斯是本章的合著者。

2. 了解更多有关案例分析法的信息，参见第一章。

3. “乌萨萨邹”意为“传播”，这里指“传播知识”。

4. 尽管乌萨萨邹中学是一所免费学校，但学生每年应缴纳 420 兰特，用于支付诸如学生门禁卡和复印纸张等基本开销。

5. 梅特兰是开普敦市以东的一处郊外工业区。

6. 国家高级证书（NSC）是在学生通过高中毕业考试后获得的证书。

7. 这所学校最初由沃尔夫建筑师事务所设计建造。

8. 参见 http://www.wolffarchitects.co.za/projects/all/first/。

9. 这所直属学校是一所“学校改进计划”伙伴小学。

10. 2017 年各年级入学人数如下：8 年级 270 人；9 年级 273 人；10 年级 323 人；11 年级 293 人；12 年级 186 人。

11. Eskom 是南非国家电力公司。

12. ABSA 是金融服务提供商南非联合银行（Amalgamated Banks of South Africa）的英文缩写。

13. 教育部与迈克尔和苏珊·戴尔基金会合作执行南非创新学习学院目标驱动项目。该项目重点关注有能力做出改进的学校，这些学校从西开普省教育厅提供的候选名单中选出。南非创新学习学院与这些学校商定需要改进的领域，包括 8 年级到 12 年级的学生保有率；提高 9 年级整体测试成绩；以及高中毕业率和大学录取率。该项目以财政激励政策提高学校的学术产出。

14. 需要与卡雅利沙镇其他学校进行比较，可参见第二章。

15. 这所学校的不寻常之处在于，大约四分之一的学生将阿非利堪斯语（南非荷兰语）作为第二语言，并使其达到大学入学考试要求的水平——这也是B站点学校教育的一个历史特征。

16. 南非教育从业者委员会是南非国家教师管理机构。

第五章

利用大学与中小学合作伙伴关系重构跨学科合作

帕蒂·西尔伯特　罗尚·加尔万

跨学科服务学习能够超越教学与研究（Badat 2013），促进社区发展（Bridger & Alter 2007）。创造跨学科服务学习的机会使高等院校能够为社会做出有意义的贡献（参见 Bossio et al. 2014；Harris 2010；Plank et al. 2011）。鼓励大学生跨学科协作有助于加强社区参与，为大学和服务学习场所提供情境支持。在大学层面，跨学科协作为学生专业实践的转变创造了机会，同时也为教学人员创造机会用以探索新型实践对课程改革产生的影响。从服务学习场所来看，跨学科协作提高了学生的实践能力，促使他们更有效地参与到服务学习实践中，对实践情境做出响应，同时也能推动社区内的服务人员接触到新的实践。

本章将探讨透过“学校改进计划”（SII）将跨学科服务学习建设作为一种新兴实践的过程。我们采用情境性和反思性方法，研究开普敦大学健康科学学院的大学生如何通过跨学科服务学习为大学及其伙伴学校（伙伴学校的学生进行专业学习）的变革实践创造新的可能性。在许多方面，本章对服务学习和跨学科的关注为其他章节提供了一个核心要点，正是通过这些学习形式，新的见解得以发展、概念化并最终付诸实践。从大学生和教学人员的角度来关注跨学科实践是经过深思熟虑的。这说明了“学校改进计划”的重点是构建知识生成的替代性方法，而这些方法主要仍处于概念化阶段。我们希望探讨参与跨学科实践带来的可能性和机会，跨学科实践在大学与中小学合作伙伴关系中能得到多大程度的实施，以及最终对大学和中小学产生的影响。本章梳理的概念是理解第十一章和第十二章的基础，在这两章中，学生间各种形式的跨学科实践将在特定学科中得到进一步检验。

本研究中使用的跨学科概念是指两种或多种学科之间的积极的跨专业协作过程（参见 Bossio et al. 2014；Harris 2010；Holley 2009）。多元方法是健康科学中更为传统的研究方法，专业学科利用这种方法并行工作以解决特定问题（Bossio et al. 2014），在本章以及本书中，我们将摆脱这种多元研究方法，转而提出基于特定学科见解和专业知识的跨学科研究视角。这些特定学科的知识能够用于产生新的知识和理解，并适用于特定环境。这意味着各学科致力于开发一种概念上的综合模式（Van Leeun 2005）。

服务学习是指学生通过跨学科协作学习专业知识以解决特定社会问题。这就要求制定发展出新的概念性策略，在学科之间找到方法论上的统一（Lattuca 2001：11）。因此，如本章所定义的，服务学习和专业学习（详述如下）都是通过跨学科协作的理论视角来看待的。本研究正是在这一框架下，力求解决以下问题：

- 跨学科服务学习对学生实践有何启示？
- 大学与中小学合作伙伴关系内的跨学科服务学习如何在大学层面传播新知识？

有关跨学科实践的文献综述

跨学科协作相关研究数不胜数，涉及领域众多，我们将文献综述限于过去 15 年内开展的健康教育领域研究。在该领域，国际和国内的研究都非常关注跨学科协作的积极作用（Ansari et al. 2004；Infante 2012）以及其面临的挑战和障碍（Ansari & Phillips 2001）。这类研究大部分都集中在制度影响和课程改进方面（参见 Brown et al. 2003；Harris 2010）以及对不同学科学生之间团队合作的促进作用（参见 Cahill et al. 2013；Infante 2012）。这些作者以及伯泽伊登霍特（Bezuidenhout et al. 2015）、卢克（Luke et al. 2009）等人，强烈建议在学生和保健专业人员的学习和教学中采用协作的方法，并特别强调协作在促进保健专业教育研究方面的作用。

伯泽伊登霍特等人（Bezuidenhout et al. 2015）强调需要通过协作建立全新的相关性，并认识到共享知识库的开发需要协作方法来产生新的研究领域（Harris 2010）。虽然许多研究探讨了跨学科协作的概念和影响（参见 Klein 1990；Lattuca 2001；Rhoten 2004；Zuber-Skerritt 1990），但很少有研究关注这一过程以及促成跨学科协作的因素。同样，也较少有研究认识到为支持跨学科方法而破坏传统学科框架的复杂性（Bossio et al. 2014）。作为一个反思性案例研究，博西奥等人（Bossio et al. 2014）通过行动研究，对构建跨学科实践的复杂而微妙的过程提供了有益的见解。然而，他们的研究侧重于教学人员在组建跨学科研究小组以指导创新性学习和教学实践方面的思考。

虽然许多跨学科协作的理论方法在界定这一研究领域方面是有用的，但迄今为止还没有一项研究考察过教学人员及其学生在通过行动研究开展跨学科服务学习方法时的经验，也没有任何研究将这种方法界定为南非大学现有合作伙伴关系的一部分。本研究的意义嵌套在大学与中小学合作伙伴关系内，这是出于以下两个原因：第一，跨学科协作的概念不断延伸，已经超出学生和教学人员之间的互动，涉及学校内的主要角色，如校长和教师。第二，大学与中小学合作伙伴关系（解释如下）需要情境（参见Bossio et al. 2014；Lattuca 2001）作为关键的驱动因素，为服务学习的跨学科方法以及适合特定学校内的服务学习活动类型提供参考。本章将更深入地探讨这些内涵的价值。

“学校改进计划”框架下的服务学习：跨学科实践的潜力

参与式研究关注在情境内或通过情境进行的研究，基于此，“学校改进计划”力求为改进教学和学习提供机会。同时，这一过程也为开普敦大学学生提供了提升专业学习体验的场所。通过“学校改进计划”与开普敦大学健康科学学院之间的合作来确定体验场所，使职业治疗和言语治疗专业的学生能够在“学校改进计划”伙伴学校中进行实践学习。

本章讨论的跨学科实践形式构成了职业治疗和言语治疗课程的服务学习部分。在这种医学专业的实际情境下，学生服务学习指的是一种参与式研究形式，即：

> 以课程和学分为基础的教育体验。在这种情境下，学生参加一项有组织的服务活动，以满足指定社区的需求；并对服务活动进行反思，以便进一步了解课程内容，更广泛地了解学科，提升个人价值观

念，增强公民责任感。

（Bringle et al. 2006：12）

加强服务学习也是一种保证，以探索新的实践教育方法和实践理论方式来培养南非未来的卫生从业人员。这些方法随着学生与边缘化人群的交往工作而不断演进（Duncan & Alsop 2006：11）。

在因沙耶洛小学（参见第三章）开展的课程中，服务学习被纳入职业治疗和言语治疗专业第四学年学术课程的学分组成部分。职业治疗专业的学生完成与两个不同实践领域相一致的实习工作：社区发展实践（CDP）和儿童学习、发展和游戏（CLDP），这两个领域都是课程中已确定的实践模块。就言语治疗专业而言（如第三章所强调），社区发展实践构成了一个实践领域，处于实施的早期过程。因此，我们必须承认，作为其学术课程的一部分，这两个专业学科在实施社区发展实践中处于不同的阶段。开普敦大学每年特意把学生安排到因沙耶洛小学进行实习，目的是建立这两个专业之间的跨学科实践。

2013 年 1 月，四名职业治疗专业大四学生（分别来自 CDP 和 CLDP）被安排到因沙耶洛小学进行最后一年的服务学习课程。2014 年中期，三名言语治疗专业大四学生被安排在同一地点。这七名学生构成的实习小组每周在该小学工作四天。2015 年，学院进行了类似的安排，在这一年中，有七至九名学生被安排在该校三个紧挨的教学楼中。上述各部门和学科内的大学临床教育工作者的指导和监督为实习安排提供了便利。除了临床教育工作者外，职业治疗和言语治疗专业的教学人员在将实践概念化的过程中发挥了不可或缺的作用，这些实践已经构成了该校的校本服务学习。

在职业治疗和言语治疗服务中，卫生专业人员对其贡献的方式及概念的解读超越了药物治疗的模式，他们通过教学与学习实践，从更细致的情境驱动角度来看待医疗保健的贡献。以下是对具体实践领域的简要说明，并阐述了上述学科内的实践如何对“学校改进计划”的服务学习方法提供参考。

职业治疗：社区发展实践

社区发展实践侧重于开启变革的进程，以此应对职业反复占据统治地位的特征（Galvaan & Peters 2013）。“职业”的概念在这里指占用个人资源和时间的活动（加拿大职业治疗协会 2002），这些活动可能具有意义和目的性。这些职业由情境中事务型关系共同构建，可能会重现社区中的存在以及行为模式（Galvaan 2015）。例如，孩子们在特定情境中学习的方式可能会重现学校的代际教学模式（参见第八章）。因此，社区发展实践专业的学生被鼓励采用日常参与的模式对学校进行干预，即进行更自由的职业参与。这将在本章的后续章节中进行解释。

职业治疗：儿童学习、发展和游戏

儿童学习、发展和游戏（CLDP）领域内的实践关注儿童在游戏和学习中的发展，但这一特定的实践领域传统上通过直接或间接的服务及咨询采用更多的临床手段（Bundy 1995）。最近，此类活动，如本章和第十二章提到的“学校改进计划”伙伴学校发起的实践，已经开始通过考虑儿童在该情境下的职业参与形式来解决他们在学习、发展和游戏上的障碍。

言语治疗

从历史上看，社区背景下的言语治疗也采用了医学方法，重点关注沟通障碍的预防。最近的研究对这种实践进行了重新定位，使其侧重于更广泛的沟通交流，创造机会来发展新型实践模式，以此应对社区中的沟通需求（Kathard & Moonsamy 2015）。这里所说的交流被视为构建个人能力并实现人的潜能的一种资源（参见第十一章）。沟通对学习至关重要，言语治疗师在通过沟通促进人类发展方面发挥着关键作用（Kathard & Moonsamy 2015：6）。

具体情境中的服务学习

上述各行各业都将服务学习视为其实践和课程改革的机会。在这方面，他们在各自学科的实践中处于发展新理念的前沿（参见 Galvaan et al. 2015；Kathard & Moonsamy 2015）。服务学习强调要利用院校资源和专业知识来满足学校的需求（Harkavy & Hardey 2012）。服务学习包括由大学生与中小学内的一系列角色参与者合作推动的各种举措。与本研究（另见第十章）相关的一个例子是基于同伴的课后家庭作业辅导项目（以下简称“课后家庭作业辅导项目”）。该项目展示了一种以满足社区需求为目的的服务学习方式，并提供了学生参与跨学科协作项目的一个实例。

6 年级学生的识字和计算成绩低于年级预期标准，学校对此予以重点关注，因此推行了课后家庭作业辅导项目。教师发现了一些阻碍儿童完成家庭作业的情景，如父母受教育水平有限，缺乏必备的技能，无法辅导孩子学习（Howie et al. 2012）。因此，校长和教师表示需要为学生提供额外的家庭作业辅导，且认为家庭作业实践的缺失严重影响了教学和学习。

2014 年 1 月，为解决校长与 6 年级老师提出的问题，职业治疗临床教育工作者及其学生构想了课后家庭作业辅导项目。该项目涉及邻近“学校改进计划”伙伴学校的 11 年级学生，这些学生将在老师的监督下为其同属小学的 6 年级学生提供家庭作业辅导。

所有 6 年级的学生都参加了每周两次的课后一小时家庭作业辅导项目，这相当于每节课有 160 名学生参加。项目选定 25 名 11 年级学生作为学生辅导员，他们所在的中学距离小学几百米远。在家庭作业辅导上，学生被分成六到八人的小组，为每个小组指派一名 11 年级的学生辅导员。这些辅导员没有把重点放在知识内容上，而是解决与当天布置的家庭作业有关的具体困难上；在这两所学校中，每所都有一名教师协调员负责该项目的协调和管理。课后家庭作业辅导项目由 6 年级教师根据协调员制定的时间表进行监督。

如上文所述，课后家庭作业辅导项目由多个组成部分构成，对 6 年级学生和 11 年级学生辅导员都有影响。该项目让来自同一社区的高年级学生都参与进来，创造了建立信任关系和辅导关系的机会。在职业治疗社区发展实践专业的学生实施该项目一年后，言语治疗专业学生以及职业治疗儿童学习、发展和游戏实践的学生也参与了该项目。这种协作参与是在 11 年级学生辅导员阐述了技能发展的必要性之后出现的，特别是在交流技能领域。为了满足这一需求，言语治疗专业的学生们每周都会对学生辅导员进行一次能力培训。在培训期间，他们会在领导力、指导和沟通等方面提供指导。鉴于沟通有助于言语治疗实践，学生们将有潜力为该项目贡献他们的学科专业知识。此外，在课后家庭作业辅导项目开始的前半小时里，儿童学习、发展和游戏实践学生为6年级学生引入了额外的游戏活动。因此，课后家庭作业辅导项目代表了一种服务学习项目，在这类项目中，来自不同学科的学生可以通过跨学科协作贡献他们的专业知识。

正是在这样的背景下，本章探讨了跨学科协作的过程以及它们对加强“学校改进计划”伙伴学校学生实践学习的影响。

方法论

本章节采用行动研究法。其特点是开展两个行动周期，随后参与者将对实践中的变化和通过行动创造知识的方式进行批判性反思（参见 Kemmis & McTaggart 2000；Koshy et al. 2010；Meyer 2000）。通过行动研究来深入了解跨学科参与的过程，这是伙伴学校的一项新兴实践。

五组参与者加入了本研究：

• 由来自职业治疗和言语治疗部门的五名教学人员组成的小组，包括讲师和临床教育工作者。

• “学校改进计划”项目负责人。

• 学校校长。

• “学校改进计划”健康和社区发展协调员（其职责是支持学生跨学科协调课程）。

• 职业治疗和言语治疗专业大四学生。

从教学人员、“学校改进计划”项目负责人以及健康和社区发展协调员处收集数据的方法是进行四次焦点小组座谈——一次在 2014 年底举行，另外三次在 2015 年举行。健康科学专业学生开展了有计划的肯定式探询，并在此期间收集相关数据（Cooperrider & Srivastva 1987）。探询工作在每个为期七周的实习模块开始和结束时进行。肯定式探询的目的是通过创造更为强烈的意义感知和成员身份认知来加强凝聚力（Bushe 2013）。这种探询为学生提供了一个合作机会，让他们思考如何产生新的协作实践。我们通过学生在每个实习模块结束时提交的书面反馈来收集资料。

本研究采用一种解释性的主题方法，分析参与者的反思如何影响并塑造学校的持续参与，以及参与者的反思又如何影响他们的实践。研究结果的准确性和可信度通过行动与反思周期的重复、相关问题参与的延长、数据的多角度化以及成员检查的方式得以提高（Mertler 2012）。本研究通过整合来自不同参与者的多个数据源来寻求真理价值（Stemler 2001）。

根据两个学院的道德准则，本研究获得了人文学院和健康科学学院研究伦理委员会的伦理道德审批。参与者在参加研究前都被给予知情同意书。

讨论

这一部分是根据行动研究的两个周期来组织的。在第一个周期中，教学人员在2014年底举行的焦点小组座谈会中进行反思，这意味着跨学科学生的第一年实习结束。此外，我们还增加了从“学校改进计划”伙伴学校（实习学生被安排于此）校长处获得的反馈。

然后，我们将对第二个行动研究周期（2015年2—12月）进行讨论，在该周期中，我们展示了肯定式探询与实践总结大会的反思，也收集了2015年1月任命的“学校改进计划”健康和社区发展协调员的意见。我们认为这些意见与在实践学习模块中发生的紧急活动有关。在每一个周期中，我们都强调情境对服务学习过程的影响程度以及从这个角度来看，跨学科联系是如何发展的。

第一个行动—反思周期：2014年2—12月

2014年12月，教学人员、临床教育工作者与“学校改进计划”项目负责人举行了一次专题小组讨论会，反思一年来的实践，以加强2015年学生的专业学习体验。不同参与者的实践反思对于在教职工层面开展跨学科协作具有重要意义，也是行动研究过程中的一个关键因素。鉴于2014年是言语治疗专业学生与职业治疗专业学生在该校实习的第一年，这也是言语治疗专业学生第一次从事社区发展实践，这一点尤为必要 。

言语治疗专业讲师反思了这一新挑战，认识到命名这种新工作方式的重要性：

> 对于学生和我来说，这是我们第一次遇到这样的情况：在一个完全不同的场景中都遭遇了挑战，都开始独自应对。所以我认为这确实是一个积极因素。对我来说，这点非常重要。它给了我们一个共同基础，因为职业治疗是有关社区发展的工作，我们开始在一个类似的框架下工作。因此，开始产生新的工作方式和思考方式。

将这一实践命名为“社区发展”并进行相应的话语转换标志着言语治疗新的工作方式和思维方式以及学科协作的新机遇。

然而，发展新型实践方式的挑战需要在组织层面上付出额外的努力和投资。在文献中，与时间安排、实习分配和课程影响相关的困难被认为是跨学科协作的主要障碍（参见 Cahill et al. 2013；Nisbet et al. 2008）。然而，言语治疗专业讲师认为这些挑战是不可避免的，并且确实是发展新型实践所必需的：

> 当然，这些困难体现在物流和组织上，以及找到一种共事的方式。但我认为这是发展新事物所必须应对的……

正如霍利（Holley 2009）指出的那样，当个体改变对跨学科知识的态度时，不仅会影响个人，还会在院校层面产生更为广泛的影响。

尽管存在种种挑战，但人们认识到在改进学校学习方面做出的贡献有可能是整体性的，而不是累积的。人们进一步认识到，知识可能影响这类实践——社区发展实践与儿童学习、发展和游戏实践之间的学科内与跨学科参与的本质，以及言语治疗专业学生及其利益相关者之间的学科和跨学科参与的本质——迄今尚未被查明。因此，在“学校改进计划”内建立跨学科协作是基于教学人员的共同理解，即通过在同一地点跨学科工作的学生之间更密切的协作，可以更有效地产生新的实践。这些新型实践是必要的，旨在满足学校的需要来支持积极的学习实践。

然而，正如言语治疗临床教育工作者所建议的那样，职业治疗（儿童学习、发展和游戏）和言语治疗实践的转变最初给学生造成了矛盾和不确定性：

他们想让我告诉他们该怎么做。我说“不，我不会告诉你要做什么”。自己想想该做什么……学生一开始很挣扎，后来就懂了。他们“理解了我所说的话”……可以看到，我们能以一种不同的方式实践；这意味着我们看到了系统的变化，而非试图纠正学生。这就开启了一种新的思考方式。

学生为了理解我们对他们的期望，必须放弃熟悉的事物，并进入一个新的尚未测试的领域（Davis 2007）。尽管在协作方面取得了更大的进展，但工作人员一致认为，所有学生之间需要更紧密的协调。职业治疗（儿童学习、发展和游戏）临床教育工作者阐述道：

就合作而言，我认为，作为临床教育工作者，我们还有很多事情要做……我意识到，有很多协调工作要展开……并不是所有学生都能相互联系，从而增强干预效果。

儿童学习、发展和游戏临床教育家在思考中，把学生“找到立足点”的过程比作各学科开始在“学校改进计划”中相互合作的过程：

像今年和去年的一小段时间里，我们每个人都来了，试图为各自的学科找到立足点。有趣的是，每个人都成为“学校改进计划”的一部分……就像各个学科结合在一起……每个人都来了，都在努力为各自的学科找到立足点，但却没有真正思考，如何与另一个学科协调，即使我们有这个能力。我们只在审视自己能贡献什么以及如何补充正在做的工作。

这些见解突出了跨学科协作的平行过程以及学生和工作人员在跨学科工作时最初经历的类似问题。2014 年 12 月，在作者进行访谈时，校长回应了加强学生协调的需求（如上述摘录所述）。校长和临床教育工作者的反馈为规划和协调提供了新的方法。最重要的是，这涉及在 2015 年 1 月任命一名“学校改进计划”的健康和社区发展协调员，其工作重点是支持学生制定跨学科的服务学习项目。这一作用需要确定各学科之间的一致点，并协调跨学科项目。

接下来是对第二个行动—反思周期的描述，肯定式询问环节始于第一个实践模块开始和结束时。我们只把重点放在第一个模块中举行的肯定式探询会议上，这是因为这两次会议的内容和反馈与第二个和第三个模块中随后的会议相似，因此，在很大程度上，它们可以反映这些后续会议。

第二个行动—反思周期：2015 年 2—12 月

2015 年 2 月，我们在第一个实践模块举行了初步的肯定式探询会议，为学生提供了一个机会，让他们思考合作可能意味着什么。在会议期间，确定了以下目标，并认为这些目标能够巩固其实践基础：

- 与各方参与者建立关系。
- 通过讲习班教育各方参与者，目的是提高可持续性。
- 与主要利益相关者合作，确定并探索可用资源。
- 形成角色明确、沟通渠道明确的关系。
- 创建一个共享创意的公共空间，并找到与社区多学科团队、学生/同事和主要利益相关者合作的方式。

在第一场会议结束时举行的第二次肯定式探询课程，旨在让学生反思与上述目标相关的合作对他们实践的影响。这次讨论的结果是，除了相互合作的好处外，大多数学生还分享了与教师合作的有益经验。一位学生回忆道：

> 我们在那里告诉他们，他们不在我们的团队里，而是我们在他们的团队里——这是我们试图向他们传达的信息，我认为这确实对特定的教师群体起到了作用。那是……一种真实的做事方式。这是不同的……

针对这一点，言语治疗专业讲师承认学生在建立相互协作以及与教师协作方面所做的改进：

> 当学生们试图问："你们到底是如何建立关系的？"时，我对他们的想法感到敬畏。所以这一切发生的创造性方式……我认为，这一点

> 的价值在发生的“肯定式探询”研讨会上得到了体现。所以，我们建立一个关键的工作流程，观察学生们在这个过程中彼此合作得如何以及他们是否找到成为社区一员的方法。

以上摘录是以相互理解和信任的方式建立关系时所做出的努力。此外，众所周知，协作的范围不仅限于跨学科的参与，还包括与社区内利益相关者建立信任和专业参与。

在实践模块结束时，我们举行了肯定式探询会议。当学生被问到要向之后的学生小组提供什么样的个人建议，以帮助其成功地完成实践学习时，一位学生这样建议道：

> 我给学生的建议是……别忘了你们的关系实际上是相互的，特别是和所帮助的人。这是非常重要的……

如数据所示，学生之间以及学生和教师之间关系的建立为活动的规划和实施提供了明确的重点。这反映了卡希尔等人（Cahill et al. 2013）关于通过基于案例的模式加强跨专业学生实践的研究并对此有所扩展，其中，作者报告了加强不同学科学生之间工作关系的重要性。除了发展学生之间的关系外，上述摘录也强调了在学生和参与者之间建立关系的必要性。

对建立人际关系的关注通常会促使学生之间的关系比以前更快地建立起来。例如，他们有兴趣了解彼此的学科，并努力互相学习专业知识。言语治疗专业讲师承认这一点，并评论说：

> 当学生开始实践模块时，他们开始作为一个团队彼此合作，并积极寻求与教师合作的真实方式，将此作为社区实践的一部分。这与去年那群愤怒和沮丧的人截然不同。

三个实践模块开始和结束时举行的肯定式探询为学生提供了机会，让他们在模块启动之前就能思考自己的实践，并在之后可以批判性地反思自己的经历。这些环节让学生将反思视为实践的工具。在肯定式探询反思—行动会议的基础上，“学校改进计划”健康和社区发展协调员在第二次与第三次实践模块中推出了每周论坛，作为一种改进协调和协作的战略。这些环节的必要性在第一次举办实践总结大会之后得以体现。在此期间，学生和教职人员在反思中发现，尽管学生们能够更紧密地合作，但他们仍在努力将跨学科实践概念化。

每周论坛为学生提供了一个分享观点和反思实践的平台，为他们提供了在行动中反思的机会（Sykes & Dean 2013）。在规划这些会议时，协调员建议：

> 我们希望，跨学科工作不会被认为或被视为仅仅为了“团队工作”而对特定活动作出贡献；因为这将限制变革的潜力和能力。跨学科协作是通过生成性的学术参与和实践表达的思想、想法和观点的集合。因此，我们希望学生首先能对自己作为一个团队有一个概念上的理解，其次根据各自学科来思考他们所扮演的角色。

每周论坛为学生提供了机会，使他们能够在共享空间内交流和反思（参见第十三章），同时参与有意义的与情境相关的学习。对一些学生来说，每周论坛为他们提供了在学科内和跨学科分享挑战的机会。一名职业治疗（儿童学习、发展和游戏）专业的学生阐述道：

> 小组论坛有助于构建关系，并促使我们开始考虑彼此的角色……这就是相互学习和获取重要信息的过程，从而也推动了我们自己的干预进程。

每周论坛强调跨学科性的会话性质及其益处，这些益处可以从不同学科学生的相互交流（Davis 2007）以及在实践学习地点内外建立更密切的关系中获得。其中一名职业治疗（社区发展实践）专业学生这样反思道：

> 我们相互了解，开始联系彼此。我们通过免费通信软件 WhatsApp 和电子邮件在实践模块内外进行沟通。我们建立互信、友好的关系和有效的合作方式，一起合作实现目标。这让我们产生了共同学习的使命感和奉献精神。

建立关系的价值成为每个学科内部和跨学科实践的关键要素。创造机会与学科之外的同学接触，使新的见解得以产生，新的实践得以概念化。

从学生的书面反馈来看，除了建立关系外，跨学科参与最有效的策略之一是开展针对特定项目的协作。卡希尔等人（Cahill et al. 2013）指出了开发基于项目的学生跨专业参与模式作为加强工作关系的催化剂的重要性。作为联合项目的一种实例，课后家庭作业辅导项目在学生的反馈中被反复提及，该项目使真正的跨学科协作成为可能。通过这一项目，来自不同学科的学生必须根据学校的需要，协作构思、制定和实施一项社区发展计划。他们要参与到彼此的领域，了解各自专业的贡献，阐明共同的期望，协商彼此的界限，并就角色和责任的指定达成一致。其中一名职业治疗（社区发展实践）专业学生反映：

> 在跨学科建立（协作）实践方面，最有效的方法是召开针对具体项目的跨学科会议，讨论项目、分配角色、协商并共享必要的信息。例如，当我们在与导师进行会谈之前，先与言语治疗师举行会议。安排彼此的定期会议，明确我们对小组中其他人的期望非常重要。曾经有一段时间，我们必须解决团队中的紧张关系，我们一致认为，为了学习，我们必须坦诚相待。这意味着，我们必须在必要时分享并提出有建设性的批评意见，以此来改善我们的工作关系。

这一观点得到了职业治疗（儿童学习、发展和游戏）专业学生的响应：

> 项目需要多角度和多领域的专业知识，因此需要采取跨学科行动。因为有了交流和分享的空间，还举行了论坛和肯定式探询会议，这一点得到了加强，这有助于建立关系。

通过两个行动反思周期，教学人员反思了自己的实践，促进了学生之间跨学科的发展。哈里斯（Harris 2010）强调了教学人员在跨学科协作和互动中的重要性。从学术角度来看，跨学科协作需要一种持续的自我反思方法，这种方法需要利用而不是融合各个专业的学科知识（Bossio et al. 2014）。学术界不再采用同化的方法，而是强调学生在其特定的实践学习环境中掌握各自学科的相关理论，并能够将理论应用于具体实践。正如职业治疗（社区发展实践）临床教育者所反映的：

> 从研究视角来看，我关注的是不同的专业知识如何结合到一起……这可不是团队建设……这关乎学生们如何怀揣着同样的目标，一起思考自己应该发挥的作用，将各自的专业知识结合起来。

博西奥等人（Bossio et al. 2014）强调调解跨学科参与复杂问题的重要性，这表明跨学科性是“通过协作对话实现的，利用这种验证并批判自我反思性探究的对话可以诞生新的理解”（Bossio et al. 2014：204）。跨学科的延伸超越了不同学科体系，朝着积极重构和重新认识新思维和新实践的方向发展。

结论

在本章中，通过跨学科协作引导大学与中小学的联系最初使学生感到不确定，并产生矛盾情绪。然而，在他们学会了弥合理论和实践之间的差距、适应了专业实践的新型思考方式后，他们开始转向新型的和“变革性”的学习（Eady et al. 2014）。这包括了解每个学科如何对环境做出贡献，并要求通过协作和跨学科将学科参与从传统实践扩展到社区实践。一位职业治疗临床教育者通过强调情境的重要性总结了这一点：

> 这里的情况是，我们需要对其中一些问题作出回应。如果我们必须对所看到的作出真正的回应，我们就不能进行传统的实践，因为这些问题是系统性的……解决它们是没有捷径可走的，不是简单的“好，我们一件一件来”，事情就可以搞定。所以社区发展方法是有意义的，它知道不能快速解决问题，但成果会慢慢浮现……这个系统会变得更好。

在职业治疗（社区发展实践和儿童学习、发展和游戏）以及言语治疗服务中，实践中的明显转变表明，与各学科传统上对实践的看法不同，它们倾向于以价值为导向的社区发展方法。开展新的工作方式需要学术界的努力和投资，特别是考虑到不同学科在社区发展参与中处于不同阶段。

两个行动反思周期的数据都表明，大学与中小学的合作伙伴关系可以鼓励学生和教学人员发展跨学科实践，满足学校的需求。在专业学习情况下，我们坚持认为，这对在特定环境下提供服务的一致性意义重大。这一讨论的关键是，需要探索新的跨学科的协作工作方式，以产生新的见解并引进新的知识形式，同时保持每个专业的个人贡献（Bossio et al. 2014）。

这项研究催生了两种广泛的见解：第一种涉及破坏传统生物医学实践的挑战——从临床实践到社区发展实践的转变反映了这一点，特别是那些对这一方法不熟悉的学生。第二个问题涉及学生在制定新的尚未测试的实践方面所做的转变。这两个观点都强调了学生和教学人员需要积极寻求概念上和实际的合作方式，而这需要与学校的关键参与者协商并进行协调。

通过探索跨学科的服务学习方法以及与学校的合作，我们深入了解了健康科学学科的当前实践可能受到干扰的情况以及如何构想其他方法，使该专业学生能够更有效地满足学校需求。尽管参与研究的三个学科在面向社区发展的方向上处于不同的阶段，但这项研究给公众展示了一种富有前景的努力方向，即通过职业治疗专业的社区发展实践和儿童学习、发展和游戏实践，与言语治疗专业进行合作，采取跨学科的服务学习方法。这种方法重视每个学科的贡献，并为服务学习的开展奠定了基础。

打破传统的以地点为基础的实践，并在服务学习中概念化新的实践，这对加强学生学习和增加学生对他们社区的贡献提供了方法。研究表明，通过“学校改进计划”促进的跨学科参与，大学生和学术界能够重新定位他们的思维和行为，从传统的实践转向协作型社区发展实践，从而为思考卫生专业人员在学校内的贡献提供了一种新思路。

参考文献

Ansari W E & Phillips C J（2001）Partnerships，community participation and intersectoral collaboration in South Africa. *Journal of Interprofessional Care*. 15（2）：119－132.

Ansari W E，Phillips C J & Zwi A B（2004）Public health nurses1 perspectives on collaborative partnerships in South Africa. *Public Health Nursing*. 21（3）：

277 – 286.

Badat S (2013) Eleven theses on community engagement at universities. The social responsibility of universities: Community and civic engagement: Context and big picture. Paper presented at the 4th International Exhibition and Conference on Higher Education (4 – IECHE), Riyadh, Saudi Arabia (16 – 19 April).

Bezuidenhout J, Van Schalkwyk S, Van Heerden B & De Villiers M (2015) Building a research agenda in health professions education at a faculty of medicine and health sciences: Current research profile and future considerations. *African Journal of Health Professions Education*. 6 (2): 169 – 173.

Bossio D, Loch B, Schier M & Mazzolini A (2014) A roadmap for forming successful interdisciplinary education research collaborations: A reflective approach. *Higher Education Research & Development*. 33 (2): 198 – 211.

Bridger J C & Alter T R (2007) The engaged university, community development, and public scholarship. *Journal of Higher Education Outreach and Engagement*. 11 (1): 163 – 178.

Bringle R, Hatcher J & McIntosh R (2006) Analyzing Mortons typology of service paradigms and integrity. *Michigan Journal of Community Service Learning*. 13: 5 – 15.

Brown D E, Behringer B A, Smith L R, Townsend T E, Wachs J E, Stanifer L A & Goodrow B A (2003) Graduate health professions education: An interdisciplinary university-community partnership model 1996 – 2001. *Education for Health: Change in Learning & Practice*. 16 (2): 176 – 189.

Bundy A C (1995) Assessment and intervention in school-based practice. *Physical & Occupational Therapy in Pediatrics*. 15 (2): 69 – 88.

Bushe G R (2013) Dialogic OD: A theory of practice. *OD Practitioner*. 45 (1): 10 – 16.

Cahill M, O'Donnel M, Warren A, Taylor A & Gowan O (2013) Enhancing interprofessional student practice through a case-based model. *Journal of Interprofessional Care*. 27 (4): 333 – 335.

Canadian Association of Occupational Therapy (2002) *Enabling occupation: An occupational therapy perspective*. Ottawa ON: CAOT Publications.

Cooperrider D L & Srivastva S（1987）Appreciative Inquiry in organizational life. In R Woodman & E Pasmore（Eds）*Research in organizational change and development*：（Volume 1）Greenwich，CT：JAI Press.

Davis L J（2007）A grand unified theory of interdisciplinarity. *The Chronicle of Higher Education*. 53（40）：B9.

Duncan E M & Alsop A（2006）Practice and service learning in context. In T Lorenzo，E M Duncan，H A Buchanan & A Alsop（Eds）*Practice and service learning in occupational therapy*. Chichester：Whurr Publishers.

Eady S，Drew V & Smith A（2014）Doing action research in organizations：Using communicative spaces to facilitate（transformative）professional learning. *Action Research*. 0（0）：1 – 18.

Galvaan R（2015）The contextually situated nature of occupational choice：marginalised young adolescents' experiences in South Africa. *Journal of Occupational Science*. 22（1）：39 – 53.

Galvaan R & Peters L（2013）*Occupational-based community development framework*. Accessed November 2015，https：//vula. uct. ac. za/access/content/group/9c29ba04 – b 1 ee – 49b9 – 8c85 – 9a468b556ce2/OBCDF/index. html.

Galvaan R，Peters L & Gretschel P（2015）Embracing an occupational perspective to promoting learning in context. *South African Journal of Higher Education*. 29（3b）：281 – 293.

Harkavy I & Hartley M（2012）Integrating a commitment to the public good into the institutional fabric：lessons from the field. *Journal of Higher Education, Outreach and Engagement*. 16（4）：17 – 35.

Harris M（2010）Interdisciplinary strategy and collaboration：A case study of American research universities. *Journal of Research Administration*. 41（1）：22 – 34.

Holley K A（2009）*Understanding interdisciplinary challenges and opportunities in higher education*. New Jersey：Jossey-Bass.

Howie S，Van Staden S，Ishele M，Dowse C & Zimmerman L（2012）*PIRLS 2011 Progress in international reading literacy study*：*South African childrens reading literacy achievement*. Pretoria：Centre for Evaluation and Assessment，

University of Pretoria.

Infente T D (2012) Realizing enhanced student interprofessional education through clinical teamwork (RESPECT): An interprofessional education project. Doctoral dissertation, Capella University.

Kathard H & Moonsamy S (2015) Communication professions in transition: Becoming responsive to context. In S Moonsamy S & H Kathard (Eds) *Speech-language therapy in a school context.* South Africa: Van Schaik.

Kemmis S & Mclaggart R (2000) Participatory action research. In N Denzin & Y Lincoln (Eds) *Handbook of qualitative research* (2nd edition) . Thousand Oaks CA: Sage Publications.

Klein J T (1990) *Interdisciplinarity research: History, theory, and practice. Detroit*: Wayne State University Press.

Koshy E, Koshy V & Waterman H (2010) *Action research in healthcare*. London: Sage Publications.

Lattuca L (2001) *Creating interdisciplinarity: interdisciplinary research and teaching among college and university faculty.* Nashville: Vanderbilt University Press .

Luke R, Solomon R Baptiste S, Hall R Orchard C, Rukholm E & Carter L (2009) Online interprofessional health sciences education: From theory to practice. *Journal of Continuing Education in the Health Professions.* 29 (3): 161 –167.

Mertler C A (2012) *Action research: Improving schools and empowering educators* (3rd edition) . London: Sage Publications.

Meyer J (2000) Using qualitative methods in health-related action research. *British Medical Journal.* 320: 178 –181.

Nisbet G, Hendry G D, Rolls G & Field M J (2008) Interprofessional learning for pre-qualification health care students: An outcomes-based evaluation. *Journal of Interprofessional Care.* 22 (1): 57 –68.

Plank J, Feldon D, Sherman W & Elliot J (2011) Complex systems, interdisciplinary collaboration, and institutional renewal. *Change: The Magazine of Higher Learning.* 43 (3): 35 –43.

Rhoten D (2004) Interdisciplinary research: Trend or transition. *Items & Is-*

sues. 5：6 – 11.

Stemler S（2001）An overview of content analysis. Practical Assessment，*Research & Evaluation*. 7（17）：1 – 10.

Sykes C & Dean B A（2013）A practice-based approach to student reflection in the workplace during a work-integrated learning placement. *Studies in Continuing Education*. 35（2）：179 – 192.

Van Leeuen T（2005）Three models of interdisciplinarity；In R Woodack & P Chilton（Eds）*A new agenda for（critical）discourse analysis*. Amsterdam：Benjamin.

Zuber-Skerritt O（1990）Reflections of action researchers. In I Moses（Ed.）*Higher education in the late twentieth century：reflections on a changing system*. Sydney：Higher Education Research and Development Society of Australia.

第六章

从大学与文教区合作伙伴关系中提炼的政策理念："新星计划"带头教师项目的经验教训

苏珊·迈耶　卡希夫·哈桑　黛安娜·亨德里克斯
卡利·库内　加里·鲍威尔

> 学校是一个复杂的、多层次的组织机构，内部的各个组织单位职责各异，责权范围不同，在教育界和学校内的发展历程存在差异，且相关人员的知识边界大不相同，对提高学生学习能力的看法也有区别。只有通过各级领导所传达的原则以及他们所支持的共同愿景，这些组织单位及其人员才会将各自工作贯穿起来。
>
> （Talbert，2010：569）

开普敦大学学校发展处（SDU）与都会东部文教区（MEED）共同实施了一项为期三年的合作伙伴关系项目，即"新星计划"（iKwezi）带头教师项目，旨在发展该区带头教师的能力。该项目与"学校改进计划"同时进行，于 2014 年开始，在 2016 年底结束。本章将对该项目进行详尽阐述，并从项目人员和文教区的角度进行反思，以此总结经验教训。

这几年间，开普敦大学学校发展处与都会东部文教区之间的关系不断推进。2011 年和 2012 年，该区的教师获得西开普省教育厅（WCED）提供的助学金，注册参加了开普敦大学（UCT）开授的高级教育证书（ACE）课程。2012—2013 年，该文教区与学校发展处签约，许诺为该校提供一系列短期数学课程。基于这些前期合作的铺垫，在 2014 年，都会东部文教区向开普敦大学学校发展处提出建议，希望达成一种合作伙伴关系，主要目的是在该文教区课程管理框架体系下建立带头教师项目。

在南非，发展带头教师和部署其工作的概念早有提及，但需要通过系统调查，才能使其成为一种辅助课程开展并强化公立学校教学实践的可能机制。大量的实证研究表明，教师持续性专业发展（CPTD）存在着广泛的需求，特别是在表现不佳的学校（ORT SA CAPE 2016；Spanll et al. 2016；Taylor et al. 2012；Venkat & Spaull 2015）。南非国家教育评估与发展部（NEEDU）在2013年关于农村小学教学与学习状况的报告中指出，南非缺乏能够提升教师实践水平并使其达到有效开展课程所需的标准的课程顾问。根据“新星计划”项目的实施经验可知，即使是像都会东部文教区这样课程咨询资源相对充足的市级文教区，也难以满足教师在这方面的需求（参见克拉克和姆博博在第三章中提出的观点）。

培养有能力的带头教师是为了开发并维护新增的人力资源库，以扩大文教区办事处在教师职业发展方面的影响力。普遍认为，“新星计划”中带头教师的角色可以包括指导本校同事，并协助课程顾问在该地区进行教师培训（包括教师同侪指导）。因此，“新星计划”合作伙伴关系旨在拓宽文教区教师正式和非正式的学习机会，覆盖更多的小学教师。

“新星计划”借鉴了开普敦大学学校发展处之前开办过的两个学校改进项目——农村教育项目（REP）和“新星计划”试点项目。这些项目形成了学校教师发展的一般模式，涉及在教育系统的多个层面上提供的综合支持方法（Gamble & Kühne 2010）。这种做法的关键就是同时在文教区和学校建立合作伙伴关系，这是本章的描述重点。在讨论这个问题之前，我们先对“新星计划”项目进行简要介绍。

“新星计划”项目概述

“新星计划”的三大目标：

（1）加强与都会东部文教区在课程管理层面的合作，支持文教区改进计划的实施；

（2）提高初级阶段（FP）和中级阶段（IP）语言和数学学科带头教师的能力；

（3）通过关注初级阶段和中级阶段语言及数学带头教师的发展来改进

选定学校[1]的课程教学。

2013 年，在项目实施之前，该文教区为“新星计划”团队提供了一份带头教师名单，其中包括初级阶段和中级阶段的 72 名数学和语言指导教师，他们在过去几年中曾协助西开普省教育厅进行课程定位培训。这些教师大部分自愿参加该项目，且多数来自该文教区内少数成绩较好的学校。“新星计划”的目标是扩大带头教师的群体范围，囊括更多的来自贫困社区学校内的优秀教师。因此，在 2014 年初，该项目邀请都会东部文教区初级和中级阶段所有的数学和语言教师（包括许多之前或最近获得开普敦大学高级教育证书的优秀学生）参与进来，尽可能地扩大覆盖范围；在同年早些时候举办的项目宣讲会上，向潜在的参与者介绍其主要目标，即通过邀请他们参加经大学批准并经南非教育从业者委员会（SACE）[2]认证的短期课程来提高该文教区的带头教师队伍储备。这类短期课程将在开普敦大学学校发展处与该文教区课程咨询处的密切合作下开展。

短期课程的首要目的是加强教师的学科知识，其次是改进教学方法。为此，每门学科都制订了为期三年（2014—2016 年）的课程计划。预期结果是，教师将参与各自专业学科领域的短期课程计划，在课程结束时，教师将累积 54 个小时的专业素养发展课程。此外，项目还开设了其他一般主题的短期课程，这些课程主题是在与文教区商定后确立的。此外，项目预计短期课程将为教师提供一个“表现”并展示其课程领导能力的平台。

除了开设以上课程之外，都会东部文教区专门为该项目拨款，以助学金形式发放给参与课程的教师。此类非全日制课程为期两年，在 2015 年至 2016 年，为这些教师提供初级与中级阶段课程领导能力高级教育证书的培训。

在项目实施的第一年，另一项关键战略是在该文教区内开设主题论坛。这样做的目的是让潜在的带头教师聚在一起，讨论课程问题并分享课堂教学策略。2015 年第三学期，在该文教区集中设立了三个主题论坛。这些主题论坛计划在每季度举行一次会议，并在邻近场馆开办语言和数学讲学会。按照计划，最初由开普敦大学学校发展处（SDU）教育专家负责建立和安排主题论坛。在项目开展期间，课程顾问将接管这一职责，因为届时项目的结构组织将更加制度化，与南非基础教育部（DBE）学科委员会最早对教师教育与发展的战略规划构想更为相近（DBE 2011）。

根据“新星计划”的第三个目标，八所学校被选为重点学校，作为示范点在学校一级指导带头教师和同侪指导下的专业发展并对其进行利用。该项目与各重点学校签署了谅解备忘录，以保证所有语言和数学教师在原则上都能参与“新星计划”活动——即短期课程、主题论坛和课堂教学辅助活动。以开普敦大学学校发展处为基础的项目工作人员还为校长和学校管理团队（SMT）提供支持，帮助他们为教师建立主题事项的讨论流程，并在各个年级和阶段分享最佳实践。如前所述，卡雅利沙镇的三所“学校改进计划”伙伴学校也参与其中。

反思“新星计划”合作伙伴关系：机遇与挑战

南非项目执行方面的研究和实际经验表明，文教区与诸如非政府组织和大学等在内的外部机构之间建立的合作伙伴关系可能具有显著成效，但建立这种合作伙伴关系需要投入大量的时间和精力。如弗莱施（Fleisch 2003）及本书许多章节所述，成功的合作伙伴关系要求各方在合作项目中既能协调工作又能建立互信。单独行动或协同合作的项目团队必须处理一系列行政、技术和概念上的问题，例如：为项目提供信息的变革理论；机构能力；项目设计；结构和方案的协调以及有效利用数据推动改进方案等。由于其面临的挑战范围较广，“新星计划”为大学与中小学合作伙伴关系以及教育发展倡议提供了更为普遍的经验教训。

加强文教区一级的合作

该项目和都会东部文教区的最初目的就是使这一项目能与国家政策和该文教区正在实施的其他省级教师发展举措相一致。为了实现这一目标，都会东部文教区管理层采取了一些措施，为“新星计划”创造了有利环境，使其能以合作伙伴关系而不是一种更典型的客户与服务供应商间的关系进行运作。这些措施的重点如下：

- 文教区承诺通过支付大学批准的短期课程计划直接为该项目投入运营经费。
- 按照文教区改进计划，开展课程管理层面的协作，并建立学科论坛等机制，以促进同侪指导下的教师专业发展。

• 文教区主任要求负责目标科目和不同学年阶段的15名课程顾问参加“新星计划”的短期课程，每月报告带头教师的活动，作为其常规工作计划的一部分。

为了促进带头教师项目的实施并保证其可持续性，已将该项目同侪指导的方法纳入巡回指导组和学校一级的课程管理职能中。项目计划每年与重点学校校长举行会议，提供反馈意见，探讨教师参与及学校进展情况。此外，还计划在项目运营的第三年举行会议，邀请巡回指导组主要负责人参会。此外，开普敦大学“新星计划”项目负责人与地区普通教育和培训（GET）协调员每月举行会议，规划项目活动。通过这种方式，团体和个人之间能够保持公开的沟通，在项目实施过程中，他们必须合作。

在这里我们必须承认，该项目的开展存在固有的环境限制。其中一个关键因素是南非地区官员和教师的人口老龄化状况。尽管这被视作学校层级的问题（Van Der Berg et al. 2016），但这对学校系统造成的影响可能令人无法理解。相关实际情况在都会东部文教区中可见一斑。2016年，参与“新星计划”的15名主题顾问（包括一名高级经理）中有4名退休。这一现实，加上随这种退休而引发的新的升职和任命都使项目的连续性开展遭到挑战；这也使人们怀疑，在诸如“新星计划”这样的项目中所产生的知识收益和良好实践能够有多大概率在文教区一级继续进行。

教师参与项目活动

三年间，全文教区341名教师完成了项目提供的一门或多门短期课程。在该区999名参与项目相关活动的教师中，这些教师占34%。在该区参加“新星计划”活动的教师中，超过三分之二（686名教师）参加了三年间举办的九个主题论坛中的一个或多个。

通过与“新星计划”的合作，有大量的教师表现出显著的专业成长，到项目结束时，开普敦大学学校发展处的工作人员确定了136名教师为该地区新兴带头教师。其中许多人在主题论坛和其他以“新星计划”为基础的和/或文教区会议上介绍了自己的教学情况。

在大型教师发展项目中部署带头教师

2014 年，文教区与“新星计划”工作人员协商，选出了 25 名带头教师，与课程顾问一道开展西开普省教育厅的早期读写能力计划[3]（ELIT）。这是一项为期两年的干预措施，旨在对全省的小学 R 年级教师进行早期读写能力培训。在都会东部文教区，该培训计划已作为带头教师项目的一部分。所有初级阶段课程顾问以及“新星计划”项目的语言团队都参加了培训。经“新星计划”培训的教师作为带头教师参与这一项目，这也证明了建立一批有能力的潜在带头教师人才储备库的价值所在，文教区可以利用这批人才库为大规模的干预措施建立大学支持和同侪学习的渠道。

合作伙伴的不同观点与期望

文教区管理层对项目管理方面的承诺和贡献并非总能落实到当地教师的合作活动中。除了少数例外，参与“新星计划”教师发展活动的课程顾问并非总能满足开普敦大学学校发展处合作伙伴的期望。这是一个重大的挑战，即将“新星计划”带头教师的发展活动与课程顾问现有的课程安排以及短期课程的参与度结合起来。主题论坛的顺利开展似乎在很大程度上取决于个人的承诺和热情。

尽管如此，我们仍需承认，课程顾问面临着一项艰巨的任务，时间紧迫，他们需要应对在时间分配上存在的多种竞争性因素。首要优先事项始终是国家和省级授权的各类计划，其中有两项值得一提。

第一项计划是 2009—2015 年实施的西开普省教育厅识字和计算能力干预措施。在两年时间里，全省 8000 多名小学语言和数学教师接受了强化培训和针对学校的重点帮扶。除了承担日常职责外，课程顾问还以培训师的身份参与其中，监督实施情况，并为学校提供后续支持。在都会东部文教区内，这些活动几乎针对整个文教区所有的 100 多所小学，因此给课程顾问带来了额外的工作负荷。

第二项计划就是省级综合考试（2002 年以来每年举行的省级语言和数

学标准化考试）。该省所有学生都在 3 年级和 6 年级以及（自 2010 年起）9 年级接受评估。这些评估为学校制定下一年的学术目标提供了一个基准。成绩结果可作为衡量文教区的支持力度及监督学校绩效的重要参考。按照都会东部文教区课程顾问的说法，就像文教区改进计划所指出的那样，首先应对那些来自因在综合测试中的不佳表现而被确定为“有风险”学校的老师予以监督并提供帮助。因此，他们干预的重点主要是加强学校内部的问责制度。每学期至少要对这类“有风险”的学校进行两次考察，但课程顾问通常会更频繁地访问学校，几乎没有时间做其他工作。

在参加短期课程计划方面，五名课程顾问完成了“新星计划”提供的 12 门短期课程中的 1 门或若干门，并相应地获得了证书。然而，数据显示，各科目和各年级阶段的参与度是不均衡的。两名初级阶段的课程顾问分别修完 6 门课程，而中级阶段的课程顾问参与度较低，完全没有上与数学相关的课程。我们可以从不同的角度来解释他们的有限参与。一些人可能认为课程内容与工作没有直接联系，因为这两个组的教师发展路径不同。也有人表示，课程顾问可能不愿意与他们所监督的教师一起参加培训，以免暴露自己学科知识的缺乏。无论出于什么原因，深入理解教师和学生概念性发展的理想状态并未完全实现。

虽然课程顾问在主题论坛上的平均出席率（82%）令人满意，但将协调会议的责任移交给课程顾问的时间远远超出了最初的设想。这些组织于 2014 年 8 月建立，但课程顾问仅在 2016 年末负责协调会议。此外，他们在与指导教师相关的论坛上很少发言。不过，他们的影响体在其他方面。在项目的最后六个月里，主题论坛的中心开始从深化教师课程知识体系转向强调课程管理和行政问题，例如课程规划——这是课程顾问更为传统的工作领域。

开普敦大学学校发展处的教师专业发展实践侧重于强化教师的学科知识体系。这种实践是从该单位多年的工作中发展而来的，这与方法论培训形成对比，后者将教师的知识获取限制在程序化的过程中，这些过程教会他们处理课程内容的“诀窍”（Gamble & Kiihne 2010）。因此，来自开普敦大学学校发展处的专家们在参与“新星计划”工作时，侧重于挑战这些教师，促使他们自身深化对概念的理解，这样才能推动学生进行概念性学习。这种以概念为基础的教学方法与南非诸如国家学校效能之类的主要研究结果（Taylor et al. 2012）相一致。这些研究表明，仅注重教学方法的培训可以带来短期的成效，但这些成果对提高学习成绩发挥的效果上限较低。

"新星计划"项目中出现的不同实践部分可能是因为课程顾问被迫专注于教学方法。这种实践方式可能会产生一些立竿见影的积极成果，但从长远来看，它在加强教师实践方面的价值是值得怀疑的。这实际上意味着课程顾问和开普敦大学学校发展处教育专家采取了迥然不同的方式为教师提供课堂支持。课程顾问的岗位描述和报告职责强调让教师对课程负责。在拜访教师时，课程顾问首先要关注教学的管理工作，如课程覆盖范围。课程顾问的监测职能以及对大量教师和学校提供的必需帮助，使他们几乎很少或没有时间关注自身的发展。国际研究表明课程监测和教师发展是截然不同的两种功能，不能简单地融合到同一个岗位职责中（Carron & De Grauwe 1997；Villegas-Reimers 2003），这与"新星计划"的经验是一致的。除了极少数例外，课程顾问无法将监督者和指导者的角色结合起来，即便他们个人有这样的意愿。

与此同时，"新星计划"强调，以概念为基础的教学法是培养带头教师的最合适的平台，这符合富兰（Fullan 2006）和埃尔莫尔（Elmore 2004）在提高美国教学和学习标准的制度变革计划中提出的多层次"变革知识"的方法。对于教师来说，在自己熟悉的工作环境中运用新知识，既是一种挑战也是一种支持，同时创造了许多实践、反省和改进的机会。正如埃尔莫尔（Elmore 2004：73）所说："改进就是……学习在工作环境中做正确的事情。"

另外，富兰（Fullan 2006）和兰沃西（Langworthy 2014）认为，"深度学习"与"变革知识"（由学校、文教区和国家层面的重要变革机构发起）是证明唯一有效的教师专业持续性发展方法。然而，他们承认，这种方法并非一蹴而就。富兰指出，美国和加拿大的政策制定者在经历了 50 多年不同程度的教师专业持续性发展方法后，才采用了深度学习方法。之前那些方法似乎有望取得短期乃至中期的成果，但最终未能实现目标。

此外，也不能假定那些在自身课堂上表现突出的带头教师会在承担同侪指导任务时就能自动表现出自信和专业性。值得注意的是，国际研究表明，由同侪指导的教师专业持续性发展需要时间以及持续的支持，这其中的发展实践包括在校内和校际建立和支持专业学习社区（PLCs）的方法（Feldman & Fataar 2017；Joyce & Showers 2002；Talbert 2010）。

综上所述，与其他旨在推进系统变革的区级合作项目的经验一样，而开普敦大学学校发展处（作为外部机构）与文教区之间的合作伙伴关系符合塔尔伯特（Talbert 2010：568）对当前“官僚以及专业视角战略之间的动态关系”的描述。

与“学校改进计划”伙伴学校的合作关系

“新星计划”成功地为地区教师提供了专业发展机会，但在学校层面，这种伙伴关系未能取得绝对成功。

首要的是，该计划很难说服重点学校的教师投入大量时间并坚持参加短期课程和主题论坛会议。尽管在主题论坛上发言的一位因沙耶洛小学的R年级教师是卡雅利沙镇的三位带头教师之一，但三所“学校改进计划”伙伴学校的教师们无法定期参与论坛。学校发展处的工作人员认为这是因为重点学校被选去参与“新星计划”。教育专家也指出，教师参与专业发展活动的意愿未被纳入到选择标准之中，但有一所学校的六名基础阶段教师此前都在开普敦大学获得了高级教育课程领导资质。此外，我们还应当指出，教师没有义务参加短期课程或主题论坛。

“学校改进计划”伙伴学校的几位教师在“新星计划”中表现的专业发展令人印象深刻。例如，因沙耶洛小学的一位6年级英语教师于2013年获得了开普敦大学高级教育证书，在2014—2016年继续参加了所有语言科目的短期课程。尽管职位晋升的竞争对她的工作造成了不稳定的影响，但她依然继续努力帮助同事发展英语系。在项目早期，她会把教室改造成一个教学材料丰富的学习空间，并欢迎“新星计划”的工作人员就加强教学实践的方法提供建议。在区巡回指导组成员拜访过后，校长夸赞道：“布伊女士[4]简直是当天的明星！”

高级教育证书项目和短期课程的重点是加强教师的专业知识和课堂实践，“新星计划”带头教师项目也尝试在学校教师发展和课程管理之间进行干预。如果教师专业持续性发展旨在改善教育整体水平，那么其挑战就在于如何将其积极影响从个人扩大至整体。西维伊塞尼小学的经验说明了培养教师团队可以产生集体力量。在2012年和2013年，该校六名基础阶段教师（包括一名系主任）获得高等教育证书，随后他们在整个教学阶段（R年级—3年级）都应用了新的学科知识并改进了教学方法，之后取得了显著成果：该校学生成绩在西开普省的 3 年级的科萨语和数学综合测试中有明显提升。通过科萨语考试的学员比例从 2012 年的 54.3% 增加到 2013 年的 64.8%，并于 2014 年稳定在 59.5%。在数学成绩方面，通过率从 2012 年的 55.1% 跃升至 2013 年的 74.6%，并在 2014 年进一步增加至 76.2%。学校也因学生成绩的提升而获得了西开普省教育厅的资金奖励。

然而，这种成功对基础阶段和中级阶段的教师关系产生了意想不到的负面影响。由于两个阶段之间缺乏连续性，离开基础阶段的学员已做好充分准备，但却无法通过之后的考试。因此，我们想到，改善学校教育不仅需要通过各种形式来培养个别教师或教师群体，还需要体系内的不同部门或机构内部之间加强彼此的联系。

另一个挑战是，一些在“新星计划”中表现出色且职业素养较高的教师不愿意承担同侪领导者的角色，尤其是在他们自己的学校中。在三个“学校改进计划”伙伴学校中，有些教师拒绝落实同事发起的发展计划，并且也有证据表明一些学校管理团队成员阻碍了教师之间分享良好实践。在南非以外的其他地区进行的研究似乎可以为我们提供思路。乔伊斯和肖沃斯（Joyce & Showers 2002）在对美国学校的研究基础上指出，同侪指导是一种复杂的教师专业持续性发展方法，即使那些表现良好的学校（有传统的学校管理结构和传统文化的学校）也要不断创新实践来适应教师们进行合作规划以及集体学习。

除了学校外，各类个人因素也可能导致教师选择不参与合作（Levin & Schrum 2017）。例如，一些天生内向的教师可能会进行课堂示范，但不会选择担任其他更公开的角色；家庭义务等特殊情况可能也会是一些教师拒绝担任课程领导角色的因素。

在对 20 世纪 80 年代和 90 年代撒哈拉以南的非洲地区的教师在职专业发展研究中，蒙克（Monk 1999）强调了教师进行自身实践反思的价值，主要的研究是：

（1）（反思练习）最好在本校同事的帮助下完成；

（2）组建当地的支持团队是十分必要的补充方法；

（3）咨询人员可以对此提供支持。

如果以上三条建议的重要性是依次递减，那么这种排列顺序似乎完全符合逻辑。然而，在“学校改进计划”伙伴学校，我们的经验表明，校园文化可能不足以支持反思性实践。新上任的教师领导通常在集群和地区论坛会议上分享专业实践，而非在自己的学校。

与其他重点学校一样，三所“学校改进计划”伙伴学校都逐渐采用了“新星计划”与个别教师合作开发的课程管理新理念，其中包括推动各年级间的衔接性。三年后，数学和语言学科委员会开始定期在学校举行会议，教师也在讨论各阶段的共同教学策略。由于理念的培养时间较长，学校发展处支持教师参与为期三年的项目是否是最佳策略仍值得商榷。也许对这些学校来说，更具成本效益的方案可能是采用顺序法，在为教师提供以课程为中心的专业发展之前，实施管理干预和领导干预措施以稳定学校管理。大卫·霍普金斯及其同事一直倡导这种方法，并在英国学校研究学校改进情况（Hopkins & MacGilchrist 1998）。蒙克（Monk 1999）在非洲学校进行的研究也强调了加强学校管理的必要性，认为这是以学校为中心促进教师专业发展的先决条件。需要解决的问题包括有效地将课程管理职能下放给部门领导，取消校长作为教学领导者的角色。虽然其中一所伙伴学校的个别教师在“新星计划”中确实发展了专业素养，但为期三年的项目参与似乎并未对学校的学习文化或课程管理实践产生重大影响。尽管学校一再保证需要并欢迎该项目，但实际上很难安排学校管理团队会议，此外，校长几乎不与“新星计划”团队会面。2016 年，“新星计划”团队三次在抵达受访学校时被告知，该校或教师尚未准备好接受访问，校方称有些教师忙于学生评估工作或在为地方官员对该校的评估结果进行的来访做准备[5]。另一次访问期间，除一名成员外，整个管理团队都参与了一场持续两小时以上的会议。

发展中国家学校效能相关的研究可能有助于解释学校低效的工作文化和对“新星计划”毫无回应的原因。哈伯和戴维斯（Harber & Davies 2002）观察到，发展中国家的许多学校都在努力实现政府部门所承诺的效率，但往往成效有限[6]。他们认为，这些学校及其国内的教育部门都存在“双焦点”管理文化，学校会在两套规范之间摇摆不定：从专制殖民强国继承的规范以及从本土文化中发展而来的规范。但这两类规范的共同之处是学校会通过专制的方式来弥补其低效。据此，发展中国家的许多学校是“效率低下的专制官僚机构”，因为当学校努力应对社会政治和教育需求时，官僚机构中固有的威权主义会占主导地位。在这种压力下，校长和官员会强调控制和维持秩序，试图强制教师执行最低标准的课程，或仅仅展示有序学习环境的形象或假象。教师和学生接受了上级的命令，毫无疑问也会采取相应行动。这种专制的机制不鼓励学生和教师的主动行动，由于教师被排除在管理和决策之外，学校管理者和教师之间就会产生分歧，通常会导致管理层抵制改善学校的任何举措。

南非历史遗留的文化和习俗往往在上述不堪一击的境地上进一步叠加。这种“有毒的混合”（Bloch 2009）会进一步加剧效率低下和管理无效，使学校丧失其功能。苏迪恩（Soudien 2007）追溯了管理和课程问题的根源，这些问题困扰着卡雅利沙等乡镇的许多学校，它们在种族隔离时期受到国家忽视和社区抵制。他认为：“干预学校管理以及增加外部问责制不太可能解决校内一系列相互作用的力量，这些力量导致许多黑人学校无法运作。”（Soudien 2007：191）

哈伯和戴维斯（Harber & Davies 2002）提出的关于发展中国家学校无效性和抵制变革的观点，与教师专业发展研究中的相应观点类似。南非以及其他发展中国家的学校研究发现，公立学校的教师经常拒绝改变他们的教学实践，并很容易退回去学习自己老师的教学方法（Akyeampong 2013；Fareo 2013；Monk 1999；NEEDU 2013；Villegas-Reimers 2003）。法塔尔和费尔德曼（Fataar & Feldman 2016）使用布迪厄的概念性工作理念来分析南非专业学习社区的在职教师发展，他指出教师的专业经验和学校文化如何相互作用来加重教学的无效性，进而导致工薪阶层学校的不平等问题。

截至 2015 年底，学校发展处对整个项目进行审核，并决定改变对重点学校的扶持模式。在项目的最后一年，逐步取消了对个别教师的课堂支持。教育专家反而关注并倡导校内同侪指导活动，尤其倡导建立数学和语言学科委员会。在项目的最后几个月，所有重点学校都设立了学科委员会，但这些委员会的长期功能尚未确定。

可复制性和可持续性

总体而言，“新星计划”合作伙伴关系为那些有动力并愿意投身自身发展的教师提供了教师专业持续性发展的机会。在没有任何外界奖惩的情况下，教师参与短期课程和学科论坛的情况令人振奋。这一点有望在未来得以进一步完善并发展至其他地区。随着南非教育从业者委员会专业分数系统的全面实施，正式和非正式的教师发展需求可能会增加（全国专业教师协会 NAPTOSA 2016）[7]。

与“新星计划”合作接近尾声时，三所“学校改进计划”伙伴小学中有两所的学校教育得以改善。这两所学校的经验证实了一些研究的结果，即学校提升和以学校为基础的教师专业持续性发展都需要一定时间以及持续的集体努力来进行（Fullan 2006；Joyce & Showers 2002）。而未取得进展的第三所小学证实了另一种研究结果，即以课程为重点的教师专业持续性发展可能不符合那些不稳定或功能不健全的学校发展状况，也不具成本效益。“新星计划”外部评估人员根据研究得出结论，他们认为需要重新考虑一种假设——即专业教师持续性发展必须在学校进行（Gamble & Spies 2017：60）。

西开普省教育厅官员提出的关键问题和挑战仍有待在项目内解决：

（1）该文教区在多大程度上“内化”了带头教师计划？

（2）课程顾问在多大程度上“完成”了该项目？

（3）与学校发展处的合作关系对该文教区有何裨益？

外部评估报告显示带头教师计划实施顺利，但对第二个和第三个问题没有给出肯定答案（Gamble & Spies 2017）。评估人员发现，“新星计划”合作伙伴关系为都会东部文教区带来两个方面的益处。一方面，该项目为该地区语言和数学教师奠定了更广泛的知识和技能基础。有力的定量和定性证据表明，“新星计划”成功“促进了教师课堂内容和教学知识的深化和提升，在课堂实践中随之发生了可观察到的实验性的持续变化”（Gamble & Spies 2017：49）。另一方面，虽然教师参与项目的出勤情况活动并未达到学校发展处工作人员的期望，但是“该地区 R 年级到 6 年级之间的语言和数学带头教师的预期合作成果得以实现”（Gamble & Spies 2017：59）。

评估结果还表明，“新星计划”没有发展为起初设想的大学与文教区之间的实质性合作伙伴关系，并发现课程顾问参与度低和工作量少是由多种因素导致。评估人员认为起初的设想是不现实的。他们建议“课程顾问的工作量与贡献以及外部顾问提出的教学课程内容的意见应保持一致，而不仅仅是一种假设”（Gamble & Spies 2017：68）。

结论：“新星计划”合作伙伴关系的经验

“新星计划”的合作可为教师教育和学校提升有关的其他伙伴关系提

供方法借鉴，其经验可以总结为以下几点。

实践证明，“享乐之路”[8]只不过是教师发展的一种幻想。项目的成功和其中的挑战表明，培养健全的学科知识基础和丰富的经验有助于培养教师的专业能力，并且没有其他代替方法，这也是培养带头教师的先决条件。

我们的经验同时也证实了一些国际研究的结果（Joyce & Showers 2002）：在将这些知识或教学方法完全纳入其一般实践之前，教师需要多种机会进行学习。因此提供多种学习机会似乎是专业发展的最有效方法，其中可能包括初步培训、指导性实践和独立实践、反馈、同侪学习和批判性反思。

优秀教师自然会成为带头教师，但并非所有都愿意担任该职位。随着教师们的学科得以巩固，自信心得以增强，一些人自然会成为课程负责人，并开始在自己的学校或学区（或同时）担任带头教师。而其余教师出于各种原因不会被选为带头教师。

带头教师时而充当课程领导者的角色、时而不充当，他们有时也是学科领导。在“新星计划”中，学校的带头教师并不是一种固定职位，而是通常需要处理临时任务，例如在特定培训计划中协助课程顾问，或参加教师会议。这种不确定性的指定带头教师的方法可能会使管理员感到灰心，但在实践中，因为这一方法是开放的——原则上来说，任何教师都可以被指定担任带头教师，还可以成为学校、学区或地区的课程负责人。无论通过哪种方式确定，都需要在项目开始时明确界定带头教师的职责，保持其概念的一致性，并确保学校和地区一级对其扮演的角色和期望是一致的。

进一步来说，在没有合作文化或专业合作的情况下，以学校为主导的教师发展可能是不可行的。我们要清醒地注意到，“新星计划”的带头教师可以在学区和集群层面指导同侪，但无法指导自己的校内同侪。

根据带头教师的专业知识来选择参与发展项目的学校时应保持谨慎。我们的经验得到了其他地方学校改进工作的共鸣，这表明，表现欠佳的学校——甚至似乎是“功能型”学校——它们的管理体系可能不足以进行课程创新，例如“新星计划”预期的课程改革成果。经过反思，“新星计划”的教育专家建议通过自选来确定重点学校的标准，这样更为恰当。我们的经验表明，学校管理团队兑现承诺以及任何外部支持计划要提前通知教师，这两点至关重要，可以确保最大限度的参与度和影响力。

建立支持创新的地区级合作系统可以确保项目成功，这也是一条重要经验。开普敦大学和都会东部文教区之间的合作为新教师发展模式提供了有利的测试环境，之后设计并实施了至少两个大型省级和国家级项目（ELIT 和 R-Maths）[9]。

最后一点，如第一章所述，伙伴关系需要结合组织结构和组织文化，这可能会带来一系列复杂的挑战。相较于形成传统的客户与服务提供方之间的关系，我们更期待形成正式的合作伙伴关系。我们从“新星计划”获得的经验表明，管理层对实现共同目标相互达成的善意和共识还不足以协调不同的工作理念、概念方法和组织文化。起初可能是课程顾问和大学教职工之间存有细微的风格差异，但最终会形成理念上的断层，在实践中会经常妨碍协作。最后，伙伴关系项目应以适度的期望为框架，在整个项目期间需要关注各方明确提出的目标。

注释

1. 共选出八所小学，其中包括卡雅利沙镇的三所“学校改进计划”伙伴学校，以下将这八所小学称为项目重点学校。

2. 南非教育从业者委员会。

3. 为实施国家“加强 R 年级早期语言教学和阅读教学”（STELLAR）计划，开普敦市采用 ELIT 作为本地执行的方案代称。

4. 此为化名。

5. 在“新星计划”团队前往学校前，至少应提前一个月与学校进行预约。

6. 这一观点源于“脆弱国家”理论（Fuller 1991），“脆弱国家”指以有限的合法性和国家能力来确保能够提供有效的服务以及确保政策落实的国家。

7. 有关该系统的概述请参见 http：//www. naptosagp. org. za/index. php/bulletin - bored/378 - do - you - understand - the - sace - cptd - points - system。

8. 看似简单又恰当的行动方式实际上会导致灾难式的后果；此处指无法达到支持者期望的持续性教师专业发展。

9. “R-数学”是国家为提高 R 年级早期数学教师能力而开展的一个试点项目，在西开普省实施，为期两年（2016—2018 年）。

参考文献

Akyeampong K（2013）*Learning to teach for equitable learning outcomes: Lessons from sub-Sahara Africa*. Presentation at the Conference on Equity in learning outcomes-exploring policies, research and practice, Brussels, 5 December 2013 https: /Avwweducaid. be/sites/default/files/ kwame _ akyeampong. pdf.

Bloch G（2009）*The toxic mix: Whats wrong with SAs schools and how to fix it*. Cape Town: Tafelberg .

Carron G & De Grauwe A（1997）*Current issues in supervision: A literature review*, Paris: International Institute for Educational Planning (IIEP).

DBE（2011）*Integrated strategic planning framework for teacher education and development in South Africa 2011 – 2025*. Pretoria: Department of Basic Education, South Africa.

Elmore R F（2004）*School reform from the inside out: Policy, practice, and performance*. Cambridge, Massachusetts: Harvard University Press.

Fareo D（2013）Professional development of teachers in Africa: A case study of Nigeria. *The African Symposium*. 13 (1): 63 – 69. https: //pdfs. semanticscholar. org/e7c9/c9ccc3f597efc0622004bbb9f383dd0de8ca. pdf.

Fataar A & Feldman J（2016）Dialogical habitus engagement: The twists and turns of teachers pedagogical learning within a professional learning community. *Perspectives in Education*. 34 (3): 98 – 105.

Feldman J & Fataar A（2017）Embodying pedagogical habitus change: A narrative-based account of a teachefs pedagogical change within a professional learning community: *Journal of Education*, Issue 70. http: //joe. ukzn. ac. za.

Fleisch B（2003）*What works in district development: Lessons from the field*. Johannesburg: Business Trust.

Fullan M（2006）*Change theory: A force for school improvement*. Victoria, Australia: Centre for Strategic Education.

Fullan M & Langworthy M (2014) *A rich seam: How new pedagogies find deep learning*. London: Pearson.

Fuller B (1991) Growing up modem: *The western state builds third world schools*. New York: Routledge.

Gamble J & Kiihne C (2010) *Rural Education Project: a school improvement initiative, 2006 – 2009*. Schools Development Unit Research Report, University of Cape Town.

Gamble J & Spies M (2017) *Metropole East Education District iKivezi Lead Teacher Project 2014 – 2016: Summative evaluation*. Unpublished evaluation report, University of Cape Town.

Harber C & Davies L (2002) *School management and effectiveness in developing countries*. London: Continuum.

Hopkins D & MacGilchrist B (1998) Development planning for pupil achievement. *School Leadership & Management*. 18 (3): 409 – 424.

Joyce B & Showers B (2002) *Student achievement through staff development*. Virginia, USA: Association for Supervision and Curriculum Development.

Levin B B & Schrum L (2017) *Every teacher a leader: Developing the needed dispositions, knowledge, and skills for teacher leadership*. Singapore: Corwin.

Monk M (1999) *In service for teacher development in Sub-Saharan Africa-a review of literature published between 1983 – 1997: Education Research Paper* 30. UK Department for International Development.

NAPTOSA (2016) *Do you understand the SACE CPTD points system?* National Professional Teachers' Organisation of South Africa Gauteng Branch. Accessed 11 July 2018, https: // www. naptosagp. org. za/index. php/bulletin – bored/378 – do – you – understand – the – sace – cptd – points – system .

NEEDU (2013) *National Report: Teaching and learning in rural primary schools*. Pretoria: Department of Basic Education, South Africa.

ORT SA CAPE (2016) *Evaluation of Phase 3 of the WCED Literacy and Numeracy intervention: Overview report*. Cape Town: Western Cape Education Department.

Soudien C (2007) The "A" factor: coming to terms with the question of legacy in South African education. *International Journal of Educational Development*. 27 (2): 182 – 193.

Spaull N, der Berg S, Wills G, Gustafsson M & Kotzé J (2016) *Laying firm foundations: Getting reading right: Report to the ZENEX Foundation on poor student performance in Foundation Phase literacy and numeracy*. Research on Socio-Economic Policy (RESEP), Department of Economics, University of Stellenbosch.

Talbert J E (2010) Professional learning communities at the crossroads: How systems hinder or engender change. In M Fullan, A Hargreaves & A Lieberman (Eds) *International handbook of educational change* Vol, 1. Dordrecht, The Netherlands: Springer.

Taylor N, Van der Berg S & Mabogoane T (Eds) (2012) *What makes schools effective? Report of South Africa's national school effectiveness study*. Cape Town: Pearson Education.

Van der Berg S, Spaull N, Wills G, Gustafsson M & Kotze J (2016) *Identifying binding constraints in education: Synthesis report for the programme to support pro-poor policy development (PSPPD)*. Research on Socio-Economic Policy (RESEP), Department of Economics, University of Stellenbosch.

Venkat H & Spaull N (2015) What do we know about primary teachers' mathematical content knowledge in South Africa? An analysis of SACMEQ 2007. *International Journal of Educational Development*. Vol. 41: 121 – 130.

Villegas-Reimers E (2003) *Teacher professional development: An international review of the literature*. Paris: International Institute for Educational Planning (IIEP).

第七章

建立校长实践共同体:发展组织能力

贾妮斯·怀利　帕蒂·西尔伯特

提升学校的有效管理和领导力是学校发展的重要组成部分（参见 Fullan 1992；Harris 2002；Hopkins & Harris 1997；Hopkins 2001；Li 2017），也是“学校改进计划”（SII）大学与中小学合作伙伴关系的主要目标。领导力和组织能力的提高意味着“个人对自己的能力、同事的能力以及学校促进教师专业发展的能力都充满信心”（Mitchell & Sackney 2000：78），也有利于建立有效的问责协作和管理结构，以提高组织效果、加强课程管理以及强化授课能力。

本章将介绍我们于 2015 年中期开展的一项持续性研究，即在实施、维持及巩固学校改进措施时，校长实践共同体对学校领导发挥的支持作用。在撰写本书期间，卡雅利沙镇“学校改进计划”伙伴学校的校长仍然是其所属实践共同体的志愿成员。这个共同体包括五所“学校改进计划”伙伴学校（三所小学和两所中学）以及该计划中具有教育行业领导和管理背景的协调员。

在合作伙伴关系建立初期，“学校改进计划”伙伴学校已根据需求调查共同确定了该计划的目标（见第一章），即推动教师专业发展并培养学校领导力和组织能力。如第一章所述，这项计划为每个伙伴学校的教师和校长的专业发展提供支持，其支持方案根据各所学校的不同要求而各有区别。除了本书提及的满足伙伴学校的特定需求并实施各类干预措施之外，这项计划还以校长实践共同体的形式在伙伴学校执行了一项专业同行互助的集体战略。实践共同体的目的是提供一个值得信赖的保密论坛从而发展校长的领导能力，并通过他们来加强校内的组织管理结构。每位校长执行实践共同体通过的改进方案，并在工作场所对这些调整情况进行核实。在执行方案的过程中，可以衡量一个学校的组织管理是否得到了相应的强化。在具备专业学校管理知识背景的“学校改进计划”协调员的帮助下，校长可以交流并思考个人的专业成就和面临的挑战，同时也可以学习其他学校校长在类似情况下的最佳实践。这种能动性凸显了校长在推动并促成学校发展方面的作用（Li 2017）。

在本章展示的研究报告中，实践共同体与专业学习共同体的概念不同，但两者秉持的信念、价值观、目标和愿景相同（Hord & Sommers 2008），它们都以提供支持、协作、反思和批判性参与为前提，在反思性、对话性的空间中实现专业发展。专业学习共同体属于实践共同体的一部分，它最显著的特点是处于相似专业发展阶段或水平的教师们能够在共同体中进行专业学习与合作（Brodie & Borko 2016），并就改善课堂教学和维护课堂教学公平进行交流探讨（参见 Fataar & Feldman 2016；Feldman & Fataar 2014）。同时，如本章所述，“学校改进计划”与其伙伴学校建立的实践共同体需要协调员[1]以及具有各类经验的教师同时参与，而正是得益于外部协调员的参与，实践共同体与专业学习共同体的运作模式才被区分开。他们将专业知识导入实践共同体中，分享自己的见解、经验和最佳实践（Li 2017；Probst & Borzillo 2008），在合作学习的过程中，校长也做出了贡献（Hodgkinson-Williams et al. 2008）。

建立实践共同体的原因

校长的工作忙碌紧张，时常感到孤独（Leithwood et al. 2009）。在学校这一高度复杂的组织机构中，学校领导人要对所有行政和教学任务承担全部责任（Cuban 1988），但他们往往独自应对。事实上，在校长面临的困难中，最常提到的是缺乏与同行建立起来的非正式沟通网络（Dussault & Thibodeau 1997）。压力、疲惫和孤立感导致许多校长考虑从事其他工作（Whitaker 2003）。虽然有关校长孤立感的文献很少（Bauer & Brazer 2013），但多项研究（Elmore 2000；Elmore & Burney 1999；Fink & Resnick 2001）表明，校长与其他学校领导的工作脱节以及与核心教学活动的脱节是学校无法进行持续性教学改进的主要原因之一（Gerard et al. 2010）。

凯尔克特曼等人（Kelchtermans et al. 2011：101）强调了校长的“结

构性孤独”（最初的研究重点）：作为校长，他们在学校没有同侪，也没有“真正意义上的”同事。这些情况都与归属感的重要性有直接关系（Nias 1989），孤立情绪会对校长产生消极影响。对教师来说，参与大学合作活动具有重要价值，但“结构性孤独”使这种参与对许多校长来说是一个根本性的挑战。

尼亚斯（Nias 1989）以及凯尔克特曼和巴莱（Kelchtermans & Ballet 2006）研究了校长对此类现象的回应，想要纾解他们的孤立感。这三位学者观察到，校长之所以参加在职培训，常常是因为能与其他学校校长当面交流，这一动机的重要程度甚至超越了培训内容本身。凯尔克特曼等人将在职培训的作用和意义比作交通安全岛：

> 行人在安全岛上可以远离交通带来的紧迫挑战和压力（这种压力如同学校日常生活对校长的工作要求）。他可以安全地站着不动，环顾四周，只与他人会面讨论与交通有关的问题。然而现实的交通压力依然存在，行人最终也无法逃避，只能重新回到自己之前的路线，再次陷入车流之中。（Kelchtermans et al. 2011：102）

交通安全岛的比喻可以适当延伸到“学校改进计划”建立的校长实践共同体，它能够为校长营造一个安全并值得信任的环境，将他们从学校的日常管理工作中解放出来，促使他们思考自己与学校同事面临的挑战。除日常管理工作中的一系列困难外，伙伴学校的校长还面临着由所在社区的社会经济状况带来的其他挑战，如克拉克在本书第二章中强调的那样。

“学校改进计划”伙伴学校的校长表示他们在专业发展上一直“被孤立”，实践共同体由此建立。校长们认为，通过协作论坛，他们能够交流自己在领导力方面的关注点，分享挑战和成果。他们希望通过与共同体中的成员进行互动，发展自己的领导能力和管理能力，同时获得其他学校校长的支持并与之合作。

2015 年 7 月，伙伴学校的校长们一致同意建立一个持续性的实践共同体，并将其纳入“学校改进计划”大学与中小学合作伙伴关系。霍德利和基尔纳（Hoadley & Kilner，转引自 Hodgkinson-Williams et al. 2008）强调，明确实践共同体的共同目标至关重要。这将有助于确保在该平台的投入能够产生一定结果，若没有这个平台，知识建构就陷入困境。“学校改进计划”建议要求每两个月召开一次保密会议，讨论分享领导和管理方面的问题，这些关注焦点可能会直接引起学校变革。“学校改进计划”进一步商定，在会议召开时，先由各校校长提出各自关注的话题，并就此进行集体讨论，利用集体的智慧来解决问题，制定决策。此外，各校长要负责采取前瞻性的指导，结合学校环境，指导具体的改进行动，并在后续的会议上汇报情况。尤为重要的一点是，若各校长的主张在实践中发生变化，必须在工作场所经核实出具证明，随后将证明材料提交至会议小组。

外部协调员负责组织校长来分享与各校情况有关的具体问题和挑战，对共同关心的问题进行讨论，以期合作解决问题。协调员会确保讨论的过程和程序都与学校（及其政策）领域相关，同时考虑到不同观点。正如李（Li 2017）所说，由于教学变革中通常会出现新想法和新实践，外部支持对于发展领导力至关重要。协调员能够鼓励校长们进行更深层次的观察，并将实践共同体中的新知识应用到具体的学校实践中。此外，协调员在提供专业“支架”支持的同时（Holton & Clarke 2006），会打破或改变现有做法（参见 Fataar & Feldman 2016；Gamble & Hoadley 2011）。每位校长在保持个人道德和职业道德的前提下，还须认识到自己的优势和不足，这就要求协调员具备敏锐的洞察力，帮助建立提高领导力所必需的发展平台。

除了常规的实践共同体会议之外，协调员还须在必要时向校长提供单独的现场指导。在与各位校长的互动接触中，他们产生的想法和收获的反馈能够加强五所学校的实践意识和观察意识，并启发集体讨论。校本指导有助于协调员理解情境化的实践，反之也能让校长更开放地评估自己的措施（Walimbwa 2017），寻求合作支持，发展新实践（Brodie & Borko 2016），这将有助于产生新的理解方式（参见 Kilpatrick et al. 2012；Guerron Montero 2016）。此外，在安全环境下，校长的积极参与不仅能为他们自己提供与其他同事互动的机会，还能促进建立可持续性、专业性以及组织性的支持网络（Li 2017）。

概念框架

正如本书第九章中西尔伯特和比索的研究所描述的那样，在本章中，实践共同体的概念包括学习策略和变革手段（Lave & Wenger 1991；

Wenger 1998)。我们将在这一章重点讨论实践共同体中的情境式专业学习(Glazer & Hannafin 2006)。它作为实践共同体的一个组成部分，同样可以视作一种框架机制来促进校长的专业发展（Bruner 1978；Wood et al. 1976)。

在莱夫和温格的合著（Lave & Wenger 1991）以及温格（Wenger 1998）的个人著作中，他们指出实践共同体的概念可以描绘在专业活动中创建的网络结构；在此，成员在不同层面与同行分享最佳实践，相互学习，并以此发展自己的专长（Du Plessis 2008；Li 2017；McDermott 1999)。除了学习方法的相关概念之外，实践共同体的内涵还包括一种在特定学校环境下知识生产与传播的方法（Amin & Roberts 2008；Buyesse et al. 2003)。实践共同体通过强化集体价值观，为成员的专业工作搭建框架，建构意义，并提供"一个能激发横向思维和创造力的安全环境"（Wenger 1998：46)。实践共同体以专业人士的共同关注为基础，使成员能够通过不断互动来加深知识、拓展技能或专业技巧，因此它总是处于具体情境之中（Amin & Roberts 2008；Du Plessis 2008；Wenger et al. 2002)。

温格（Wenger 2000：229）提出实践共同体具备的三要素：共同的事业、相互的介入、共享的技艺库。它们共同规定了实践的必备特征，也正是这种专业实践确定了实践共同体的构建。温格（Wenger 2000）认为，所有知识都由能力和经验决定，两者之间存在着联系，彼此塑造着对方。尽管实践共同体要求成员兼备能力与经验，但"学习"则要求能力和经验之间必须存在差异。只有当能力和经验紧紧地"相互牵扯"，学习才会发生(Wenger 2000：227)，这种现象被温格称为"边界互动"。在本研究中，这种"边界互动"是由外部协调员以及具有不同经验和专业水平的校长们来推行的。由于成员的能力和经验会发生趋同性的相互作用（Wenger 2000：229)，尽管实践共同体内存在特定的规范，它同时也充满活力和生产力（Wenger 1998)。然而，人们的能力和经验之间存在差异才会推动学习的发生，因此学习是一种"人与所在社会学习系统之间的动态双向关系"（Wenger 2000：227)。

发生在实践共同体中的学习对整体专业工作具有直接影响（Hargreaves & Fullan 2009；Hargreaves & Shirley 2009)。因此，强化校长们对彼此专业实践进行批判性反思的能力，提高他们在各自校内进行必要性变革的能力，这两种手段都有助于提高实践共同体的效能。

体验式学习和反思性实践

本研究中的实践共同体具有两个关键特征：第一，所有的学习都要立足于经验（Amin & Roberts 2008；Brown et al. 1989）；第二，要通过批判性反思来理解经验（Ayas & Zenuik 2001；Buyesse et al. 2003；DeFillippi 2001）。当校长不断成长为反思型管理者时，这一过程也恰恰体现舍恩"行动反思"理论中提出的"行动中反思"概念（Saddington & Wylie 2014），即随着情况发展去理解思考正在发生的行为；而"对行动反思"（Schon 1983）则需要对实践的基础动机进行更回顾性的探索。在这期间，意义的建构需要吸收存储于个人经验库中已有的知识结构（Schon 1983：138），这一点对当前情境也同样适用。

迪菲利皮（DeFillippi 2001：6）认为反思在实践共同体中至关重要。他指出，成员共同将"隐性经验转化为显性知识"的过程有助于"创造一种叙事"，"通过这种叙事方式，他们能够分享并保存经验，以供今后的项目工作参考"（Du Plessis 2008）。然而，芬威克（Fenwick 2001）指出，学习并非仅凭经验才能进行。反思是一种必要的意义建构工具，它将当前的经验与过往的学习相关联，以转换或改变个体的理解。我们同样认为，反思性实践本身不一定会引起变革性学习。正如舍恩（Schon 1996）所说，新型学习需要与同行一起进行反思，并获得该领域专家的支架式支持。

作为发展机制的支架

本研究中涉及的"支架"概念是指由经验丰富的人在引导小组成员进行新型学习时所提供的支持（Wood et al. 1976）。卡兹登（Cazden 1983：6）将"支架"定义为"在建工程的临时框架"，表明由协助者提供的支架不会改变学习任务的性质或水平，而是为成员提供支持，帮助他们成功完成任务。伍德等人（Wood et al. 1976：89）认为，支架是指在解决问题的过程中专家与学习者之间的关系，因而也是一种教学行为，如引导学习者的兴趣以及保持他们在实现目标过程中的注意力和动力。

我们用来构筑校长实践共同体的支架类型包括情景型支架、嵌入型支架和互惠型支架。情景型支架（或软支架）多使用对话（Simons & Klein 2007），例如，协调员会提出特定问题，并给出建设性的反馈。相比之下，嵌入型支架（或硬支架）会被提前用于帮助成员完成可能存在挑战或疑问的任务（Saye & Brush 2002），通过提供线索或提示来提升成员的思维水平。在这两种类型中，专家以协调员的身份提供支持（Holton & Clarke 2006）。互惠型支架涉及两个或两个以上的协作团队，成员们互相学习经验、知识和最佳实践。以上三种支架相互依存，根据小组任务要求的不同，所需的支架的类型也会不同。

支架的类型和使用量取决于成员的需求。其基本理论是，当专家和其他持有不同观点的人同时提供支持时，成员会进行更高层次的思考（参见 Stone 1998；Li 2017）。在本章的研究中，校长和协调员共同促成的边界互动，是促进成员开展新学习的催化剂。例如，在实践共同体中，当一位校长针对特定问题分享解决方法时，其所在小组（包括协调员）会同时进行批判性反思，并根据经验提出其他更有效的新方法，这一方面体现出能力与经验之间存有差异，而另一面也说明能力和经验之间的相互作用可以产生新的学习。

校长实践共同体的研究定位

海林杰（Hallinger 2003）将领导实践划分为“教学型”和“转变型”两种主要模式（根据学校的改进方向而定）。教学型领导以校长为中心驱动，确保授课活动的正常运作，表现出更强的自主性（Hopkins et al. 2011；Raudenbush 2009）。但是，由于领导力在不同学校环境的发展方式缺乏确定性及一致性，因此无法保证或维持教学型领导实践（Fullan 2006）。戴（Day 2005）认为，在目标清晰的合作社区学校里，能够形成可持续的良好的校长实践。这一观点推动教学型领导变得更具变革性，能充分融合分布式领导实践。

而在转变型领导中，校长会成为文化和能力的建设者，以此应对在学校和更广泛的教育格局中不断变化的需求（Hallinger 2003）。

南非在 2004 年之后进行的一系列大规模的教育评估推动了中小学领导

实践的改善。媒体关于教育落后的报道（参见 Bush & Heystek 2006；Bush et al. 2010；HSRC 2005；Taylor 2006）迫使教育部[2]基于政治和教育情境采取一系列行动方针，实施相关政策并进行能力资格认定（南非基础教育部 2008，2011）。这些受媒体推动而进行的领导实践都是基于以下假设：若加强学校领导和管理，学生表现将会得到相应提升。

在南非，很少有证据能表明校长实践共同体确有建立或加强领导管理的举措确有发生，但在这一领域已经有相关工作正在开展（参见 Bridge 2011；La Vita et al. 2017）[3]。此外，几乎没有其他证据表明有人倡议建立校长实践共同体，尤其是针对那些社会经济地位较低的学校。

国际文献主要见于对组织内部的实践共同体研究，而非着眼于跨背景研究（Wenger et al. 2002），并且少有将学校校长实践共同体作为专门的研究对象。雷斯伍德等人（Leithwood et al. 2009）的研究是一个典型的例子，他们尝试通过模仿特定领导风格，培养和支持来自不同背景的学校领导。富兰（Fullan 2015）在加拿大安大略省进行的研究主要考察了学校领导对整个学区的干预。也有其他学者关注各大学区内建立的网络对改善学校的有效作用（Rincon-Gallardo & Fullan 2016）。杰克逊和坦珀利（Jackson & Temperleys 2007）在英格兰同样研究了网络学习社区项目，该项目于 2002 年至 2006 年开展，涉及 137 个网络和 1500 所学校。以上文献表明，针对校长的支持干预这一主题，学界欠缺能直接聚焦于此的研究，急需更多探索。

总体而言，在南非及国际范围内的文献中，很少有专门针对校长实践共同体的研究，或针对校领导专业参与所产生的互惠价值研究，尤其是在大学与中小学合作伙伴关系研究中，文献更是匮乏。因此，本研究尝试解决以下问题：

实践共同体中的支持机制对参与大学与中小学合作伙伴关系的校长个人及其专业发展有何影响？

为了探究这个问题，我们决定重点研究两所伙伴学校，即一所小学和一所中学。两位校长分别化名为“马西基先生”（小学校长）和“圭莱女士”（中学校长）。本章将探讨实践共同体对两位校长产生的价值及对两校的发展意义。

之所以选择这两位校长，一是因为自 2015 年年中实践共同体成立以来，他们就一直参与其中，并且这两所学校自 2013 年“学校改进计划”

成立以来，也一直保持着校际伙伴关系。二是这两所学校位置相近，两位校长可以保持紧密联系，分享专业知识，且他们属同一巡回指导组管理[4]。以上选择标准可以确保两位校长的平等参与，并最大限度地减少了选择性偏差。此外，研究还包括了其他三所学校的校长，其中一所学校于 2014 年加入“学校改进计划”（以及实践共同体），另外两所学校分别于 2015 年和 2016 年加入“学校改进计划”，加入时间较短。

在伙伴学校内设立实践共同体

针对实践共同体的调查研究分为四个阶段进行。

第一阶段：研究实践共同体隐含的关键理论，阐明有效建立实践共同体模型的方法。

第二阶段：基于两所样本学校实践共同体的报告，组织相关干预活动。

第三阶段：挑选一名熟悉校长且不参与实践共同体的研究人员，由他/她对两所学校进行实地考察，采访两位校长，并基于校本证据，核实校长们的实践投入。

第四阶段：根据上述理论视角，对访谈和文件资料中的数据进行分析解释。

研究方法

本章内容以上述四个阶段为基础，采用个案研究法，其中的“案例”包括参与研究的两名校长。鲁尔和约翰（Rule & John 2011：4）将个案研究定义为：为了生产知识（初始研究的重点），在一定背景下对特定实例进行的深入调查。他们进一步区分了本质性个案研究和工具性个案研究。在本质性个案研究中，个案本身非常独特或具有创新性，从而受到关注；个案本身具有研究价值，而非用于展现其他问题。工具性个案研究的重点在于设定一个特定问题，之后选择能够深入研究该问题的案例（Rule & John 2011）。本研究的重点是实践共同体以及用于描述该共同体的两所学校案例，因此研究方法为工具性个案研究。

我们在半结构化访谈中设有许多开放性问题，研究数据也由此收集。校长们的回答为研究提供了一系列新思路：我们不仅要关注正在发生的事件和行为，还要关注成员……如何理解实践共同体以及他们的理解如何影响各自的行为（Maxwell 1996：17）。我们对访谈进行录音、转写和主题分析，同时还收集分析了记录两所学校变化过程的证据材料。

在两次实地考察期间（每所学校各一次），我们向各个校长分发了一份他们之前在实践共同体中确认的活动清单，这些活动是根据共同体成员和外部协调员的互动与建议而在各学校中开展的。

道德伦理考量

从很多方面来看，研究对象同时也是合作伙伴（Angrosino 2007：88），他们都已充分了解本研究，并表示自愿参与。为保护隐私，研究中出现的校长姓名均为化名。在本书出版前，参与研究的两位校长、实践共同体中的其他三位校长，以及外部专家均阅读全书并同意出版。

讨论

我们将对访谈数据中出现的以下两个关键主题进行讨论：

其一，个人成长可提高发起变革的能力。

其二，专业且系统的成长会影响学校内部的组织发展。

由于上述两个主题关系紧密，因此访谈数据并未根据主题而进行单独分类。校长的个人成长促进了学校组织的转变，同样地，职业发展也促成了个人成长。在之后的访谈记录中，两位校长都反思了他们的个人成长经历。这些经历与他们的职业发展直接相关，进而促进学校组织的系统性发展。马西基先生认为自己的“个人成长”与“情商”的提高有关[5]。

> 她（外部协调员）教会我要多用情商做事……我必须尽量不提高嗓门来反驳对方。在面对那些公然无视我的老师们时，这一点帮了我

> 很多。因此，对我而言，闭上嘴做正确的事就好。很多老师来我的办公室说："校长，谢谢您没有回应我对您的无视。"这个方法很有用，我成长了很多。

上文提及的外部协调员突出了"内外协作"（Ayas & Zenuik 2001：74）的作用，表明旁观者的视角更为广阔，能促使实践共同体的成员以不同的方式看待问题，实现从行动到反思的转变。

圭莱女士分享了自己因改变行为而产生的思考：

> 我的个性非常随和，善于理解他人的立场。但作为实践共同体（COP）的一分子，当员工举止不当，或没有做好本职工作时，我学习到了其他校长的处理方式。这也改变了我之前的想法，虽然你可以是一个通情达理的人，但工作就是工作，每个人都有自己必须做的事情。他们挣的是薪水，就必须为自己的工作负责，如果他们不承担责任，那么我的工作就是让他们担负起责任。这些就是我的改变。

以上两位校长都思考了个人发展对与员工关系的影响：马西基先生通过被动回应的方式来避免同事间的对抗；而圭莱女士不再一味迁就，更加坚定自己的立场[6]。

在上文的访谈摘录中，两位校长都反思了他们在实践共同体中通过协调员和各位校长的帮助提升个人能力的过程。巴拉布和达菲（Barab & Duffy 2000：35）指出，实践共同体与其他专业学习共同体的不同之处在于前者的"成员在共同体中得到自我发展"，而后者侧重于帮助成员应用新知识进行实践（Barab & Duffy 2000），但本研究中的实践共同体也为成员们提供了针对实践经验进行持续性反思与沟通的机会。米切尔和萨克奈伊（Mitchell & Sackney 2000：41）认为，学校的关注重点在于"塑造人"，因为个人能力会从自身延伸而影响到他人；对人的塑造"始于个人，并自然而然地向外扩展，这就是成长的过程"。以上摘录中的校长访谈都以反思为基础，而在学习中，反思也至关重要，可"将隐性经验转化为显性知识"（DeFillippi 2001：6）。

上述访谈强调了校长的人际关系以及校长对学校共同体的影响。两位校长都具有转变型领导的特征。海林杰和哈克（Hallinger & Heck 1996）、杜伊格南和麦克弗森（Duignan & Macpherson 1992）认为这种领导形式通过引导学校领导关注价值观、道德和精神风气，从而可能促使学校的文化氛围发生改变。转变型领导同组织型领导共同完成实践共同体的工作，这可以促进校长所认同的两大学习领域（个人方面和专业方面）的相互交织。

研究数据显示转变型领导和组织型领导之间存在着强烈的联系，而校长们也意识到，要实现组织的变革，就需要进行个人发展。马西基先生在访谈中提及的一项重大变化就是他实施了更有效的管理系统：

> 我们在如此短的时间内，设法确定了学校的管理系统，也就是在确定我自己、副校长和各部门领导之间的工作关系……现在我们明确知道了各自的职责、完成工作的时间和方法。所以第一件事是要让管理系统建立到位。

针对学校使用的系统类型，他回应说：

> 首先，如果一位老师想要请假，他或她完全知道需要先向部门领导报告，确定销假时间，之后需要征求校长的许可。这些都是新规定。还有会议……我们现在知道，年级会议是阶段会议的一部分，而员工会议由各阶段会议组成，最后组成受高级管理层会议影响的学校管理团队（SMT）会议。因此，每天早上（我和副校长）会见面商讨在每两周举行的管理团队会议上如何与管理团队对话，这样一来，管理系统各个环节都紧密衔接，很难出现管理空隙。

在采访时，我们收集记录了年级会议、阶段会议、员工会议和管理团队会议的季度计划，用以验证上述管理系统的实际运作情况。该系统还要求校长和两名副校长参加每日例会，以加强他们在专业上的互动。李（Li 2017）在其最新研究中指出，重构组织设计（例如，改变学校计划、增加职位、改变常规做法以及组织年级会议等）是改善学校工作的重要手段。

关于确立更有效的系统方面，圭莱女士表示，在加入实践共同体之前，她在将副校长的职责下放给员工和管理团队的时候遇到了挑战。她认为，除非独自完成工作或将其委派给少数既值得信任又让她满意的员工，否则她的工作就无法很好地完成。她承认，下放这些职责前，她需要与老师们协商，确保他们能清楚理解自己的工作，她将这个过程称为“文件商议”。她决定扩大每位教师的职责范围，这证明她越来越自信。这样一来，校长可以与老师公开讨论每年的职业规划以及如何分配其他额外职责：

> 我（之前）没有与教师讨论过他们的职责……但现在开始讨论了，我根据他们今年的工作规定了相应的职责，同时也与他们讨论明年的规划。后来我意识到，很多老师只是在教学，没有担负起其他责任。他们只是上课，参加教学比赛，除此之外，再没有进行其他的工作了……这是一个可以让我下放责任的机会，我一直在找这样的机会，我相信其他任何组织也是如此。这样一来，你会发现最勤奋的员工完成的工作最多，因为你知道他们可以把工作做好，然而也有其他人只是教学，没有承担任何责任。

莫里厄和托尔曼（Morieux & Tollman 2014）认为对有效的组织来说，最重要的是了解组织内各成员的工作——圭莱女士在接受采访时就已经开始着手此事，为下一年做准备。她表示，她与副校长、学校管理团队成员以及学校管理机构（SGB）之前开展过类似的工作。当被问及这种发展是否与实践共同体有直接关系时，她说自己原本想在实践共同体建立之前就开展这项工作，但由于时间限制未能完成。她认为，实践共同体在其中就像一个“触发器”，它能突出需要做出改变的地方：

> 我们了解到别人的行事方法时，就会发现，我还没有做到这一点……意识到自己还需要在某些方面继续努力。

从这些访谈内容中可以了解到，能力是由社会定义的，正如温格（Wenger 2000：226）所说，能力始终“与经验相互作用”，正是“在这种相互作用中，人们开始了学习”。

在圭莱女士（任职时间比马西基先生长）为马西基先生提供意见后，她发表了如下的感想（马西基先生在实践共同体开始前六个月被任命为校长）：

> （马西基先生）他总会发现新问题。因为他刚上任，所以在会议

上会提出很多问题，我们所有人都愿意帮他解决问题，这也是大家的学习空间。一般来说，有经验的人可以分享如何处理问题，这也是校长的学习机会。

圭莱女士说，不仅作为新校长的马西基先生有所收获，那些经验丰富的校长也通过分享专业意见而获得了自我价值。马西基先生认为：

我从实践共同体中得到的建议使我获得了长足的发展。现在，我能够非常坚定地以校长的身份管理学校……我学到了很多。我从学校财务着手，随着管理的深入，之后便开始在校内实行电子转账……解决了财务的不一致问题和违规行为，还改善了老师们的资金管理……所以我也在不断进步，逐渐有能力指出不当之处，并给出解决办法。

马西基先生从实践共同体中的其他校长身上学到的另一点是增强“存在感”。经过讨论，他认为引入新的做法后，自己和副校长都增强了在学校的“存在感”。

我和副校长们每天早上见面后就在校园内四处走走。我们现在就在这样做……这样可以明确知道哪位老师未能到岗。

希缇等（City et al. 2009）指出，马西基先生提到的校内视察可以对课堂实践产生积极影响，因为校长可以借此观察到课堂的实际情况。

马西基先生感谢能够通过实践共同体得到自我发展，同时，他也为支持其他校长的工作做出了贡献。除了前文提到的改善学校财务外，他还调整了学校的课程表。在实践共同体的讨论中，一位经验丰富的校长想通过重新调整课程表来进行校内改革。马西基先生在采访中提到了他为这位校长提供的帮助：

关于课程安排，我是这方面的专家。我看过他们学校的课程表……我一直跟塔利瓦先生[7]说，如果他需要帮助，我可以帮忙调整课程表……

这一点也提醒我们，知识是在社会和文化环境中产生并得以共享的（Buyesse et al. 2003）。学习强调实践共同体可以作为专业发展的支持框架（参见 McLaughlin & Mitra 2001；Pugach 1999；Wenger 1998），学习是一项社会事业，“是跨专业的而非局限于各专业内部”（Pugach，1999：270）。普加奇（Pugach 1999）认为，实践共同体挑战了将专家视为“知识生成者”的片面学习观。相反，学习是双向的，所有成员能够以多种方式从“知识库”中受益并对此做出贡献（Buyesse et al. 2003）。

例如，在圭莱女士的案例中，尽管她是实践共同体中两个最有经验的校长之一，但她在采访中表示自己一直不善于时间管理。在与其他校长讨论并反思后，她在行政人员的帮助下暂停召开临时会议，开始定期记录会议日志（在访谈时作为证据材料出示），使会议形式更加正式：

> 之前，临时会议对我是一个大问题。现在，秘书用日志本进行记录……她会取走日志本，进行记录后再转交给我，对我来说这实在是一种解脱，这样我就能确切地知道谁会来。有时有人会走进会议室说：“我能占用您几分钟吗？”现在我会说：“请您先预约。”虽然他们不喜欢这样，但会知道下次必须提前预约。

两位校长都思考了实践共同体中促进了个人和专业发展的具体要素，正是这些要素使得他们能在各自的学校中成功推动积极的实践转变。

马西基先生表示，实践共同体减轻了他的压力：

> 我们在实践共同体中分享的经验和良好实践真的可以让我每晚都能顺利入睡。您知道吗？每次失眠时，我都会想想实践共同体。这是一个神圣的地方，是一个可与他人共享的神圣空间，我在这一年中遇到的问题，我都设法在此与他人分享，其中一部分问题已经得以解决，尽管目前我仍在努力（寻找其他问题的解决方案），但这始终是一项持续进行的工作……

圭莱女士表示她非常感谢实践共同体提供的空间和支持：

> 这里很棒，大家可以分享经验，放松自己，这里没有评判，没有

> 人会说你这个校长当得真糟糕。大家都很真实，不用假装一切都很好，因为在这里你可以自然而然地展现真实的自己……包括自己的担忧和困惑，这种方式表达出来的不是无知，而是你确实不知道的事情。

校长们认为在他们孤立工作的环境中，加入实践共同体这个“无风险”的参谋空间（Leithwood et al. 2009；Probst & Borzillo 2008：342）的做法非常重要。校长们可以在这里安全地分享信息，交流见解和建议，并最终将其转化为知识（Du Plessis 2008）。他们在可信赖的环境中与专业同行分享个人经验和挑战，实践共同体诚信且透明的特性也由此显露出来。这一点也凸显了心理安全和“关系信任”对于建立保密性空间而言至关重要，在这里，人们可以舒适学习，不必害怕失败；在这里，他们无须设防，可以尽情分享遇到的难题（Ayas & Zenuik 2001：72）。最终，成员们对“共同的事业”（Wenger 2000：229）进行的分享可以激发彼此的积极参与。正如温格（Wenger 2000：229）所说：“要胜任工作就要足够了解事业，这样才能够做出贡献。”

结论

富兰（Fullan 2015a：6）指出，“与同行合作做有价值的事情”是领导者的关键内在动机之一。他认为，反馈对于个人和职业发展都至关重要，只有通过协作模式，例如校长实践共同体，才能产生有效反馈。如数据所示，成员们在实践共同体中提供建议，分享最佳实践，搭建一个论坛来给予彼此坦诚的反馈，并提供支持，解决问题。实践共同体的一个基本共识是——校长们做的是“有价值的事情”。圭莱女士对此表示赞同：“基本上我能看到自己在进步，也能带领学校向前发展。”

正是通过积极参与和支持实践共同体的活动，成员们才得以团结在一起，并建立了信任关系。正如温格（Wenger 1998：4）所说，参与“不仅是指与某些人参与某些在当地的活动，还包括积极参与社会团体的实践，并与这些团体建立认同关系”。

数据显示，实践共同体本质上并非同质空间，其运作环境是更广泛的社会文化背景，从而会产生流动性和异质性（Handley et al. 2006）。迪菲利皮（DeFillippi 2001：6）引用温格的话说，无论成员在实践共同体中的经验如何，“学习都是通过人们参与社区实践以及与社区实践建立认同关系而自然发生的”。此外，相互参与和互动是实践共同体的决定性特征，在其中以合作伙伴身份进行的互动是一种能力，而非成员可能拥有的某种经验。成员们通过这种互惠互动相互影响从而影响整个群体。这是因为在富有成效的创造性协作中，观念和知识得以传播发展，同时容易催生变革（Kilpatrick et al. 2012）。

在实践共同体中进行的学习是多向交互的，因为其中提供的反思、分享和支持可将学习成果转化为具体实践（Wenger 1998）。由于成员们在特定领域都具有优势，并愿意根据自己的专业知识提出建议，从而可以使用互惠型支架给予支持（Holton & Clarke 2006）。这种平衡和共享的支持使校长为学校做出贡献的同时也能从中享受到团队的支持，进而获得价值感。

在本研究中，支持机制最先由实践共同体提供，协调员和同行小组共同参与运作，最后转化为各校长的校内代理机构。这一过程表明，本研究提出的模式不仅可用于同行的专业支持，也可用于学区在合作论坛中对校长的支持。这也符合基础教育部为推动南非各校校长的专业发展所提倡的社会文化方法，该项倡议提出以下期望：

> 实践共同体将鼓励合作、协作以及共享学习，同时尊重个人独立和自主的需求。希望这些共同体能够……与工会、地方官员、家长和共同体成员等角色进行包容性合作（DBE 2015：7）。

实践共同体模型可用于支持校长工作，也在校内和校际推行，以此支持部门负责人和副校长等其他领导的工作。不论用于何种情况，都需要将监测组织变革证据的工具纳入其中。

校长实践共同体强调学习是合作与互动的结果，即“学习是需要与他人进行谈判和解决问题的社会过程”（Buyesse et al. 2003：267）。实践共同体提供合作参与的最终目的是促进校长的专业发展，这是成功改善学校的决定因素。正如李（Li 2017：307）所说，推动学校发展的“必要协同要素”是学校领导、外部支持和组织重设，这也是本研究涉及的三个要素。从长远看，提高学校领导素质对提高教育质量有直接影响；短期来看，校长实践共同体的价值有助于增强“学校改进计划”伙伴学校中校领导的作用，同时通过在“学校改进计划”中植入合作伙伴关系、互惠与合作来支持“学校改进计划”开展工作。

注释

1. 在本研究中，实践共同体协调员作为指导人员与校长进行为期两年的合作，同时也是本章的第一作者。

2. 南非基础教育部（DBE）负责监督南非的小学和高中教育（R 年级—12 年级）。2009 年，原教育部（DoE）分为基础教育部和高等教育与培训部（DHET）。此处的基础教育部指 2009 年之前的组织。

3. 布里奇支持学校校长作为领导教学，以便通过确立有效的管理系统来改善学校的功能。利普的重点在于将实践共同体作为教师发展和教学实践转型的有效机制。

4. 西开普省的学校按组划分，每组包括大约 20 所小学和中学，由当地政府官员作为管理员提供支持。

5. 韦辛格（Weisinger 1998）将情商定义为智能且有意地使用自己的情绪，以便通过提高满足基本需求和获得结果的能力来指导行为和思维。

6. 在这两种情况下，访谈时都会向受访者展示这些转变的具体证据，这一点将在后面各节的数据中展示。

7. 此为化名。

参考文献

Amin A & Roberts J（2008）Knowing in action：Beyond communities of practice. *Research Policy*. 37：353 – 369.

Angrosino M（2007）*Doing ethnographic and observational research*. London：Sage Publishers.

Ayas K & Zenuik N（2001）Project-based learning：Building communities of reflective practitioners. *Management Learning*. 32（1）：61 – 76.

Barab S A & Duffy T (2000) From practice fields to communities of practice. *Theoretical Foundations of Learning Environments*. 1 (1): 25 –55.

Bauer S C & Brazer S D (2013) The impact of isolation on the job satisfaction of new principals. *Journal of School Leadership*. 23: 152 –177.

Bridge: Linking Innovators in Education (2011) *Bridge Communities for Effective Practice*. Accessed 18 July 2018, http: //wwwibridge. org. za/get – involved/comniunities – of – practice/.

Brodie K & Borko H (2016) *Professional learning communities in South African schools and teacher education programmes*. Cape Town: HSRC Press.

Brown J S, Collins A & Duguid P (1989) Situated cognition and the culture of learning. *Educational Researcher*. 18 (1): 32 –42.

Bruner J S (1978) The role of dialogue in language acquisition. In A Sinclair, R J Jarvelle, and W J M Levelt (Eds) *The childs concept of language*. New York: Springer-Verlag.

Bryk A & Schneider B (2002) *Trust in schools: A core resource for improvement*. New York: Russell Sage Foundation.

Bush T & Heystek J (2006) School leadership and management in South Africa: Principals' perceptions. *International Studies in Educational Administration* [*Commonwealth Councilfbr Educational Administration & Management* (*CCEAM*)] .34 (3): 63 –76.

Bush T, Joubert R, Kiggundu E & Van Rooyen J (2010) Managing teaching and learning in South African schools. *International Journal of Educational Development*. 30 (2): 162 –168.

Buyesse Sparkman K & Wesley P (2003) Communities of practice: Connecting what we know with what we do. *Council for Exceptional Children*. 69 (3): 263 –277.

Cazden C B (1983) Adult assistance to language development: Scaffolds, models, and direct instruction. In R P Parker & F A Davis (Eds) *Developing literacy: Young children's use of language 3 – 17*. Newark DE: International Reading Association.

City E A, Elmore R F, Fiarman S E & Teitel L (2009) *Instructional rounds in education: A network approach to improving teaching and learning*. Cambridge:

Harvard Education Press.

Cuban L (1988) *The managerial imperative and the practice of leadership in schools*. Albany: SUNY Press.

Day C (2005) Sustaining success in challenging contexts: Leadership in English schools. *Journal of Educational Administration*. 43 (6): 573 –583.

DBE (2008) *First interim report on the influence of the ACE-SL programme in* 16 *selected schools*. Pretoria: Department of Basic Education, South Africa.

DBE (2011) *The Impact of the National Advanced Certificate in Education Programme on School and Learner Outcomes*, School Leadership and Management Research Report. Pretoria: Department of Basic Education, South Africa.

DeFillippi R J (2001) Introduction: Project-based learning, reflective practices and learning. *Management Learning*. 32 (1): 5 –10.

Duignan P & Macpherson R J S (1992) *Educative leadership: A practical theory for new administrators and managers*. London: Falmer Press.

Du Plessis M (2008) The strategic drivers and objectives of communities of practice as vehicles for knowledge management in small and medium enterprises. *International Journal of Information Management*. 28 (1): 61 –67.

Dussault M & Thibodeau S (1997) Professional isolation and performance at work of school principals. *Journal of School Leadership*. 7: 521 –536.

Elmore R (2000) *Building a new structure for school leadership*. Washington, DC: Albert Shanker Institute.

Elmore R & Burney D (1999) Investing in teacher learning. In L Darling Hammond & G Sykes (Eds) *leaching as the learning profession: Handbook of policy and practice*. San Francisco: Jossey-Bass.

Fataar A & Feldman J (2016) Dialogical habitus engagement: The twists and turns of teachers pedagocical learning within a professional learning community. *Perspectives in Education*. 34 (3): 98 –115.

Feldman J & Fataar A (2014) Conceptualising the setting up of a professional learning community for teachers' pedagogical learning. *South African Journal of Higher Education*. 28 (5) 1525 –1540.

Fenwick T (2001) *Experiential learning: A theoretical critique from five perspectives*. ERIC Information Series 385.

Fink E & Resnick L (2001) Developing principals as instructional leaders. *Phi Delta Kappan*. 82 (8): 508 – 606.

Fullan M (1992) *Succesrful school improvement*. Buckingham: Open University Press.

Fullan M (2006) *Change theory: Aforce for school improvement*. Seminar Series Paper No. 157. Centre for Strategic Education, Jolimont, Victoria.

Fullan M (2015a) *Freedom to change*. San Francisco: Jossey-Bass.

Fullan M (2015b) Leadership from the middle. *Education Canada*. 55 (4): 22 – 26.

Gamble J & Hoadley U (2011) Positioning the regulative order. In G Ivinson, B Davies & J Fitz (Eds) *Knowledge and identity: Concepts and applications in Bernsteins sociology*: 157 – 175. London & New York: Routledge.

Gerard L E, Bowyer J B & Linn M C (2010) How does a community of principals develop leadership for technology-enhanced science? *Journal of School Leadership*. 20 (2): 145 – 183.

Glazer E M & Hannafin M J (2006) The collaborative apprenticeship model: Situated professional development within school settings. *Teaching and Teacher Education*. 22: 179 – 193.

Guerron Montero C (2016) Communities of practice at the Cidade do Saber, *Anthropology in Action*, 23 (2) . Accessed March 2018, https: //ww. berghahnjournals. com/view/journals/ aia/23/2/aia2302.

Hallinger P (2003) Leading educational change: Reflections on the practice of instructional and transformational leadership. *Cambridge Journal of Education*. 3 (3): 329 – 352.

Hallinger P & Heck R H (1996) Reassessing the principals role in school effectiveness: A review of empirical research, 1980 – 1995. *Educational Administration Quarterly*. 32 (1): 5 – 44.

Handley K, Sturdy A, Fincham R & Clark T (2006) Within and beyond communities of practice: Making sense of learning through participation, identity and practice. *Journal of Management Studies*. 43 (3): 641 – 653.

Hargreaves A & Fullan M (Eds) (2009) *Change Wars*. Bloomington: Solution Tree.

Hargreaves A & Shirley D (2009) *The Fourth Way: The Inspiring Future for Educational Change*. Thousand Oaks: Corwin.

Harris A (2002) *School improvement: What's in it for schools?* London and New York: Routledge.

Hodgkinson-Willianis C, Slay H & Sieborger I (2008) Developing communities of practice within and outside higher education institutions. *British Journal of Educational technology*. 39 (3): 433 - 442.

Holton D & Clarke D (2006) Scaffolding and metacognition. *International Journal of Mathematical Education in Science And Technology*. 37 (2): 127 - 143.

Hopkins D (2001) *School improvement for real*. London: Falmer Press.

Hopkins D & Harris A (1997) Improving the quality of education for all. *Support for Learning*. 12 (4): 147 - 151.

Hopkins D, Harris A, Stoll L & MacKay T (2011) *Keynote presentation presented for the 24th International Congress of School Effectiveness and School Improvement*. Limassol, Cyprus.

Hord S M & Sommers W A (2008) *Leading professional learning communities: Voices from research and practice*. Thousand Oaks CA: Corwin.

HSRC (Human Sciences Research Council) (2005) *Emerging voices: A report on education in South African rural communities*. Researched for the Nelson Mandela Foundation by the Human Sciences Research Council with the Education Policy Consortium. Pretoria: HSRC.

Jackson D & Temperley J (2007) From professional learning community to networked learning community; In Stoll L & Seashore Louis K (Eds) *Professional learning communities: Divergence, depth and dilemmas*. UK: McGraw-Hill Education.

Kelchtermans G & Ballet K (2006) *The methodology of in-service training for professional and school development. A case study*. Workshop presented at the European Practice-Based and Practitioner Research Conference on Learning and Instruction. Leuven.

Kelchtermans G, Piot L & Ballet K (2011) The lucid loneliness of the gatekeeper: Exploring the emotional dimension in principals' work lives. *Oxford Review of Education*. 37 (1): 93 - 108.

Kilpatrick S, Barrett M & Jones T (2012) *Defining learning communities.* Accessed March 2018, https://www.researchgate.net/publication/4327785.

Lave J & Wenger E (1991) *Situated learning: Legitimate peripheral participation.* Oxford: Cambridge University Press.

La Vita M, Lorimer R Majova Z, Baloyi K, Jacobs D & Naidoo P (2017) *Annual report: Working together.* LEAP Science and Maths Schools http://Ieap-school.org.za/wp-content/uploads/2012/01/Annual-Report-2016_ web.pdf.

Leithwood K, Bauer S & Riedlinger B (2009) Developing and sustaining school principals. In M Fullan (Ed.) *The Challenge of change: Lessons from the greater New Orleans School Leadership Center* (2009): 13-153. United Kingdom: Sage.

Li Y Y (2017) Processes and dynamics behind whole-school reform: Nine-year journeys of four primary schools. *American Educational Research Journal.* 54 (2): 279-324.

Maxwell J A (1996) *Qualitative research design.* London: Sage.

McDermott R (1999) Learning across teams. *Knowledge Management Review.* 8 (3): 32-36.

McLaughlin M & Mitra D (2001) Theory-based change and change-based theory: Going deeper, going broader. *Journal of Educational Change.* 2: 301-323.

Mitchell C & Sackney L (2000) *Profound improvement: Building capacity for a learning community.* Lisse: Sweets & Zeitlinger.

Morieux Y & Tollman P (2014) *Six simple rules: How to manage complexity without getting complicated.* Boston MA: Harvard University Review Press.

Nias J (1989) *Primary teachers talking. A study of teachingas work.* London: Routledge.

Probst B & Borzillo S (2008) Why communities of practice succeed, and why they fail. *European Management Journal.* 26: 335-347.

Pugach M C (1999) The professional development of teachers from a "communities of practice" perspective. *Teacher Education and Special Education.* 22 (4): 217-233.

Raudenbush S W (2009) The Brown legacy and the O'Connor challenges: transforming schools in the images of children's potential: Fifth annual Brown lecture in education research. *Educational Research*. 38 (3): 169 – 180.

Rincon-Gallardo S & Fullan M (2016) Essential features of effective networks in education. *Journal of Professional Capital and Community*. 1 (1): 5 – 22.

Rule P & John V (2011) *Your guide to a case study research*. Pretoria: Van Schaik.

Saddington T & Wylie J (2014) *Reflective practice as a fundamental learning strategy. Leading and managing a curriculum development team*. Course notes, School of Education, University of Cape Town.

Saye J W & Brush T (2002) Scaffolding critical reasoning about history and social issues in multimedia-supported learning environments. *Education Technology Research & Development*. 50: 77 – 96.

Schon D (1983) *The reflective practitioner: How professionals think in action* London: Temple Smith.

Schon D (1996) From technical rationality to reflection-in-action. In R. Edwards, Hanson, A & Raggett, R. (Eds) *Boundaries of adult learning*. London, New York: Routledge.

Simons K D & Klein J D (2007) The impact of scaffolding and student achievement levels in a problem-based learning environment. *Instructional Science*. 35: 41 – 72.

Stone C A (1998) The metaphor of scaffolding: Its utility for the field of learning disabilities. *Journal of Learning Disabilities*. 31 (4): 344 – 364.

Taylor N (2006) School reform and skills development. In S Brown (Ed.) *Money and Morality*: 2006 *Transformation Audit*. Cape Town: Institute of Justice and Reconciliation.

Walimbwa M (2017) Developing proficiency in pedagogical integration of emerging technologies: An educational design research of a community of practice at Makerere University; Doctoral thesis, University of Cape Town.

Weisinger H (1998) *Emotional intelligence at work*. San Francisco: Jossey-Bass Inc.

Wenger E (1998) *Communities of practice: Learning, meaning, and identity*. Cambridge: Cambridge University Press.

Wenger E (2000) Communities of practice and social learning systems. *Organi-*

zation. 7 (2): 225 – 246.

Wenger E M, McDermott R & Snyder W M (2002) *Cultivating communities of practice: a guide to managing knowledge*. Boston MA: Harvard Business School Press.

Whitaker K (2003) Superintendent perceptions of quantity and quality of principal candidates. *Journal of School Leadership*. 13 (2): 159 – 180.

Wood D, Bruner J & Ross G (1976) The role of tutoring in problem solving. *Journal cf Child Psychology & Psychiatry*. 17: 89 – 100.

第八章

边缘群体的职业治疗：资源不足学校中的家长参与

莉斯尔·彼得斯　罗尚·加尔万

在本章中，我们将描述殖民主义对南非中小学教育的影响，并概述在资源不足的学校中家长参与的复杂性。我们还将介绍参与“学校改进计划”（SII）的一所学校通过“基于职业的社区发展运动”（ObCD）与家长合作的经验，并阐释边界思维这一理论框架能够促成职业治疗实践发生转变，进而与家长建立伙伴式合作关系。通过个案研究，我们将探究上述实践的可行性，并为家长合作如何在情况类似的学校中蓬勃发展提供建议。

职业治疗师认为学习是一种职业（参见第五章），它由多种多样的活动组成，并受情境影响（Galvaan et al. 2015）。从相互作用的角度来看待职业时，需要考虑到不同的人和活动以多种复杂的方式相互影响，并产生日常活动的各类情形（Aldrich 2008；Cutchin et al. 2008）。基于这种观点，我们可以从不同的角度来解释学习，但是过往经验一般认为学习往往只与学生及其学习成绩有关。这种理念具有单一性，但它的影响力巨大，决定了职业治疗师在学校的工作方式。

尽管我们注重研究职业治疗师的工作情况，但我们选择将他们的工作视作与复杂的学习相互作用的结果，这一观点也引起了多种社会角色（家长、监护人、老师、学校管理者、同伴和其他重要人员）的共同关注，他们共同影响着学生在特定环境中的学习方式。因此，我们认为，从家庭方面影响学生生活的社会人员不仅是父母，还应考虑到多种家庭形式。这与《南非学校法》的规定一致：任何履行义务以确保满足学习者教育需求的个人等同于家长（Lemmer & Van Wyk 2004）。我们对“家长”的理解包括所有为照顾和培养学习者做出贡献的人。因此，“家长”可能包括母亲、父亲、祖父母、兄弟姐妹、姨妈、叔叔或其他养育学习者的重要人物。尽管这种将家长纳入学校生活的理解方式非常独特，但这与《南非学校法》对学生校内生活负责人的规定一致（南非共和国 1996）。

家长参与是一个多维概念（Feuerstein 2000），这并不新奇。如巴克和德内森（Bakker & Denessen 2007）所言，这一概念起源于 20 世纪 60 年代和 70 年代的欧美地区，那时实施了旨在促进少数族裔和移民群体进行学习的计划。当时，学校试图为父母（其背景与校内主要群体的背景不同）创造机会，培养他们支持孩子取得成功的态度和做法。虽然这些想法是积极的，但都未能使父母平等地参与进来，而是希望父母在支持孩子教育方面能融入主流中产阶级（主要是白人）的价值观和做法。这些历史遗留的后果就是，社会始终期望这些父母以一定方式参与学校教育。例如，爱泼斯坦（Epstein 1995，引自 Lemmer & Van Wyk 2004）提出了促进家长参与的六种方式，进而明确了家庭、学校和社区环境间的关系：

> （1）辅导家长，帮助他们掌握教育技巧，营造适合的家庭环境；
> （2）通过交流，让家长了解孩子在学校和课堂的表现情况；
> （3）邀请家长以志愿者的身份主动参与到学校充满现代性与复杂性的教育教学工作中；
> （4）提高家长在家庭中对子女学习的辅导能力；
> （5）让家长参与学校决策和管理活动；
> （6）协调社区教育资源，开展社区合作，支持学校计划并加强家庭在学习中的作用。
>
> （Lemmer 2007：221）

尽管这种框架对丰富家长参与的活动方式很有帮助，但其实它并未从父母的角度来考虑，而是优先从学校的立场要求父母如何以及何时参与其中。特奥多罗（Theodorou 2007）认为，尽管家长“配合”与家长“参与”经常混用，但它们的含义并不相同。她指出，侧重于家长参与的模式会优先考虑家长们的集体取向，然后再考虑家庭与学校的关系，这种顺序优先可能会促进整个学校及其所有学生的发展。这种方法将规定参与其中的行为方式，以权力共享和充分参与决策为基础，明确所有相关人员的权责。

本章旨在阐述家长在孩子教育方面的重要地位，并探讨在资源不足的学校中，父母如何参与孩子的生活（而非单纯地配合校方），以此提高他们的学习质量，为改善我们的社会做出贡献。

南非学校教育中的家长参与

在南非，学校教育改革重新定位了家长在学校中的角色，尤其会关注家长在民主学校管理中的地位（Lewis & Naidoo 2004）。改革的过程充满挑战，例如，在参与完善学校的治理结构时，由于居住地距离学校太远，许多居住在农村地区的黑人工薪阶层家长面临着许多阻碍（Lemmer & Van Wyk 2004）。除此之外，“学校教育体系中的中产阶级，即黑人学校里的黑人教师以及混合学校里的白人、有色人种和印第安教师，他们往往决定着工薪阶层家庭对教育改革的关注点”（Lewis & Naidoo 2004：107 – 108）。家长参与的主流趋势也都集中于学校治理结构的环节，这并不能为被边缘化的家长和学生创造参与的机会。如此便引发了一个疑问：目前在南非校内实行的家长参与是否就是发展教育的真正所需。

许多学校及学生仍在努力摆脱被种族隔离制度打下的身份烙印（Soudien 2012），这反映了在种族隔离主义影响下的教育体系中，不同种族的学生需要做不同的准备，来扮演在未来生活中的预期角色。在种族隔离时期的黑人学校通常资源有限，并且往往位于工人阶级社区中（如第二章所述）。在后种族隔离时代，这些学校仍然缺乏资源。许多南非学校开展的家长参与是在这些特定历史教育背景下进行的。这使人们怀疑，带有欧洲中心主义的家长的参与方法（如爱泼斯坦提出的方式）是否同样适用于南非。我们认为，南非学校的家长参与应以参与及共享为前提（Theodorou 2007），但同时需要认识到，殖民主义依然存在，并对资源不足学校中的学生学习以及家长参与都有直接影响。

殖民性与学校教育

尽管殖民统治已经结束，但在世界霸权主义的权力结构中（Glaveanu & Sierra 2015），殖民性仍然盛行（Ndlovu & Makoni 2014）。殖民性是指“受殖民主义影响而长期存在的权力模式，但它对文化、劳动、主体间关系和知识生产的影响都远远超出了殖民体系的严格界限”（Ndlovu & Malconi 2014：5）。殖民性无处不在，它无形地、持续地影响着人们的思维方式，通过文化、文本和学术成绩标准等各个方面来构建人们的现代实践（Ndlovu & Makoni 2014），同时通过物质获得控制着种族、劳动、土地和人民，从而导致了不同社会群体之间的不平等现象。南非的教育体系掺杂着权力等级，是一种现代殖民计划的隐形产物。各层权力相互交织，为得到对经济、公共领域、权威、知识和主体性的控制权而进行斗争（Tlostanova & Mignolo 2009）。然而，一部分人控制了知识和话语权后也获得了对其他人的支配权（Tlostanova & Mignolo 2009）。只有控制了认识论才有可能实现统治，因此教育系统便成为维持殖民主义和再现特定主体性的关键平台，我们因此也需要关注殖民性如何影响南非学校的家长参与。

南非的本地情况也反映了全球社会政治霸权（Ndlovu & Makoni 2014）。种族隔离的影响进一步加剧了社会复杂性，导致不平等现象普遍存在，严重影响了优质教育的普及。正如本书第二章所述，尽管国家保障所有儿童的受教育权（RSA 1996），所有儿童都可以享受免费教育，但不同父母为孩子提供的教育质量在本质上是不同的。这是由 1950 年颁布的《种族区域法》[1]中制定的阶级隔离制度所导致，该制度与南非的地理位置和种族密切相关。由种族隔离产生的空间隔离导致地缘政治结构不断影响学校的教育格局，还规定有权进入特定学校的特定人群，这意味着一所学校内学生的社会阶层通常相似。然而自种族隔离制度结束以来，种族和阶级又以更复杂的方式交织在一起（Nattrass & Seekings 2001），从而在不同教育机构内形成了多元文化空间。

对文化多样性的理解和重视让人们质疑许多所谓“多元文化”社会的“同化性”和“包容性”教育政策。在这些政策中，主流文化和语言霸权不利于展示和发展文化遗产，也不利于边缘化群体对自身认识论的表达与发展。经过考察南非多所学校，我们得出这样的工作经验，在学校里经常强调的是中产阶级以及英国人和基督教徒（即“白人”）的价值观。现代殖民性维护这些主导意识形态的发展，具有这种意识形态的人群也被认为是有价值的。社会经济背景较差的黑人学生和家长则不被重视，也没有人期望他们为学校做出有价值的贡献，他们处于殖民权力矩阵的边缘，因此导致当前的家长参与“再现了学校和外部社会中的权力和特权模式”

(Lewis & Naidoo 2004：108)。

贡献力受限：学校教育实践忽视了边缘群体的声音和经验

《南非学校法》(RSA 1996）对家长帮助学生学习的规定有限。该法案要求家长通过学校管理机构（SGB）协助学校的治理。该机构选出若干家长，在需要做出关键决定时，必须代表所有家长的意见。这些关键决策通常与学校的运营管理有关，这与学校对运营和效率的重点关注保持一致(Lewis & Naidoo 2004)。法案以及校方也明确了家长在保证学生取得良好学习成绩方面的责任，例如，西开普省教育厅近期发布的教育手册强调了家长应与孩子一起开展的各类活动，并强烈建议家长承担这一责任(WCED 2016)。该手册还强调了中产阶级现实体验的规范化，指出这些认知在家长参与活动中具有可操作性，忽视了不同背景的家长在日常生活中可能面临的问题。这种论述以及目前家长对学校做出的贡献的定位，使得与殖民权力矩阵相关的霸权长期存在，并忽视了这些父母在改善孩子学习方面的能动作用。

在过去的15年里，我们在开普敦薰衣草山社区（Lavender Hill）和卡雅利沙镇的学校与职业治疗专业大四实习生一起开展了“基于职业的社区发展运动”(ObCD)，积累了相关经验。“基于职业的社区发展运动”是职业治疗实践的有力工具（Galvaan & Peters 2017)，已帮助职业治疗（OT）专业学生和从业者采用新颖的方式进行实践，彻底改变了职业治疗师在社区发展实践中的传统作用，使之更加适用于当地的具体环境（UCT 2015)。“基于职业的社区发展运动”可解决长期合作关系中的系统性问题，随着时间的推移，有助于发展伙伴关系，不断推动共享计划和实践的发展。在第十一章中，亚伯拉罕斯等人描述了如何使用“基于职业的社区发展运动”来塑造实习言语治疗师的实践，这表明“基于职业的社区发展运动”框架及其干预措施也许也能在最初设定的环境之外发挥效用。

我们在卡雅利沙镇进行合作的学校也是“学校改进计划”中的伙伴学校（参见第一章)。在这些学校中，老师和校长都要求我们积极与家长合作，帮助他们对学校发展做出贡献。我们也认为这是一种机遇，能与学习过程中的多方角色充分合作。

我们在参加由薰衣草山社区一所资源不足的学校主办的家长会议后，对家长参与有了新的理解。从这次会议中可以看出，家长尚未被视作学习过程的关键合作方，他们只是聆听者而非参与者。此外，会议的主要内容是向家长们提供“加强孩子的读写和算术能力的方法”。遗憾的是，薰衣草山社区的学习资源有限，这种方法并不适用于当地的实际情况。同时因为家长们来自黑人工薪阶层社区，这样做也没能考虑到家长同样可以利用自己的知识来帮助孩子学习。卡雅利沙镇的因沙耶洛小学也是如此，那里大多数老师也认为家长在提高孩子学业成绩方面占主导作用。这些主流观点强化了家长的“助手”地位，并期待着他们能融入学校系统，按照学校的规定参与学校活动。

在本章的余下部分中，我们将以资源不足学校中的家长群体为例，记录与他们的真实互动，通过探索更多可能存在的家长参与方式，抵制处在社会边缘的家长在资源不足学校中被规定扮演的那些角色。

与家长重构校园职业治疗实践

库什曼（Cushman 2016）提出了写作研究中的“去殖民化”方法，凸显了理论基础的必要性，即它能够促成学科与搭建学科方法论的主流思维达成合作。因此我们认为，职业治疗需要“在边缘化群体中发展，来修正构建日常实践的思维范式”（Cushman 2016：236）。为了拓展“去殖民化”方法，职业治疗专业需要遵循科学和生物医学的发展路径，因为这些学科观点支配着欧洲中心思维下的实践（Joubert 2010）。基于这些倾向，在职业治疗实践中，殖民主义思维遍布于最常用的理论和方法，这助长了霸权主义，也影响着我们理解人们参与日常生活的方式。为了发展不同的实践取向，我们需要将边界思维纳入方法论。

边界思维是一种“去殖民化”的方法，其中的批判性思维产生于底层视角，或与之共现（Grosfoguel 2007）。主流思维方式决定底层身份的定义与表现，而边界思维的体系特征是与主流思维方式“脱节”（Mignolo 2011）。边界思维延伸出不同类型的逻辑，拒绝接受特定社会群体可用的常规选择，有助于改变殖民权力矩阵。当另一种知识形式受到重视被使用时，反抗性认知现象便会发生。

在我们作为职业治疗师的实践中，已经提出了诸如“基于职业的社区发展运动”之类的方法作为潜在的边界思维方式。“基于职业的社区发展运动”重点关注边缘群体及其受压迫的经历，这些经历是由影响日常参与中的结构因素和背景因素造成的。通过这种方法，人们可以相互理解殖民主义在日常生活中的存在方式。我们不断努力，发展自己成为社区中的合作伙伴，促进共同理解，使我们能够同时在边缘地区和边缘人群一起工作。换言之，我们与那些通常被贬低为贡献者和知识创造者的人建立稳固且人性化的伙伴关系。这种工作方式允许不同社区使用不同方法，这样就出现了一种“脱节”的实践形式。在后文中，我们以因沙耶洛小学中的合作实践为例，说明这种方法对于实现家长参与的作用，而非仅限于实现家长配合。

与“学校改进计划”伙伴学校家长的合作经历：与边缘化群体的合作

开普敦大学（UCT）职业治疗专业大四学生在最后一学年完成了三个为期七周的服务学习课程。2013 年底，该校健康科学学院和“学校改进计划”发展了一个合作项目，安排学院学生在因沙耶洛小学实习。在社区发展的实践范畴下，学生须为学校提供职业治疗服务，推动学校的整体性发展。

在职业治疗课程的最后一年，学生可以了解“基于职业的社区发展运动”的框架并将其作为指导实践的理论依据。在“学校改进计划”的背景下，他们必须开启一段战略性实践之旅，对学校可能关注的特定问题达成共识。“基于职业的社区发展运动”建议，在实践初期，应推动参与性方法在整个“基于职业的社区发展运动”过程中的不断建立和塑造，并借鉴这些方法来重点发展合作关系。他们用这些方法与有关人员一起对跨领域中底层身份的定位和互动进行批判性分析，从而促进了边缘人群的发展。该运动同时要求学生在职业发展中，批判地反思他们与工作对象的关系，从而思考自己的身份。这种反思也同时推动参与者之间关系的发展，让之前沉默的人能够发表意见，提出对问题的新理解，为解决问题做出关键贡献。

2013 年，两名学生克拉丽莎和诺卢坦多[2]开始在因沙耶洛小学进行最后一年的实习服务。他们彼此的身份不同，与当地学校的工作人员也有很大差别。作为来自著名大学的专业培养人才，他们享有不同程度的特权。为了在“基于职业的社区发展运动”框架下理解学校的需求，他们的身份不断发生变化，这些都有助于他们以边缘人群的视角来看待问题。

这两位实习生在学习过程中与当地教师沟通，具体了解到他们的教学工作缺少家长的参与。此时，针对已发现的学习障碍，学校的 R 年级学生经过筛选（参见第十二章）来确定自己是否能从职业治疗干预中受益。经评估，这两位实习生认为，将老师和家长聚在一起来讨论这些问题十分重要。以下是他们的会议报告摘录：

> 在和老师的讨论中，家长表示自己缺乏协助孩子学习的能力。出席会议的家长们发现他们的资源非常有限，甚至匮乏，社会经济地位和教育水平较低，这些因素都阻碍了他们协助孩子进行学习。除此之外，一些家长也认为，他们的社会身份受到上述因素的限制。

为了让家长以不同方式回顾他们对孩子学习做出的贡献，职业治疗专业学生必须重新思考家长参与学校生活的方式，这一点非常重要。他们采取的实践方法会为家长和老师创造共同思考的空间，促进学生的校内学习，确定如何使各方的共同想法成为现实并长期运行。为了达到以上目的，教师和家长进行了一系列富有成效的对话（Senge 2006）。

在“基于职业的社区发展运动”框架内，教师和家长提升了综合能力，建立了相互理解的关系。在这个过程中，双方深入了解了对促进该过程做出贡献的人。在参与了特定活动后，双方也转变了曾经的观点和想法。这些综合能力包括：

> 适时提出适当的问题，揭示对当前情况和以往经验的核心思考方式；深入聆听，观察对话，让每个人表达自己的想法和经验；交流所见所闻，产生选择性的、不同的或新的理解。（Taylor 2000）

这些可以培养边界思维能力，提供不同的行为选择。这种实践取向也促使学生选择为家长和老师提供机会，重新考虑应如何参与和促进自己的学习。

“基于职业的社区发展运动”项目[3]为R年级和1年级学生家长提供两个发展性讨论会，旨在为家长提供相关知识和技能，使他们能在日常活动中用简单的方式支持孩子的学习。家长和老师都表示，这些会议将自己和孩子（即学生）的教育联系起来，非常有益。会议结束后，职业治疗专业学生了解到家长和教师希望加强彼此之间的联系，于是推动组建了由家长和教师组成的智囊团。这一实践暴露出双方都对彼此在教学中的作用持有许多毫无根据的假设：家长们认为自己的角色特殊，而老师则认为家长疏于教育孩子，并且对教育不感兴趣，但遭到家长们的反驳；教师们还认为家长不接受他们的建议，也不明白自己对学生教育所作的贡献，这一观点也遭到家长的反对。家长和老师之间缺乏沟通，矛盾不断加深，这种情况可能是由殖民权力矩阵造成的，这样的矩阵结构往往认为工薪阶层的家长对孩子学习没有什么帮助。

在适当的空间中分享这些观点，可使教师和家长有机会在分享不同意见的基础上相互尊重，产生新的想法。以上讨论表明，家长和老师实际上都有意愿促进孩子（学生）的学习。现有问题的根源在于，家长和老师对于各自的意图、发挥的作用以及支持孩子（学生）学习的方式等方面持相反意见。经由讨论会决定，组建基础阶段的家长教师委员会，批判性地思考如何积极地与家长开展合作。

在“学校改进计划”伙伴学校实习的职业治疗学生在此期间必须学习之前学生的经验，以便确定后续的行动步骤。在2014学年，又有另外两名职业治疗学生在因沙耶洛小学实习，他们需要考虑如何继续促进家长教师委员会的发展。在没有职业治疗学生提供直接帮助的情况下，该委员会并未如期继续发展。尽管其中一位家长和基础阶段的老师同意担任委员会的管理职务，但他们一直难以协调开会时间。除此之外，学校并未将该委员会列为优先发展事项。这两名实习生与不同家长进行非正式的沟通，他们意识到学校仍未充分考虑家长在学生日常生活中的参与度。家长在面对孩子的学业要求和期望方面所面临的挑战是造成这种紧张关系的根源。这两位实习生还发现，家长和学校需要加深对以下两个问题的理解：家长的生活如何影响其支持孩子学习的能力，家长对自己充分协助孩子学习的方式有何感想。他们还考虑到家长的经历对教学改进带来的特殊意义和潜在的新理解，因此选择使用影像发声法，让处于边缘地位的家长发声（Galvaan 2007）。

影像发声是行动研究的重要方法，使人们有机会讲述自己的生活故事（Photovoice Worldwide 2016），通常适用于没有发声机会的边缘化人群。这一方法以可视化的形式展现参与者的日常生活，并以此推动对社区议题的反思和学习，特别适合针对因沙耶洛小学开展的家长合作。通过这种方法，实习生继续在边缘群体中创造边界思维的新意义。

他们首先与之前的家长教师委员会中有意愿参加该项目的代表进行合作。这位家长代表是其中一名学生的祖母，她非常积极地提出自己的想法，还协助说服其他三位家长（两名父亲和一名母亲）一起参加。每位家长用提供的拍立得相机来记录他们每天参加的重要活动。他们十分踊跃，当自己拍摄的照片被冲印并引发小组讨论时非常兴奋。每位家长各自挑选两张照片，在讨论会上展示给其他家长和感兴趣的老师。这些照片还将用来进一步说明家长关于所面临问题的想法以及将其用于学生学习的方式。

讨论中强烈反映出家长需要对子女学习做出回应，并以孩子需要的方式进行回应。其中一位父亲拍下了一家人站在房子前的照片，他说房子是他的城堡，女儿就是公主。这张照片引发人们讨论父亲作为榜样的重要性。这位父亲的另一张照片是他在骑自行车。虽然他认为骑行通常是一项白人运动，但他依然热爱。这引发了一场家长关于所看重的职业的讨论，这次交流让家长们有机会思考自己在促进孩子学习方面的潜能。其他父母谈到了每天让孩子上学都很困难，而学校管理层通常却认为这种挑战是正常现象。这项活动为家长提供了一个前所未有的平台，使他们能够分享和讨论共有的挑战。家长们在自己举办的展览和会议上介绍之前讨论确定的主题，也激发了其他家长用各自的母语进行讨论，大家进而分享了自己对子女教育所做贡献的深刻见解。例如，一位父亲提到之前会定期与孩子的校长在学校非正式聚会上会面，来向校长表达自己的想法。他认为这是一个相互交流的好机会，但目前已经没有这种机会了。这位父亲的说法反映出家长在对子女教育做出贡献方面的作用受到限制，而这种限制正是由校内普遍存在的殖民主义所导致的。在殖民主义的影响下，校方普遍认为家长无法为学生的教育贡献力量。讨论会结束后，家长和老师都感谢了对方在讨论会上进行的分享。

之后，家长们采取了以下行动：他们希望与学校管理机构以及校长会面，讨论其在筹资等各项事务中的参与情况。他们还建议学校在年初举行讨论会，帮助家长熟悉学生的课程内容，让他们能够更好地辅导孩子完成家庭作业。家长们决定成立一个支持小组。他们愿意与学校合作，建立更完善的交通系统，与其他有协助能力的家长一起，让孩子更好更安全地往返学校。

以上情况证明了家长作为监护人的能力，他们开始“放弃”之前可选的常规做法。我们认为这有助于实现真正的家长参与。

经验总结：家长作为校园教育专家的限制因素

尽管上述活动促使大家重新思考父母和职业治疗师如何在校内合作并参与活动，但其效能并未持续下去。由于缺乏协调人员的现场指导，活动进程受阻，家长们很难再继续组织下去。此外，专业实习学生也没有做好足够的准备来确保校内配有支持家长不断参与活动的基础设施。因此，我们提出疑问，如何重新定位我们的实践方法来促进可持续发展。我们的思考结果如下：

（1）关于边界思维，尽管它颠覆了传统的思维方式，但仍需采取更多行动，改变其标准结构，从而避免引起与学习相关的霸权主义。虽然转变主流思想是一种变革途径，但我们认为，还必须开发适当的渠道，让家长在校内成立自己的组织机构，以便从家长配合转变为家长参与。这需要（重新）制定和解读校本政策，让家长在学校工作中传播知识并贡献自己的力量。家长的想法至关重要，校方应与他们开展合作，共同推动家长融入学校管理。本章介绍的项目就是一个示例，可以说明学校如何通过与职业治疗师等专业人员（他们掌握着在校内进行职业治疗服务的重要方法）合作，从而开展与家长的合作。

（2）从职业治疗实践这一重要的角度来看，职业治疗师必须接受家长的意见。他们需要更多表达意见的机会来向殖民性发起持续挑战。为此，职业治疗师可以发起“基于职业的社区发展运动”，来促进与学习有关的其他参与者的发展。治疗师们对家长进行了不同定位，使家长能够在被理解的同时也更了解自己，为家长提供表达意见的机会，这对家长参与校内活动来说非常重要。遵循这种实践思路，职业治疗师们（我们）为家长提供了“脱钩法”和多种参与学校活动的方式。

这一过程的确存在挑战，需要进行大量的工作来构想家长完全融入学校生活的新方式。我们认识到，要建立平台来拓展学校的职能范围，让所有人参与建设一个包容性社会。这是一项艰巨的任务，我们遇到的困难反映了此类工作的复杂性。尽管如此，我们的教育系统应该认真探索在校内共同创造平台的新方法，这类平台需要囊括所有能够有效参与学习的人员，其目的在于形成各种各样的参与形式，最终真正推动南非的民主发展。

致谢

感谢2013年和2014年在“学校改进计划”伙伴学校参与实习的职业治疗专业大四学生，尤其是伦吉莱·杜尼瓦女士和弗朗西斯卡·贝拉斯克斯特纳女士。

注释

1. 南非政府颁布了一系列法律来强制执行种族隔离制度。《种族区域法》对不同种族群体的不同地区进行划分，让白人获得并占据了优质土地，而黑人和其他有色人种被迫搬至资源有限且缺乏基础设施的地区。在那里，他们往往享受不到优质教育。

2. 化名。

3. 针对边缘社会群体的霸权主义会引起排外现象和社会不公。此处是指一项由小组成员、主要参与者和利益相关者组成的不同组织合作进行的反抗此类霸权主义的活动。具体合作方式取决于当前的问题及社区的发展方向。

参考文献

Aldrich R（2008）From complexity theory to transactionalism：Moving occupational science forward in theorizing the complexities of behaviour. *Journal of Occupational Science*. 15 (3): 147 – 156.

Bakker J & Denessen E (2007) The concept of parent involvement. Some theoretical and empirical considerations. *International Journal about Parents in Education*. 1 (0): 188 – 199.

Cushman E (2016) Iranslingual and decolonial approaches to meaning making. *College English*. 78 (3): 234 – 242.

Cutchin M P, Aldrich R M, Bailliard A L & Coppola S (2008) Action theories for occupational science: The contributions of Dewey and Bourdieu. *Journal of Occupational Science*. 15 (3): 157 – 165.

Feuerstein A (2000) School characteristics and parent involvement: Influences on participation in childrens schools. *The Journal of Educational Research*. 94 (1): 29 – 40.

Galvaan R (2007) Getting the picture: The process of participation. In N de Lange, C Mitchell & J Stuart (Eds) *Putting people in the picture: Visual methodologies for social change*. Rotterdam: Sense Publishers BV.

Galvaan R, Gretschel P & Peters L (2015) Occupational therapy in the school context: An occupational perspective. In S Moonsamy & H Kathard (Eds) *Speech-language therapy in a school context: The principles and practices*. Pretoria: Van Schaik.

Galvaan R & Peters L (2017) Occupation-based community development: A critical approach to occupational therapy. In S D Souza, R Galvaan & E Ramugondo (Eds) *Concepts and perspectives in occupational therapy: Understanding southern perspectives*. Manipal, India: Manipal Universal Press.

Glaveanu V & Sierra Z (2015) Creativity and epistemologies of the South. *Culture & Psychology*. 21 (3): 340 – 358.

Grosfbguel R (2007) The epistemic decolonial turn. Beyond political-economy paradigms. *Cultural Studies*. 21 (2 – 3): 211 – 223.

Joubert R (2010) Exploring the history of occupational therapy's development in South Africa to reveal the flaws in our knowledge base. *South African Journal of Occupational Therapy*. 40 (3): 21 – 26.

Lemmer E M (2007) Parent involvement in teacher education in South Afri-

ca. International Journal about Parents in Education. 1 (0): 218 –229.

Lemmer E & Van Wyk N (2004) The dynamics of parents and teachers' experiences of parent involvement in a South African school. *Journal cf Educational Studies.* 3 (1): 11 –21.

Lewis S G & Naidoo J (2004) Whose theory of participation? School governance policy and practice in South Africa. *Current Issues in Comparative Education.* 6 (2): 100 –112.

Mignolo W D (2011) Geopolitics of sensing and knowing: On (de) coloniality, border thinking and espistemic disobedience. *Postcolonial Studies.* 14 (3): 273 –283.

Nattrass N & Seekings J (2001) Two nations? Race and economic inequality in South Africa today. *Daedalus.* 130 (1): 45 –70.

Ndlovu M & Makoni E N (2014) The globality of the local? A decolonial perspective on local economic development in South Africa. *Local Economy.* 29 (4 –5): 503 –518.

Photovoice Worldwide (2016) *What is Photovoice*? Accessed August 2016, www. photovoiceworldwide. com/what_ is_ photovoice. htm.

Republic of South Africa (1996) *The South African Schools Act No 84 of 1996.* Accessed July (2018) https: //www. education. gov; za/LinkClick. aspx? fileticket = aIolZ6UsZ5U%3D&tabid =767&m id =3184.

Senge P (2006) *Thefifth discipline. The art and practice of the learning organisation.* London, UK: Random House Business Books.

Soudien C (2012) *Realising the dream: Unlearning the logic of race in the South African school.* Cape Town: HSRC Press.

Taylor J (2000) *Organisations and development. Towards building a practice.* Cape Town: Community Development Resource Association.

Theodorou E (2007) Reading between the lines: Exploring the assumptions and implications of parental involvement. *International Journal about Parents in Education.* 1 (0): 90 –96.

Tlostanova M V & Mignolo W D (2009) Global coloniality and the decolonial option. *Kult.* 6: 130 –147.

University of Cape Town (2015) *Social responsiveness report.* Cape Town: University of Cape Town.

WCED（2016）*Parental involvement and responsibilities in support of learning*. Western Cape Education Department. Accessed August 2016，https：//wcedonline. school. za/document/ ParentTips-LitNuni/index. html.

第九章

微格教学法：发展资源不足学校的图书馆助理馆员的工作能力

帕蒂·西尔伯特　康斯坦丝·比索

南非共和国实行民主制度20多年来，国内教育不平等现象仍然十分明显：全国高中（12年级）学业水平考试（毕业）成绩、国际阅读素养进展研究（PIRLS）和南非与东非教育质量监测联盟（SACMEQ）[1]都反映出学生读写水平存在差异。斯波尔（Spaull 2013：3）根据2007年实施的南非与东非教育质量监测联盟Ⅲ项目，认为“在所有参加跨国教育成绩评估的中等收入国家中，南非的教育系统最差”。此外，南非学生的成绩比许多低收入非洲国家的学生成绩还要低。南非公平教育（Equal Education）民权机构在2010年调查分析了全球40个国家小学生的阅读能力，结果显示南非小学生排名垫底（Aktan 2010）。

尽管国际公认学校图书馆能对“发展优质教育和提高学生成绩做出重要贡献”（DAC 2009：38），并且可以提高学生文化水平（参见Hoskins 2006；UP 2012；Wessels 2010），但拥有图书馆的南非学校数量极少，只有8%的南非公立学校设有功能性图书馆（根据南非教育平等运动的调查结果）。根据国际阅读素养进展研究（PIRLS）的调查，南非4年级学生中仅有6%就读于拥有资源丰富的图书馆的学校，而一半以上的5年级学生就读的学校没有图书馆（UP 2012）。参与该研究的49个国家中，南非是校图书馆水平最低的国家之一。校内没有图书馆意味着学生及教师无法获得关键资源，而这一缺失将不可避免地拉大学生读写水平的差距（UP 2012）。

我们在此感谢社会活动家组织大规模游说以及公平教育和其他民权团体在全国范围内持续开展运动，倡导建立学校图书馆。例如，公平教育机构就在2010年发起了“一校，一馆，一馆长”运动。尽管现有的社会倡议和活动多种多样，但我们仍需执行长期性方案来推动图书馆工作人员对校图书馆进行有效管理，然而这一需求至今未能引起研究人员和公众的足够重视。

为了解决“学校改进计划”（SII）伙伴学校文化水平较低的问题，教师和校长认为应优先建立学校图书馆[2]。为此，“学校改进计划”与开普敦大学（UCT）的图书馆和信息研究中心（LISC）以及开普敦的非营利组织 The Bookery 合作，于2013—2016 年在4 所伙伴学校内建立图书馆（Silbert & Bitso 2015）。

“学校改进计划”中图书馆扶持计划的实行背景

在建立新图书馆之前，每所学校都任命了一名专职馆员来管理图书馆。尽管学校基于面试标准甄选了适合该职位的人员，但他们都没有经过正式的图书馆培训或获得资格证书[3]（Silbert & Bitso 2015）。为了解决这一问题，The Bookery 为馆员们提供了一系列培训课程，由西开普敦大学（UWC）教师进行授课，目的在于帮助他们发展为建立新图书馆所需的基本管理技能。除了基本的培训外，“学校改进计划”每月还会举行一对一会议，针对西开普敦大学的培训内容对助理馆员进行指导并给予支持，比如如何制定图书馆政策、建立图书馆委员会以及在图书馆安装监控设备。这些支持举措涉及以下技术问题：

- “Lib Win”系统（南非学校使用的图书馆管理系统软件）；
- 图书选择和获取；
- 文献编目与分类；
- 图书借还管理。

在这些更具技术性的问题上，The Bookery 的支持人员发挥了关键作用。

2014 年底，在实施了为期两年的个性化图书馆扶持干预后，“学校改进计划”和 The Bookery 深度评估了这项扶持计划。鉴于所有伙伴学校内的助理馆员都有相同的发展需求，以上两个组织决定取消个人培训，而在馆员实践共同体中的月度工作会议上为他们提供更有效的支持。这两个组织在与馆员们讨论后决定将其划分为地理集群，他们一致同意与同事分享最佳实践，并建立协作共治的伙伴关系。

新的实践共同体[4]于2015年1月作为试点在新成立的“学校改进计划”集群中推行，这标志着扶持干预方式发生了重大转变，从2013年和2014年向馆员提供的个人帮助转为建立更加协作持续的伙伴关系。助理馆员通过参与西开普大学的职前培训得以发展，在此基础上，他们有能力在各自的图书馆进行新的实践，开展创新性图书馆教学课程。在资源匮乏、班级规模庞大以及馆员缺乏正式上岗资质等现有挑战下，这一点尤为重要。西尔伯特和比索（Silbert & Bitso 2015）认为，要应对以上挑战，需要制定多层级的支持策略来帮助助理馆员建立功能性图书馆，同时助理馆员之间也要协作并分享最佳实践。

西尔伯特和比索在2015年的研究中将修改后的援建策略概述为一种多层级支持模型，它旨在创建一个活跃的“学校改进计划”的图书馆助理馆员实践共同体。多层级支持模型的长期目标是拓展伙伴学校的图书馆助理馆员与西开普省The Bookery的其他馆员的技巧与技能[5]。

“学校改进计划”团队和The Bookery的助理馆员都将按地理集群进行划分。“学校改进计划”团队指的是合作伙伴支持团队（“学校改进计划”项目经理、The Bookery的图书馆项目经理、图书馆和信息研究中心高级教职员）、五名“学校改进计划”伙伴学校的图书馆助理馆员（其中四座图书馆通过“学校改进计划”建立而成，其余一座图书馆在合作开始之前已建成）以及一名The Bookery的馆员（不是“学校改进计划”伙伴学校的工作人员，但在附近学校工作）。

2015年12月再次举行了讨论会，与会人员包括“学校改进计划”图书馆助理馆员和伙伴关系支持团队。会议确定，2016年“学校改进计划”分组会议的重点不再是限制性程序问题，而是更具体验性的参与形式。因此，2016年团队支持会议的两个重点内容是：第一，开发更有活力、更具创造性的方法以供图书馆馆员在其课程中使用；第二，增强馆员信息素养等方面的能力。经所有参与方同意，针对上述两个问题，将使用微格教学在“学校改进计划”团队中进行试点试验。

本章将介绍这一新修改的图书馆支持措施的实施流程和进展，其中包含以下两个重点：第一，描述利用微格教学发展机制来提升图书馆助理馆员能力的过程；第二，讨论微格教学在将图书馆支持模型的使用者从第一集群人员扩展到第二集群助理馆员的有效性。基于持续性、相关性支持战略的需求，本研究旨在推动图书馆助理馆员的成长和发展，建立功能完善的学校图书馆。为此，我们提出以下问题：

（1）在提高图书馆助理馆员的能力方面，微格教学为“学校改进计划”与 The Bookery 合作的图书馆扶持计划带来了多少价值？

（2）微格教学如何将扶持范围从“学校改进计划”图书馆扩展到 The Bookery 图书馆？

本章结构如下：首先简要论述学校图书馆和信息素养的重要性，其次介绍微格教学的相关文献，以及其如何提高本研究中涉及的图书馆助理馆员的工作能力，再次概述研究的方法论，展示数据，最后得出相关结论。

学校图书馆和信息素养

考虑到大多数乡镇学校没有图书馆，而有图书馆的学校也没有管理人员，因此我们主张让经过培训的图书馆助理馆员来管理学校图书馆（Silbert & Bitso 2015），这样可以丰富图书馆的功能，在整个学校营造阅读文化氛围。我们承认，在社会经济地位较低的学校，由于助理馆员没有接受过任何正式的教学指导或图书馆信息科学的正规培训，“助理馆员即老师”的理念难以实现。但是，图书馆助理馆员在支持学生阅读、提高他们在课程中的读写能力以及提升信息素养方面非常重要。我们认为学校不能继续忽略图书馆助理馆员在提高学生文化水平方面的作用。

美国图书馆协会（ALA 1989）认为，具备信息素养的人可以识别何时需要信息，还能够有效检索、评估以及使用所需信息（Paton-Ash & Wilmot 2013：141）。提高信息素养的评估标准与在学校建立图书馆这一基本规范和标准密不可分。下列规定可以说明这一点：

1996 年《南非学校法》；由南非艺术和文化部、国家图书馆与图书馆和信息研究中心制定的《图书馆与信息服务转型纲领》（DAC 2014）；国际图书馆协会联合会（IDLA）及联合国教科文组织[6]制定的《学校图书馆宣言》（1999）。

《图书馆与信息服务转型纲领》承认政府为每所学校提供图书馆是极其困难的，因此建议探索多种模式来提供图书馆、信息服务以及信息资源共享服务——例如建立学校图书馆地理集群管理系统。

《图书馆与信息服务的转型纲领》中对于建立学校图书馆的规定基于以下假设：

首先，学生可享用有序化组织的信息资源和学习资料，这一点是课程学习的前提；

其次，经证实，学生通过广泛地开展课外阅读而培养的阅读能力对其学习成绩和学习能力有积极作用（Silbert & Bitso 2015）；

最后，图书馆是学生在校和课余期间提升文化水平和社会价值的安全空间。众所周知，运行良好的学校图书馆在培养学生信息素养方面起决定性作用，可以帮助他们进行批判性思考并参与有意义的社会活动。

虽然从未使用过学校图书馆或公共图书馆的学生也可以顺利完成基础教育，但有大量研究表明，学校图书馆有可能对提高语言能力、读写能力、理解能力和学生的全面发展都会产生积极影响（Hart 2013；Kuhlthau 2010；Owate & Iroha 2013）。图书馆在推进实现基础教育目标所需的关键素养培育过程中至关重要；"在学校教育系统中，它也是学生阅读能力培养环境中的重要部分"（Tiemensma 2006：14）。此外，学校图书馆对推进"扫盲、教育、信息、经济、社会和文化发展等长期战略来说都举足轻重"（IFLA & UNESCO 1999：1）。在信息时代，图书馆是学校的重要组成部分，学校图书馆工作人员能够帮助学生通过多种资源和交流渠道进行学习（Kuhlthau 2010）。然而，南非学校面临的一个重大挑战是，具备高等学历的馆员太少（Paton-Ash & Wilmot 2013）。此外，在南非，人们对图书馆和图书馆工作人员扮演的"变革和发展主体"角色普遍缺乏认识（Paton-Ash & Wilmot 2013：135）。

近期的文献表明，加强助理馆员对基本教学法原理的理解，可以丰富学生在图书馆的体验。这暗示着在南非资源更丰富的学校中，助理馆员能够提供书目指导、图书馆使用指导以及信息素养培训，但他们通常很少或几乎不了解教学法以及系统的授课方法（Deissler et al. 2015；Moreillon et al. 2014）。目前在入职培训中加入教育学和基础课程设计法与授课法的内容，能够逐渐解决图书馆和信息研究中心内部教学能力不足的问题。图书馆与信息服务（LIS）课程逐渐发展为更有效的教学实践，这表明人们也逐渐认识到图书馆助理馆员也具有教师的作用，但在南非的公立学校仍未实现这种课程转变。

随着技术的不断进步和信息格局的演变，正规部门出台了新的信息素养评估标准。其核心是识别信息需求的能力以及通过多种资源来寻找信息以满足此需求的能力。为实现这两点，需要具备批判性思维，根据信息需求的性质评估信息源的相关性，并对此做出判断（Hughes et al. 2006）。

如本章所述，微格教学可以作为一种工具来帮助图书馆助理馆员丰富自己的授课质量，也可以作为一种机制来提升馆员以及学生的信息素养。

微格教学作为教师教育的一项发展策略：文献综述

数十年来，南非和其他地区都采用微格教学来发展各级教师教育（参见 Amobi 2005；Bell 2007；Davids 2016；Higgins & Nicholl 2003），它强调在不受影响的模拟环境中加强教学实践，是一种有效的职前教师培训策略。

20 世纪 60 年代初，微格教学策略分为六个阶段：规划、教学、观察、再规划、再教学和再观察（Amobi 2005；Brown 1975：15；Higgins & Nicholl 2003；Otsupius 2014）。之后，北爱尔兰阿尔斯特大学的研究人员将该教学模型调整为三阶段循环（规划、教学和观察）。这种教学策略通常使用视频记录教学过程，之后回放给教师观看，便于他们进行反思和反馈（Jacques 2000；Quinn 2000）。发展批判性反思和意识是微格教学的关键（Amobi 2005）。有关教师教育的研究表明，许多教师的教学实践都在重复自己受教育的经历（CHE 2010；Hall et al. 2008）。在西尔伯特和费尔贝克的研究（第十三章）中，指导教师们谈到了各自老师的教学实践给自己留下的深刻印象，以及这种经历如何影响他们对实习教师的教学和指导。西尔伯特和费尔贝克在研究中的所有例证指出，指导教师并没有鼓励实习教师进行批判性反思，因为他们在自己的教学实习期间也并未进行过这类反思。

自我反思行动在教学中的重要性表明，图书馆助理馆员也需要发展这项能力，来增加他们的授课价值，加强与学生的互动。在希金斯和尼科尔对使用微格教学作为教学策略的研究中（Higgins & Nicholl 2003），他们强调实习教师需要通过体验式学习来增强自我意识和批判性反思能力，发展自己的课堂教学能力。

科尔布（Kolb 1984：41）将体验式学习定义为“通过经验转化来创造

知识的过程。其中，知识源于对经验的理解和升华”。体验式学习是一个不断适应自身环境的过程，并不断受到经验、对经验的反思以及重复得到信息的启发。在这项研究中，体验式学习融合了批判性思维与信息素养，为了成为一个具备信息素养的人，必须能在信息寻求过程中进行批判性思考。微格教学是体验式的，并且能够通过反思获取信息，所以我们认为它是发展教学实践和提升信息素养的重要技术。

在本章的研究中，微格教学是指图书馆馆员采用的一种教学发展机制，使他们能在模拟课堂中对同行进行授课，交流课程规划和授课经验，发展创新性的方法以及增强信息素养和培养批判性反思等能力。我们希望图书馆助理馆员了解如何通过给予学生适当的指导来分享知识，因此发展图书馆助理馆员的基本教学技能十分关键。

在“学校改进计划”伙伴学校中引入微格教学法协助图书馆助理馆员

除了管理学校图书馆外，助理馆员还要向各年级学生提供与课程相关的图书馆课程，帮助他们了解掌握不同的信息源。但是，由于没有经过正规的教师技能培训，对于如何管理学生以及如何运用基本教学技能和技巧来提高不同年龄学生的阅读技能，助理馆员往往不知所措。2016 年初，“学校改进计划”伙伴学校将微格教学法引入每月的集群会议。如前所述，微格教学有助于培养助理馆员应对日常工作的能力，特别是教授图书馆课程的能力。

同时，以各集群的微格教学实践为基础，The Bookery 的支持团队对其他两个地理集群实施了类似的支持措施。虽然这两个地理集群不是初始试点，也不是研究试点，但“学校改进计划”和 The Bookery 依然定期举行会议，共同构思支持方案，并确保在三个集群中实施的支持措施是一致的。

经图书馆助理馆员和伙伴支持团队同意，微格教学将在“学校改进计划”月度集群会议上作为一种支持策略试行。每位助理馆员都要选定一个日期来展示自己的微格教学课[7]，他们需要根据特定的主题[8]或教材来确定具体的课程，或者还可以从自己过去的授课经历中选择他们认为成功的示范课，自行收集微格课所需的材料或资源。微格课的教学对象是小学或中学学生，故此，做展示的助理馆员应在课程开始时告知其他馆员（以下简称为“参与人员”）该课程所属的年级。

每节微格课时长为45分钟，其中15—20分钟用于课程展示。完整的课程内容应包括导入、讲解和总结（Higgins & Nicholl 2003），剩余25分钟留作课后讨论、思考和反馈。虽然本章之前提到可用视频录制微格课，但在本试验中并未采用这种方式，这是因为助理馆员缺乏教学经验和培训，录制模式会给他们造成“视频冲击”（Higgins & Nicholl 2003：226），而口头反馈的冲击性较小，更适合他们进行反思和评估。

微格课的目的是在一定时限内尽可能真实地反映课堂效果（Minton 2005）。在展示者进行微格教学时，其余“参与人员”则在课堂上模拟学生，观察上课情况，并在课后提供建设性的反馈。他们的反馈概述如下：

与戴维兹（Davids 2016）、希金斯和尼科尔（Higgins & Nicholl 2003）等人的研究一致，对初始目标和成果的明确程度会影响微格教学的有效性。本研究中使用的微格教学包含如下成果：

- 提高授课效果；
- 开发创造性的课堂互动方法；
- 改进课程计划和课堂实践；
- 培养教师课堂教学自信心；
- 增强教师的观察能力；
- 提高教师进修建设性反馈和反思的能力；
- 提高教师的倾听能力；
- 培养教师的信息素养技能。

这些成果反映了该研究的总体目标：促进图书馆助理馆员的成长和发展，从而建立功能齐全的学校图书馆。根据实践数据显示，在以上成果中，最主要的成果是改善课程计划和授课方式、树立教师信心、发展创造性的方法并增强教师信息素养和批判性反思等能力。按照希金斯和尼科尔（Higgins & Nicholl 2003）的建议，应在课程开始之前向图书馆助理馆员介绍微格教学的过程，并讨论商定可使他们实现上述成果和目标的一套书面指导方案。

此外，在微格课开始之前，伙伴关系支持团队举行了一个小时的研讨会，重点讨论提供和接受建设性反馈的有效方法。正如希金斯和尼科尔（Higgins & Nicholl 2003）所述，这是确保有效进行微格教学的关键因素。每节微格课后都会进行以下三阶段的流程。

第一阶段（10 分钟），演示者首先反思自己的微格课，（从自己的角度）评价效果很好以及不足的地方，之后要回答以下针对信息素养的问题：

- 如何确定该课程主题的必要性？主题如何切合重点展示的内容并与之相关联？
- 在论述主题的必要性时采取了哪些步骤（该主题是否为学期计划的一部分）？
- 准备阶段使用了哪些资源？原因是什么？
- 如何注明所使用资源的出处？

我们对信息素养的关注表明它是保证学校图书馆有效性和可持续性的关键因素，也是助理馆员和学生在批判地处理信息方面的核心能力。因此，上述问题的目的是在信息素养框架内确定微格教学模式，有助于确定讨论范围，并创建一致连贯的微格课程方法。

第二阶段（5 分钟），参与人员（包括伙伴关系支持人员）两两讨论交流，确定以下问题：

- 该微格课程的三个优点；
- 具有挑战性或难以理解的两个方面；
- 课程中未能解释清楚的一个问题。

第三阶段（10 分钟），由每个讨论组中的一位参与人员向大家展示讨论结果，不能重复其他组的观点。讨论的重点是给予肯定性、批判性和建设性的反馈。伙伴关系支持人员中会有一名专业老师对教学方面的问题提供专业性的反馈。阿莫比（Amobi 2005）、希金斯和尼科尔（Higgins & Nicholl 2003）等人认为具有教学经验的老师提供的反馈十分重要，他们能“为课堂环境中可能出现的意外情况提供建议和应对措施”（Higgins & Nicholl 2003：225 ）。

研究方法

本研究采用定性方法，通过探讨如何在实践共同体中培养图书馆助理馆员的工作技巧和能力，以此探索微格教学法的效果。此外，我们还研究了如何通过微格教学来扩大教学支持，使另外 12 位助理馆员有能力组成第二个地理集群。数据的收集方式如表 9.1 所示。

在第一个（“学校改进计划”）集群中，参与人员在 2016 年 1 月至 2017 年 4 月的月度例行集群会议中学习了微格教学，共旁听 9 节微格课。如前所述，微格教学的引入标志着该集群为“学校改进计划”图书馆助理馆员提供的支持类型发生了变化。

从 2017 年 1 月至 2017 年 4 月，第二个地理集群的图书馆助理馆员举行会议来学习相关课程。与之前 The Bookery 举行的程序性会议相比，这是一种全新的支持措施。两个集群的数据无法同时收集，原因在于其引入时间不同：微格教学于 2016 年 1 月至 2016[9]年 11 月在“学校改进计划”集群中首次试用，之后在 2017 年 1 月引入至第二个集群。

第二集群助理馆员旁听图书馆课程的目的是探索微格教学作为一种有效的支持机制对他们的教学实践所产生的作用，这也说明微格教学在多层级支持模型中的使用范围可以有效从第一集群扩展至第二集群。同时，两名观察员（伙伴关系支持团队的成员）旁听了第二集群助理馆员讲授的 5 节不同的图书馆课程。

根据此前确定的旁听笔记模板，观察员在旁听时记录现场笔记，在课后与助理馆员进行讨论。在此之后，两名伙伴关系支持人员分别对助理馆员进行访谈。

本研究从旁听、访谈和焦点小组座谈这三种角度进行调研，不仅可以强化数据的深度和丰富性，同时还可以提高数据的有效性（Stemler 2001）。这种三管齐下的方法还意味着通过“各种形式呈现数据的方式可以增加可靠性”（Brown & Dowling 1998：143）。但是，我们承认，伙伴关系支持团队和图书馆助理馆员之间的动态人际关系会影响数据有效性（就访谈和旁听而言）。意识到这方面的动态变化及其对访谈造成的影响“对于访谈内容的有效性至关重要”（Maxwell 1992：295）。为解决这一问题，我们要求图书馆伙伴团队的两名成员来参与旁听和访谈，他们熟悉研究背景，也了解微格教学的目标。这一要求的目的是通过比较旁听记录来确保客观性更强。路易斯（Lewis 2009）指出，这种做法能最大限度地提高数据的可靠性。之后，我们记录并转写所有访谈和焦点小组座谈的内容，并根据重复出现的主题进行数据分析。

表 9.1　**数据总结**

数据收集方法	第一集群 6 位馆员（“学校改进计划”）	第二集群馆员（The Bookery）
对图书馆助理馆员的个人访谈		5
集群内的焦点小组座谈	1	1
在月度集群会议中旁听微格课	9	5
旁听真实的图书馆课程		5

资料来源：笔者汇编。

在助理馆员的个人访谈和集群的焦点小组座谈中问到了以下问题：

- 微格教学如何增加集群会议的价值？
- 微格教学为您的图书馆工作带来了哪些变化？
- 您从微格教学中学习到了哪些方法并付诸课程实践？
- 微格教学为您个人带来了哪些变化？

共有 18 名图书馆助理馆员（1 名男性和 17 名女性）参加了这项研究，包括第一集群的 6 名助理馆员和第二集群的 12 名助理馆员。第一集群的 6 位在每月集群会议上旁听 9 节微格课，第二集群则旁听 5 节微格课和 5 节学校图书馆的真实课程，之后对所有 18 位助理馆员进行个人访谈。分别在每个集群内进行一次焦点小组座谈。

道德伦理考量

参与者在研究开始之前已充分了解研究内容，并且始终自愿参与。所有表示自愿参与研究的人员都签署了同意书，了解研究过程将包括旁听课程、个人访谈和焦点小组座谈。研究中使用化名来保证图书馆馆员的隐私。本书出版前，参与研究的图书馆馆员和伙伴关系支持团队已阅读全文并同意出版。

讨论

以下讨论基于访谈、旁听和焦点小组座谈收集而来的数据。所有数据分为两个相互关联且保持一致的子主题，均与总主题——改进教学实践有关。

子主题 1：通过交流意见和建立自信来改进实践

在“学校改进计划”集群中，参与人员旁听微格课共计九次，这些课程在 2016—2017 年期间每月举行一次。在 2016 年年底举行的焦点小组座谈中，在参与研究的 6 名助理馆员中，每位都反思了微格教学法在多大程度上能使他们通过交流意见来改进自己的实践。其中馆员布勒瓦[10]详细描述了这一点：

> 对我来说，（微格教学）确实有效果。有时我会认为自己的做法是正确的，但是在与其他人交谈后才会了解自己的不足，对自己认为正确的方法也有了新的认识。发现不足之处后，我可以知道如何改进，并且还会想出不同的处理方式。

布勒瓦表示，尽管她认为自己在“进行正确的教学实践”，但她通过同行的建设性反馈来反思自己的课程，意识到了自己在某些方面可以取得进步。这反映出微格教学可用于培养自我意识，促进批判性反思，也能扩大实践范围（Higgins & Nicholl 2003）。

法姆扎同样表示：

（通过微格教学法）你会了解到自己想做什么。我记得滕比之前似乎是在有关“遗产日”的主题课程上表现得与众不同，我喜欢他的想法，把它记了下来。然后我想，今年我也要这样做。

诺姆武约说自己从塔米那里学到了一个做法。塔米之前采用辩论的形式（在她的微格课程中）来让学生思考某个特定的课堂主题。在下面的采访摘录中，她跟塔米说道：

我学习了你的（做法）……并在图书馆课程中进行展示。你还记得在课上将我们分为几个小组进行辩论吗？我在图书馆课程上也使用了这种做法。

同样，法姆扎表示自己在复活节主题的课程上借用了布勒瓦的做法：

我在学习她的做法，学习她的所有步骤……我已经准备好教材了……

除了相互借鉴外，更重要的是，助理馆员还被鼓励批判性地反思自己想要采用的方法有何优点以及这些方法为什么适用于自己的图书馆。

所有助理馆员介绍的对于改进实践的方法都涉及同一种方式，即通过引入更具交互性和创造性的新思想来使学生更积极地参与课堂。在回答“微格教学为课程带来了哪些不同之处”的问题时，帕姆说道：

嗯……关于互动的不同之处……与学生们的互动方式通常只是我讲课……只有我自己！我提出问题，他们回答。但是……我想与他们互动，并让每个人都参与其中。为此，我尝试了新方法：我们表演戏剧，盛装打扮，还用了戏剧道具。

与帕姆一样，在个人采访和焦点小组座谈时，大多数助理馆员已经开始尝试新的想法。塔米通过旁听同行的微格课意识到了互动和创造力的影响，并打算在教学时就采用这样的做法[11]（如下）：

我打算加强和学生的互动，让他们多做一些回应，而不是我站在那里朗读课文，或者只是自己在讲，要让他们自己查找信息，自己动手……

如前所述，学生们正是通过塔米提议的方式来查找信息，从而掌握信息素养技能。塔米采用的这种更具互动性的方法是实现师生互动的关键。

布勒瓦解释说，她之前只是简单地为学生朗读课文，再让大家一起大声朗读，但通过微格教学，她开始尝试更有创意的新想法：

起初我在图书馆里做的工作一直是给学生读课文，或者让他们阅读课文，之后再一起讨论课堂内容，但现在我尝试通过玩游戏将课堂变得更有趣……

第二集群图书馆助理馆员的实践改进效果在观察员的课堂旁听过程中得到了验证。旁听（展示了微格课程后的）助理馆员上课时，观察员明显发现他们认真考虑了同行提出的反馈意见，并据此对课程进行了相应的修改。这种改进并发展方法论的能力表明了他们能够对自己进行良好反思，这一进步令人鼓舞。但是，我们几乎没有从数据中发现任何批判性思维的迹象。助理馆员能够将更有创意的新想法付诸实践，这与他们的个人发展，特别是与自信心的增强有关，然而他们很难对彼此的微格课堂进行批判性反思。如前所述，这可能是因为图书馆助理馆员在之前的学习经历中对批判性思维的了解有限，同时缺乏教学经验所致。

但是，两个集群中的很多助理馆员都谈道，微格教学帮助自己提高了自信心。这一事实强调了希金斯和尼科尔（Higgins & Nicholl 2003）、明顿（Minton 2005）和纳瓦克兹等人（Nwanekezi et al. 2011）的论点，他们发现助理馆员信心的增强与学生接受微格教学的效果有直接关系。诺姆武约解释说，她把自己的成长归功于她在图书馆课程中实践的创新性思想，并以自己为例来鼓励实习馆员以类似的方式进行实践：

我自己的变化？……我在这里学到了管理大容量班级的创新性方法，因此更有信心管理他们。我带的实习生[12]就像个调皮的男孩，但我也正在努力培养他……大多时间，他都不与人来往，我试图帮他走出自己的圈子，毕竟我……也是从实习生开始不断成长的。

随着馆员的信心逐渐增强，他们开始了“冒险”（Higgins & Nicholl 2003：221），对从微格教学中获得的新想法进行实验，这使得课堂内容和授课方式更加充满活力和变化。法姆扎反思了她与小学生的互动：

> 我用了更具创造性的方法——和他们一起坐在地板上。我像他们那样叠着脚坐着讲课，感觉“会非常有趣”！

馆员纳泽马（第二集群）同样表示，随着自信心的增强，她在图书馆课程中引入了创新性的做法。与早期单纯读课文的方式相比，她认为新方式让学生更加投入和专注了，她说：

> 例如，上学期，学生们必须打扮成自己喜欢的角色，老师也一样。他们脱掉鞋子，只穿着袜子，而我画着小胡子，大家都打扮得十分有趣……让人非常兴奋。我的信心正在增强，这种自信前所未有。之前我总是很紧张，学生们也会因此变得紧张起来，这样会影响他们的课堂行为。

纳泽马提到，在学习微格教学之前，她在上课时总会紧张，这对课程也产生了负面影响。但现在，与其他同行一样，她的自信心不断增强，能够尝试新想法并更积极地与学生互动。

子主题 2：通过提高规划组织能力来改进实践

所有助理馆员都报告说，他们规划组织能力的提高与信心和创造力的增强有直接关系（Davids 2016；Higgins & Nicholl 2003）。布勒瓦反映：

> 我一直觉得自己毫无组织力。我不做计划，只是踏踏实实地做眼下的事情，比如突然想出一个主意时，我会写下来记住它，之后开始收集所有相关信息……而现在，我对课堂内容做了规划，这样就会知

道某天某时要做什么，所以我开始做计划……学生们也觉得我比以前更加自信。

同样，塔米也表示：

现在的我更有条理，就像布勒瓦所说的那样，如果我有一个好主意，比如要在课上玩拼图，我想的不仅是拼图，还有其他问题：我希望他们从拼图中学到什么？如果学生想读课文，我会思考除阅读之外的其他问题，比如阅读活动的教学结果是什么……根据这种思维模式，每节课都需要配备相应的资源、方法和结果。我也有教学计划……我变得更有条理了。在图书馆开始工作的那段时间，我有第一周、第二周、第三周的计划。即使找不到我，其他人也可以阅读我的计划，了解我之后要做什么。

如上所述，助理馆员的规划组织能力与教学目的和意图密切相关。馆员坦迪（第一集群）也表示她在规划组织方面的技能有所提高，并认为这与顺序性、结构性和条理性有关：

我正在做规划、做整理，我把一切都安排好了。之前我的图书馆中没有存储档案，现在我整理出了一些……“学校改进计划”档案、The Bookery 档案、学校档案、图书馆委员会文件，等等。

馆员埃斯梅（第二集群）注意到她的一位同行没有为自己的微格课做好充分的准备，在接受采访时发表了她对规划重要性的看法。为此，她在5年级图书馆课程中安排了一项活动，让5年级的学生协助她规划3年级的课程：

昨天我让学生们帮我备课。他们图书馆课上的活动是制作和绘制海报。我在前一天做了相关准备，还去找了校长，她给了我一些很好的点子，在如何讲授课程方面我也寻求了她的指导。

馆员们对微格教学法的总体反馈是积极的，但他们也表示，微格教学也带来了挑战。诺姆武约说，微格教学引起了她的焦虑：

> （微格教学）给我带来的压力很大，因为我没办法在别人面前公开讲话。

正如希金斯和尼科尔（Higgins & Nicholl 2003）所建议的那样，一旦微格课开始进行，焦虑的情绪似乎很快就会消失。诺姆武约讲述了自己的经历：

> 到后来，我不得不从自己的圈子里走出来，因为……（微格教学）教我如何进行课程展示，我也从中也学到了很多东西……产生了很多想法。

对于压力问题，法姆扎谈到建设性反馈和批判性反思带来的好处（参见 Amobi 2005；Davids 2016；Higgins & Nicholl 2003；Otsupius 2014），并承认微格教学在这些方面让她体验到了良好的压力：

> 对我来说，这种压力很好，因为我要向大家展示自己在图书馆里做了什么。有时候我会觉得自己的做法不对，不确定应该做什么事情，但是我可以通过课程展示来获得建议，这能帮助我做得更好……那么我的图书馆工作也可以做得更好。

结论

在本章中，我们介绍了几年以来大学与中小学合作伙伴关系为图书馆助理馆员提供的支持方案，这一基于伙伴关系的计划从一开始就侧重于建设功能性学校图书馆。在引入微格教学法之前，我们需要优先解决一系列事项，其中许多是程序性和技术性的（Silbert & Bitso 2015）。除了关注计划最初设定的重点外，我们还认为，建设功能性学校图书馆要求助理馆员具备技术和程序方面广泛的多层级能力。批判性思维、反思、信心和信息素养代表了一系列进阶能力，可以用于强化助理馆员的知识，培养他们的能力和专业素养，从而推动校图书馆的有效管理。

本研究中的助理馆员们没有接受过正式培训，因此我们引入微格教学法来发展他们的技能，帮助他们开发出更具创新性和互动性的动态方法。正如研究数据所示，在授课和与学生互动方面，他们更加自信，相应的教学能力也得到了增强。

微格教学法还带来了一个意料之外的结果，即促使助理馆员非常积极地参与集群会议。他们在这种安全的空间中交流意见，彼此学习，从而更有信心去尝试创造性的方法。这使他们能够在图书馆课程中萌发出一套用于讲授课程和调整课程的点子库，同时增强自己以及学生的信息素养。尽管他们对彼此的实践进行了反思，但数据中没有明确反映出他们对自己的实践也进行了批判性的反思，因此需要更加集中地针对批判性反思能力的培养来实施持续性的支持措施。

除了认识到需要在日后解决批判性思考的匮乏问题，本研究还说明微格教学是一种支持图书馆助理馆员工作的有效策略，不仅为馆员们提供了建立自信、培养创造力和自我意识，以及提高规划组织能力的机会，还提高了他们参与月度工作会议的积极性。大多数人在访谈中表示他们在会议中的参与程度有所提高，这表明他们变得更加专注。法姆扎说：

> 我听了很多（想法）。如果有人在做展示，我就会注意听……我听到了布勒瓦和塔米的做法，我想我可以将这两个想法结合起来使用……

埃斯梅说，微格教学为集群会议带来了生机，他们开始期待在每个月上彼此的课程展示。

本研究中对试点学校使用的微格教学法在发展能力和技能以及激发乐趣和创造力方面十分有效。此外，本研究表明微格教学在与正在实施的扶持计划相结合使用时效果明显，这与戴维兹（Davids 2016）的观点相同。该研究进行了长达 4 年零 6 个月的干预，在此期间，图书馆助理馆员（以及伙伴关系支持人员）相互了解，建立信任和合作；虽然这为微格教学提供了理想的实施环境，但我们也认为，微格教学是进一步建立信任和培养信心的理想途径。本研究侧重于探讨两个集群的助理馆员之间相互学习、支持和协作的关系，这一关注点为研究提供了数据基础，也借助基于伙伴关系的支持模式而得以利用。援引一位馆员的话：

就像我们所有人在不同的岛上生活……只有将大家聚在一起，这些岛屿才会拉近距离。这样看来，如果大家可以聚在一起，我们就可以向他人学习，这种感觉非常好，因为自己学习了他人的工作方法，可以提高能力，也不会感到孤单，这就是我的感受。

致谢

感谢开普敦大学2016届图书馆与信息学专业研究生彭尼·戴尔，感谢她在访谈和课程旁听方面提供的帮助，感谢她的付出和为我们提供的专业知识。

感谢 The Bookery 项目经理科斯莫斯·马贝亚，感谢 The Bookery 团队与“学校改进计划”合作，在伙伴学校中建立图书馆，并共同努力支持图书馆馆员的工作。

注释

1. SACMEQ 指南非与东非教育质量监测联盟（检测6年级学生算术和读写能力）。

2. 第五所伙伴学校在2012年大学与中小学合作伙伴关系开始之前建立了图书馆

3. 因此，称他们为“图书馆助理馆员”而非“图书管理员”。

4. “实践共同体”一词由西尔伯特和比索（Silbert & Bitso 2015）定义。(另请参阅由维利和西尔伯特编写的第七章。)

5. 在撰写本章时，西开普省有24名 The Bookery 助理馆员，分为三个集群。本章提到的第二集群中有12名助理馆员。

6. 国际图书馆协会联合。

7. 以下简称“微格课”。

8. 主题依公共假日以及阅读相关的国家或国际活动而定，也基于不同年级的课程内容而定。每年年底谁会为下一年做准备而制订年度计划，确定主题是其中的一项工作。主题包括世界人权日、自由日、国际妇女节、遗产日、劳动节、青年节、世界朗读日。

9. 在 2016 年 11 月初步试点结束后，继续使用原始集群中采用的微格教学策略。

10. 数据中涉及的所有名字均为化名。

11. 2017 年初，塔米被安排在一所“学校改进计划”伙伴学校学习，在焦点小组座谈进行之时，她尚未开始进行课堂教学。

12. “西开普省总理青年进步计划”（PAY）要求图书馆实习生在 2016 年和 2017 年选择一所学校图书馆实习一年。The Bookery 和西开普省政府之间的这种合作为之后录取的新生提供了就业机会。图书馆实习生的任务是协助管理和完成其他基本的图书馆任务。

参考文献

Aktan H（2010）*Libraries：A step toward better education in South Africa*. Accessed April 2017，https：//www：opensocietyfbundations. org/voices/libraries ~ step – toward – better – education – south – africa.

American Library Association（1989）A progress report on information literacy：An update on the American Library Association presidential committee on information literacy final report for the Association of College and Research Libraries. Accessed March 2017，http：// ala. org/acrl/publications/whitepapers/progressreport.

AmobiFA（2005）Preservice teachers' reflectivity on the sequence and consequences of teaching actions in a microteaching experience. *Teacher Education Quarterly*. 32（1）：115 – 130.

Bell N D（2007）Microteaching：What is it that is going on here? *Linguistics and Education*. 18（1）：24 – 40.

Brown G（1975）*Microteaching：A programme of teaching skills*. London：Metheun.

Brown A & Dowling P（1998）*Doing research/reading research*. London：Palmer.

CHE（2010）*Report on the national review of academic and professional pro-*

grammes in education. HE Monitor No 11, August 2010. Auckland Parle Council on Higher Education, South Africa.

DAC (2009) *Library and irformation services (LIS) transformation charter.* July 2009. 6th draft. Department of Arts and Culture, South Africa. Accessed July 2018, http: //www. dac. gov. za/ sites/default/files/Transformation% 20charter – 6th% 20draft – 22102009. pdf.

DAC (2014) *Library and Information Services Transformation Charter.* Pretoria: Department of Arts and Culture, South Africa. Accessed June 2016, http:// wwwinlsa. auza/ Downloads_ 01/2014_ Final_ _ LIS_ Transfbrmation_ Charter. pdf.

Davids M N (2016) Student experiences of microteaching: Promoting reproductive or innovative learning? *South African Journal of Higher Education.* 30 (1): 106 – 122.

Deissler C H, Ding L, Neumann K L & Kopcha T J (2015) Professional learning networks to support school librarians' development of instructional technology expertise. *Tech Trends.* 59 (3): 27 – 40.

Equal Education (n. d.) *Libraries and The Bookery: One school, one library, one librarian.* Accessed May 2017, http: //old. equaleducation. org. za/campaigns/The Bookery – l/general_ research.

Hall K M, Draper R J, Smith L K & Bullough (Jr.) R V (2008) . More than a place to teach: Exploring the perceptions of the roles and responsibilities of mentor teachers. *Mentoring & Tutoring: Partnership in Learning.* 16 (3): 328 – 345.

Hart G (2013) How school libraries improve literacy: Some evidence from the trenches. *Mousaion.* 31 (1): 47 – 60.

Higgins A & Nicholl H (2003) The experiences of lecturers and students in the use of microteaching as a teaching strategy. *Nurse Education in Practice.* 3 (4): 220 – 227.

Hoskins R (2006) Training teacher-librarians in KwaZulu-Natal. *Innovation: Journal of Appropriate Librarianship and Information Work in Southern Africa.* 33: 59 – 75.

Hughes H, Bruce C & Edwards S L (2006) Fostering a reflective approach to online information use for learning. In Orr, Debbie, Nouwens, Fons, Macpherson,

Colin, Harreveld, R. E. (Bobby), & Danaher, Patrick Alan (Eds.) *4th International Lifelong Learning Conference. Lifelong learning: Partners, pathways, and pedagogies.* Rockhampton, Australia: Central Queensland University Press. Accessed March 2017, http://eprints. qut. edu. au/ archive/00004556.

IFLA/UNESCO (International Federation for Library Associations and Institutions/UNESCO) School library manifesto (1999) *The school library in teaching and learning for all.* Accessed March 2017, https://www. ifla. ofg/piiblicatioiis/iflaunesgschool – library – manifesto – 999.

Jacques D (2000) *Learning in groups: A handbook for improving group work.* London: Psychology Press.

Kolb D A (1984) *Experiential learning: Experience as the source of learning and development.* New Jersey: Prentice-Hall.

Kuhlthau C C (2010) Guided inquiry: School libraries in the 21st century. *School Libraries Worldwide.* 16 (1): 1 – 12.

Lewis J (2009) Redefining qualitative methods: Believability in the fifth moment. *International Journal of Qualitative Methods.* 8 (2): 1 – 14.

Maxwell J A (1992) Understanding and validity in qualitative research. *Harvard Educational Review.* 62 (3): 279 – 300.

Minton D (2005) *Teaching skills in further and adult education.* 3rd edition. London: MacMillan Press.

Moreillon J, Kimmel S & Gavigan K (2014) Educating pre-service school librarians for the instructional partner role: An exploration into university curricula. *School Library Research.* 17: 1 – 25.

Nwanekezi A U, Okoli N J & Mezieobi S A (2011) Attitude of student-teachers towards teaching practice in the University of Port Harcourt, Rivers State, Nigeria. *Journal of Emerging Trends in Educational Research and Policy Studies.* 2 (1): 41 – 46.

Otsupius I A (2014) Micro-teaching: A technique fbr effective teaching. *African Research Review.* 8 (4): 183 – 197.

Owate C N & Iroha O (2013) The availability and utilization of school library resources in some selected secondary schools (High School) in Rivers State. *Educational Research and Reviews.* 8 (16): 1449.

Paton-Ash M & Wilmot D（2013）The state of school libraries in South Africa. *Journal of Education.* 57：127－162.

Quinn F（2000）*Principles and practice of nurse education.* Cheltenham：Stanley Thornes.

Silbert P & Bitso C（2015）Towards functional school libraries：Supporting library assistants in under-resourced schools through a university-community-school partnership. *South African Journal of Libraries and Information Science.* 81（1）：53－62.

Spaull N（2013）*South Africds education crisis：The quality coeducation in South Africa 1994－2011.* Centre for Development & Enterprise. Accessed April 2017，http：//www：section27. org. za/wp－content/uploads/2013/10/Spaull－2013－CDE－report－South－Africas－Education－Crisis. pdf.

Stemler S（2001）An overview of content analysis. *Practical Assessment，Research & Evaluation.* 7（17）：1－10.

Tiemensma L（2006）School libraries in support of voluntary reading. *Innovation.* 33（1）：13－20.

UP（University of Pretoria）（2012）*Progress in international reading literacy study（PIRLS）2011：Media release.* Accessed June 2015，http：//wvw；up. ac. za/media/shared/Legacy/sitefiles/file/43/314/mediastatementpirls2011_ 101212. pdf.

Wessels N（2010）School libraries as a literacy intervention tool in primary schools：Action research in Atteridgeville. Masters thesis. University of South Africa.

第十章

建立大学与中小学合作伙伴关系：为家庭作业实践提供新型支持模式

罗尚·加尔万　帕蒂·西尔伯特

研究目的

自1994年以来，南非在改善教育水平方面取得了重大进展，但南非学生，尤其是极度贫困地区的学生能享受到的教育机会仍然有限（参见Bloch 2009；Fleisch 2008；Taylor 2007，2008，2011）。3年级和6年级的综合测试成绩、全国高中（12年级）学业水平考试成绩以及国际阅读素养进展研究（PIRLS）（Howie et al. 2012）等结果都表明改善受教育机会对减少教育成效不平等的作用甚微。大部分乡镇学校学生的成绩较差，少有人能获得高等教育的入学资格，从而加重了南非社会经济结构中的不平等现象（参见第二章）。这也是西尔伯特、克拉克和帕克在第一章中所说明的“学校改进计划”（SII）的实施原因。

“学校改进计划”旨在加强跨学科合作和社区参与式学习，来自各个学科的学生在该计划的伙伴学校中完成了服务学习，在本书多个章节中均有介绍。西尔伯特和加尔瓦斯的研究（第五章内容）介绍了职业治疗专业学生在实习期间如何在教育不平等地区促进学生的学习实践发展。本章以该研究为基础，从社区的角度出发，探索在特定的服务学习项目中，基于情境因素诞生的大学—中小学伙伴关系是如何影响伙伴学校的教学工作的。

本章的目的不在于评估服务学习的有效性，也不在于探讨大学生在服务学习的过程中如何进行自我学习，而是阐明服务学习如何推动中小学开展同伴作业辅导项目，并探讨该项目针对“学校改进计划”伙伴学校的需求而开发新实践的重要意义。

视角：将服务学习置于社会背景之中

如前所述，“学校改进计划”中的伙伴关系概念是指开普敦大学与目标中小学校以学校改进为核心目的而进行的合作关系（第一章、第七章）。本章以及其他各章所强调的伙伴关系的价值体现在学校层面，即为组织能力的建设提供支持，以实现学校整体性发展的核心目标。开普敦大学将服务学习的校本实践作为学生获取学术资质的一部分，促进他们从中受益。

服务学习是一种将有意义的社区服务与学术学习、个人成长、公民责任和职前准备联系起来的教学方法，同时它还能推动社区自助发展（参见 Krause 2007；Richards & Novak 2010；Stanton et al. 1999）。在参与“学校改进计划”的伙伴学校内，这种方法使大学生在应对学校挑战、满足教育需求的同时能进行多维度学习。从文化和政治的角度来看，服务学习的理念认为学习成果在过程中不断显现，肯定能为其他可能性创造条件（Butin 2010）。批判性服务学习要求大学生积极参与研究与历史、社会、经济和政治有关的问题，并尝试了解这些问题如何影响学生的日常生活。

“学校改进计划”伙伴学校提供的批判性服务学习被视作一种介入策略（Butin 2010），它为不同学科提供空间，用以打破传统的大学学科实践，并对科研、实践以及教学的传统方法进行重构。对于伙伴学校而言，这种服务学习通过建立互惠关系将专业教育与社区相连，打破了大学与社区之间的标准化权力关系（Krause 2007）。米切尔（Mitchell 2008）认为，建立以伙伴关系取代权力层级的交往关系是批判性服务学习的核心。因此，在该计划的伙伴学校中，服务学习是以相互伙伴关系为基础的一项长期合作模式，可以解决伙伴学校固有的社会和政治问题。

职业治疗专业的服务学习

职业治疗的最新发展重新定位了这一专业，更加关注社区发展实践中人的职业（参见第八章）（Lauckner et al. 2011）。这需要对职业治疗的社会响应进行研究，并“基于职业的社区发展运动”（ObCD）来契合实践发展。这项运动尝试解释并缓解日常工作的复杂性，同时考虑到社会背景对实践产生的影响。通过获得关于职业投入方式的共识，理解在学校背景下职业投入的局限性，参与者可共同设计实践流程，来挑战那些限制人们生活的霸权行为。

职业治疗专业学生在“学校改进计划”伙伴学校等机构进行服务学习是获取学位的要求之一。开普敦大学该专业的大四学生参加了为期七周的服务学习工作，这些实践符合相关课程的实践要求。基于情境因素的实践强调学生的主观性，让学生在特定时间和特定情景进行实践，满足当地的需求。包括伙伴学校师生在内的参与人员必须对此达成共识，才能实现服务学习的结果和目标（Duncan & Alsop 2006）。这些目标为大学生的服务学习提供了理论框架，但没有明确规定服务实践的具体内容。服务学习要求大学生批判性地研究话语、身份、能力和语言会如何影响伙伴学校的中小学学生及其学习过程。

同伴作业辅导项目：开展背景

校方担心 6 年级学生的读写和算术成绩远低于平均水平，因此推行了同伴作业辅导项目（参见第五章和第十一章）。教师发现情境障碍阻碍了学生完成家庭作业，从而对教学效果以及教师所倡导的规范的学习方法产生负面影响（Taylor 2008；Todd & Mason 2005）。近期，南非一项研究结果表明，经常做家庭作业的学生比不常做的学生的平均成绩要好（Taylor 2007，2008）。

但是，有学者质疑家庭作业与学习成绩提高之间的相关性和重要性（Kralovec & Buell 2000），而其他学者则关注如何提高家庭作业的质量（Bryan & Sullivan-Burstein 1998）。大多数研究认为家庭作业可以巩固学校的传统教学实践，前提是学生能在家长的帮助下，在家里自主完成家庭作业（Rudman 2014）。实例证明，同伴作业辅导项目对参与辅导的双方都有益（Kalkowski 1995），它可以促进跨学科的学业成功（Bowman-Perrot et al. 2013）。鲁德曼（Rudman 2014）认为需要注意布置家庭作业时话语的重要性（通过学术文献和课堂教学法来构建），还需注意家庭作业实践要考虑不同的文化背景。鲁德曼认为，研究个别学校的家庭作业实践可以获得一些经验，从而推动建立关于家庭作业的共同愿景。

因沙耶洛小学是推行作业辅导项目的试点小学，它面临的主要挑战是学生无法完成家庭作业，因为大多数父母缺乏必要的技能、足够的教育水平或实体空间等相关资源来辅导子女（Howie et al. 2012）。正如安德森等人（Anderson et al. 2001）所述，目前尚不清楚父母的教育水平与其子女受教育程度之间的关系是受何种机制驱动，但二者之间可能存在直接联系。这一观点可以通过不同方式得到证实，例如，可以研究父母能为孩子学习创设何种家庭环境，或者他们是否能积极辅导孩子完成家庭作业。

在 2013 年与“学校改进计划”建立合作伙伴关系的早期阶段，因沙耶洛小学的校长和老师就明确表示他们需要家长在学生完成作业方面给予帮助。许多老师认为不完成作业会严重影响教学质量。皮尔等人（Peel et al. 2002）强调，通过建立大学与中小学合作伙伴关系，教师面临的部分问题能够得以解决。

为了提高家庭作业的有效性，职业治疗专业的督导员和实习生一起构想了一个方案，建议由来自科技中心（COSAT——与之相邻的伙伴中学）的 11 年级学生为因沙耶洛小学的 6 年级学生提供家庭作业辅导。在为期两年的研究（2014 年和 2015 年）中，有 12 对职业治疗专业学生在为期 7 周的实习期间参加了干预活动。在同伴作业辅导活动中，11 年级学生要根据小学校方的相关要求对 6 年级学生进行辅导，而不是让职业治疗专业的大学生直接提供服务。

在由“学校改进计划”建立的大学与中小学合作伙伴关系中，同伴作业辅导项目的推行促使小学、中学和开普敦大学职业治疗学院三方形成伙伴关系，促进相互的合作与发展。由于在伙伴关系建立的过程中也建立了合作信任关系（参见第一章），“学校改进计划”对服务学习发挥着“锚”的作用。这种校际联合通过建立整合性的跨部门网络能够促进大学持续为学校改进做出贡献（Harkavy et al. 2013）。

调查方法

本研究采用定性的个案研究法，探讨职业治疗专业的服务学习如何通过同伴作业辅导项目来推动新型学习实践的开发。本研究旨在回答以下问题：在社会经济地位较低的学校中，批判性服务学习对强化中小学生的学习实践有何贡献？

在有确定边界的情况下（Stake 2008），我们对服务学习实践中的同伴作业辅导项目进行了概念化研究，探讨它如何促进学生的校内学习。通过明确各类人员在同伴作业辅导项目中发挥的直接作用，本研究对调查对象进行有目的的抽样，其中包括家庭作业委员会的所有 6 年级老师、辅导学生作业的中学生、6 年级学生以及在校内进行服务学习的 2014 级和 2015 级职业治疗专业的学生。

数据来源

数据来源多样（Stake 1995），包括以下几种。

- 针对 6 年级老师进行的访谈：对 5 位参与作业辅导活动的老师进行半结构性访谈。
- 针对作业辅导项目中学生辅导员进行的焦点小组座谈：开展 5 次座谈会，每次有 4—5 组学生参与。
- 针对 6 年级学生进行的焦点小组座谈：26 名学生参与了座谈会。
- 职业治疗专业学生的服务学习报告。

本研究使用演绎法对数据进行主题分析，同时通过编码与主题确定来描述服务学习如何为改变中小学学生的校内学习提供可能。

讨论

同伴作业辅导项目包含以下内容：

• 所有 6 年级学生都参加了作业辅导活动，每周两次，每次一小时。共有 160 名学生参加。在项目进行期间，学生被分成 6—8 人的小组，每组指派一个同伴辅导员。他们不教授学科知识，而是帮助学生解决与当天布置的家庭作业相关的具体难题。

• 11 年级的同伴辅导员共有 25 名，他们来自距离因沙耶洛小学几百米远的科技中心（COSAT）。

• 来自因沙耶洛小学的一名教师协调员自愿协助该项目，而来自科技中心的另一名教师协调员负责与这些同伴辅导员进行沟通，并与小学家庭作业协调员联络。

• 6 年级的老师则根据协调员制定的时间表来监督辅导进程。

• 该项目启动后不久，职业治疗专业学生就开始为来自 11 年级的同伴辅导员提供每周一次的辅导能力培训课程，并根据他们的需要，提供有关领导、辅导及沟通等方面的技巧。

主题分析

数据中反复出现了两个主题：第一个主题反映出同伴辅导员在参与辅导项目过程中的观念转变——从为了个人获益向“回馈”社区转变；第二个主题解释了同伴辅导员、教师以及学生对“逆境中可能性”的看法，描述了他们有关社区参与的经验。在下面的讨论中，这两个主题相互交织。

在焦点小组座谈中，同伴辅导员带给人一种强烈的印象。他们最初认为，报名参加这个项目并参与其中将会为自己带来更多的就业机会。正如一位辅导员所说：

> 我参加这个作业辅导项目是因为……我已经是 11 年级学生了，必须为自己的简历着想，也许这个项目能让我的简历显得漂亮一些。

这种对个人利益的看法可以反映出学生辅导员的普遍观念。他们认为，通过参加作业辅导项目，他们能够对社区做出贡献。这样的服务经历可以帮助他们实现自己的学业抱负，增加被大学录取的概率。因此，参加作业辅导项目最初被视为一种增强学业抱负和提高学业水平的机会（Gold

2012）。一位学生辅导员这样建议：

> 我们在申请大学时，招生官员会考虑学生的学业抱负和能力之类的事情，而作业辅导项目恰好给了学生这样的机会。

然而，为了个人获益而参与项目的学生辅导员在与6年级学生接触后，最初的关于学业抱负的想法很快被更深层次的个人成长和成就感所取代。这在以下两段摘录中可以看出：

> 一开始是……想要获取一些东西的——但当加入这个项目后，我觉得不一样了——它还帮助我成长，在某种程度上，我也从孩子们那里收获了很多。

另一名学生辅导员也有类似的反馈：

> 起初，我只是想给简历增色，但现在我想做的是帮助别人。

大多数学生辅导员表示，参与作业辅导项目后，他们意识到自己正在改变孩子们的生活：

> 我想回馈社区，帮助孩子们，因为我在上6年级的时候就没有获得过作业辅导的机会。

文献认为，回馈社会可以鼓励青年去积极发展并回馈其生活的社区（参见 Zaff & Lerner 2010）。随着学生辅导员的参与度越来越高，他们开始把参与作业辅导项目视为履行公民义务的方式以及参与有意义的活动的机会。

在与6年级学生的讨论过程中，他们表示自己体会到了同伴辅导员加入项目后带来的益处，并解释说，家庭作业辅导项目帮助孩子理解了在课堂上没能理解的知识。虽然该项目的最初理念是让6年级学生受益，但学生辅导员的经历表明，其受益范围远远超出了预期。他们中的一位这样反思道：

> 你知道，帮助他们的同时也使我明白，有时帮助别人确实会有一种满足感，因为你在回馈自己居住的社区，同时也在帮助改善卡雅利沙镇的教育现状。然而，我认为自己起初并没有这种动力，但加入这个项目后，我在帮助学生的同时受到了启发，更有动力为这些孩子付出。此外，我去辅导时满怀热情，虽说无法激励到每个人，但至少也激励了两三个孩子——去激励他们，帮助他们解决遇到的某个问题。

上述摘录与韦勒等人（Weiler et al. 2013）的研究不谋而合，他们的研究评估了大学生辅导员在对成绩较差的高中生进行辅导时对自身产生的影响。他们发现，参与辅导可以激发学生辅导员对社区问题的公民意识，增强其效能感、政治意识、人际交往能力以及解决问题的能力。

同样，学生辅导员在同伴作业辅导项目中也意识到，他们要激励和鼓舞 6 年级学生，就必须以前所未有的方式利用自己的个人资源。以下是两位学生辅导员的访谈摘录，他们解释了如何利用耐心和理解力等个人特质来增强他们作为作业辅导员的能力：

> 耐心和理解力——我知道如何激励他们。就像有些人不自信时，我能让他们越来越相信自己。
>
> 我也相信自己有足够的耐心应对作业辅导项目，因为在学生学会之前，我不介意多讲几遍。当学生最终理解了概念或知道了正确答案之后，我感觉非常好。

格兰等人（Gullan et al. 2013）认为积极的参与以及对他人产生积极影响，可以促进青少年的健康发展。

尽管学生辅导员能够发现担任这一角色所需的个人特质，但随着他们越来越深入地参与到项目中，他们开始提出一些额外的发展需求（如沟通技能），以提高自己的辅导能力。为了满足这些需求，职业治疗专业学生在学生辅导员的休息时间引入了每周一次的能力建设课程，专注于个人能力以及人际交往能力发展。学生辅导员对该课程给予了高度评价：

> 我认为职业治疗专业学生对我们的帮助是教会我们识别出自己可能存在的问题。例如，他们与我们一起举办研讨会……让我们更好地

> 了解自己的身份和责任。因为你会发现，我们中的一些人只是在进行家庭作业辅导项目，但却从来没有意识到自己给予了别人多少帮助。所以，职业治疗专业的学生能让我们意识到自己做得很棒。

在2015年9月的能力建设讨论会上，与会人员展开了热烈讨论。讨论会的重点是发展学生辅导员的辅导技能，增强其信心，建立团队合作以及培养他们的沟通技巧。一名学生的日志记录表明，辅导员对能力建设的重视也影响了学生对他们参与项目的看法：

> 学生辅导员思维模式的改变是基于这样一个前提，即他们需要看到自己在作业辅导项目和社区（发展）中的价值，并认识到他们在社会变革中所起的作用。他们需要以更广泛、更长远的眼光看待与特定情境相关的项目。

在强调同伴支持的作用时，汉普登－汤普森等人（Hampden-Thompson et al. 2010）指出，接受培训并与朋友一起工作可以鼓励年轻人积极参与。这个观点论证了如下结论，学生辅导员能够通过能力建设研讨会来加强他们的自主性。值得注意的是，学生设定服务学习目标的意图与学生辅导员对自我社区贡献的重新定位之间存在一定的联系。辅导员似乎把他们的贡献作为服务学习的一种形式。布林格尔等人（Bringle et al. 2013）认为，促进这种性质转变的过程反映出服务学习是一种融入社会的实践。

报告显示，职业治疗专业学生一开始并不认为同伴作业辅导员会参与服务学习，但是他们在服务学习中发挥的潜在作用凸显了该项目的一个意想不到的结果。这个结果为学生辅导员之间的互动创造了一个新的发展区。由11年级学生充当的同伴辅导员与小学学校建立了伙伴关系，他们认为自己能够为学校改革做出贡献，同时他们也能作为平等的合作伙伴从中受益。在本研究中，学生能够以合作伙伴的身份来体验相互价值（第十一章），这一理念将服务学习置于传统的服务模式之外（Olivier et al. 2007）。

在分析了同伴辅导员和学生的反馈后，下面将讨论教师在访谈中表达的观点。整体而言，教师对这个项目的响应十分积极，这一点很明显。在实施一年之后，家庭作业辅导项目就覆盖到5年级，且有意让7年级的学生也得到类似的帮助。学校扩大了该项目的范围，又将160名学生和另一组同伴辅导员纳入其中。这反映出，学校希望让更多学生从中受益。在下面的摘录中，一名教师列举了该项目的一些成效：

学生的家庭作业很少出现错误或问题，他们总能完成作业任务。

然而，尽管老师们重视家庭作业辅导项目，但也发现学生在校内面临着与该项目相关的学习挑战。一位6年级的老师对此解释道：

当孩子们做作业的时间足够长时，他们就会养成做功课的习惯吗？……怎么可能！如果是在高中，也许可能。我之所以这么认为，是因为我注意到他们的饮食习惯——你看到他们吃了什么吗？吃饱喝足之后，他们就会变得浮躁，无法集中注意力。那么他们放学后还要做多久的功课？放学后，他们只想睡觉。在他们吃零食时，我们强迫他们吃完就去做家庭作业。一日之计在于晨。下午，他们也强迫自己做功课，可是你认为可以让孩子在学校待一下午那么久吗？

另一位老师也表达了同样的担忧：

最近，我们遇到的问题与家庭作业辅导项目开始前的问题一样。我注意到，这些逃掉作业辅导活动的孩子在苦苦挣扎。

该项目面临的关键挑战还包括学生的安全隐患。下午辅导结束后，学生需要步行回家，虽然同伴辅导员经常送学生回家，但社区的高犯罪率让他们感到很无助。面对部分6年级学生的态度，一些同伴辅导员也非常为难，认为他们上课的动机仅仅是为了得到零食。其中一位辅导员这样描述：

我认为必须改变孩子们的心态，因为他们在这个项目中接受辅导好像只是为了零食。上周四，孩子们制造了很多噪音，我就把他们赶出了教室。这样一来，孩子们说，如果连零食都没有，我们为什么要待在这里……他们想要背书包回家。因此我认为必须有人跟他们谈谈，告诉他们说“我们是来帮助你们的”。

上述摘录中的“心态”概念是指学生的性情以及他们对学习活动的兴趣和参与程度（Zulu et al. 2004）。“态度”指的是与教学任务相关的“心境”“气氛”或“奉献”（Zulu et al. 2004：170）。在下面的摘录中，一位教师提出，改变家庭作业的实践模式会导致学生态度的改变。

对我来说，家庭作业必须有趣，如有必要，也许还应该有辩论活动——如此，作业就会更加有教育意义。学生可以在写作业前30分钟进行体育运动，剩下的时间用来为接下来几天的辩论活动做准备。辩论可以在同一年级的不同班级之间进行，甚至可以在不同年级之间进行。这些活动可以为期末竞赛作铺垫，借此我们会要求在学期末的一个周五举行辩论。我认为开展辩论能刺激孩子们学习。

如上所述，老师认为课后练习可以而且应该更加创新且更有刺激性。虽然目前还没有证据表明上述观点是否得到了贯彻，但随着项目的发展，教师布置家庭作业的方式发生了显著的变化。如下文的一个例子所示，我们需要更多的教师加入这个项目，并有必要减少学生的工作量：

老师应该更多地参与进来，但不应该让孩子负担过多的功课，所以家庭作业的量一定要适当。尽管完成所有作业所需的时间较少，但你会发现学生的进度却不快。他们的思维不是特别敏捷，写作业的速度也不快，所以我们需要布置他们能够承受得了的家庭作业。

基于对教师的访谈，应采用一种更有目的性的方法来布置家庭作业。6年级教师组成的家庭作业委员会于是开始讨论应该布置的作业类型、数量和质量。

尽管前面提出了一些困难，但家庭作业辅导项目的推进代表了教师和学生辅导员战胜困难的决心。一位老师清楚地传达了这一点：

我认为家庭作业辅导项目非常好，特别是对于卡雅利沙镇的孩子来说。他们的父母可能没有受过教育，又长时间工作，无法帮助孩子完成家庭作业。同时，我认为它可以很好地激励孩子们继续完成作业。同伴辅导员是6年级学生的动力源泉，他们会深受鼓励，可能渴望着有一天也能去科技中心（COSAT）上学。

研究意义

从批判性服务学习的角度来看，家庭作业辅导项目是学习的各个交叉点以多种方式融合的一个实例，6年级学生能更高效地完成家庭作业，可以从该项目中学到新知识，同时大学生也可以学习如何有效满足情境驱动型的社区服务需求。

此外，学生辅导员也发现了社区参与和社会响应的价值与意义。大学生和家庭作业辅导员都参与了不同层次的学习，因而家庭作业辅导项目被定义为服务学习的一种形式，为两组参与者创造了集体价值。这些服务学习活动探索了家庭作业实践的支持方式，推动产生新的可能性（Butin 2010）。我们可以确定这些可能性，提高作业质量，进行新的探索，而不是将作业辅导项目和服务学习视作终极答案（Butin 2010）。

虽然有关家庭作业辅导项目已获得整体成功的说法还为时过早，但值得注意的是，在西开普省教育厅负责的2015年年度综合测试中，6年级学生的数学和语言成绩分别提高了13%和9%。在可持续性方面（再次申明尚未得到证实）取得的重要进展是，即使职业治疗专业实习生不在现场，同伴家庭作业辅导项目依然可以在开展服务学习期间继续进行。此外，作业辅导项目的推行最初是基于一所小学和一所中学之间建立的伙伴关系，目前已在该社区参与"学校改进计划"的第二所小学和中学之间也达成了项目合作。

基于这些数据，本研究的意义在于了解现有的学习实践会在哪里被扰乱、被转变，以及会从哪里开始进行新的交流。尽管后勤方面还存在一些挑战，但研究结果表明，通过大学与中小学的合作伙伴关系，新的实践方法已经被引入，小学学校的学习和教学过程从而能够获得支持（参见第十一章）。

本章介绍的研究将服务学习视为推动大学与中小学合作伙伴关系发展

的工具，这个概念具有更广泛的意义。社会响应型服务学习至关重要，它能发展相互授权的大学与中小学合作伙伴关系，也能推动社区参与且融入高等教育之中（Lazarus et al. 2008）。本研究的结果显示，除了参与服务学习的大学生之外，同伴辅导员本身也扮演了关键角色。服务学习的概念有可能得以扩展，并将这层叠式模型包含在内，从而推广并深化服务学习在特定情境中的应用。

最后，大学与中小学合作伙伴关系具备有效参与南非学校教育的潜力，而本研究所展示的服务学习可以佐证这种潜力。它为同伴辅导员及大学生提供了社区参与的机会，而它的延伸价值也有助于推动教育成为一种公民责任。因此，本研究表明，同伴辅导员和大学生对该项目的贡献能够促使这两个群体成为彼此的合作伙伴，从而成为服务学习的关键推动者。

参考文献

Anderson K, Case A & Lam D (2001) Causes and consequences of schooling outcomes in South Africa: Evidence from survey data. *Social Dynamix*. 27: 1 – 23.

Bloch G (2009) *The toxic mix: What's wrong with SA schools and how to fix it*. Cape Town: Tafelberg.

Bowman-Perrot L, Davis H, Vannest K, Williams L, Greenwood C & Parker R (2013) Academic benefits of peer tutoring: A meta-analytic review of single case research. *School Psychology Review*. 42: 39 – 55.

Bringle R, Clayton P & Hatcher J (2013) Research on service learning. In P Clayton, R Bringle & J Hatcher (Eds.) *Research on service learning*: 3 – 25. Virginia: Stylus.

Bryan T & Sullivan-Burstein K (1998) Teacher-selected strategies for improving homework completion. *Remedial and Special Education*. 19: 131 – 147.

Butin D (2010) Conceptualising service learning. In D Butin (Ed.) *Service learning in theory and practice: The future of community engagement in higher education*: *3 – 22*. New York: Palgrave MacMillan.

Duncan E & Alsop A (2006) Practice and service learning in context. In T Lorenzo, E Duncan, H Buchanan & A Alsop (Eds) *Practice, and service learning in occupational therapy*：*7 – 19*. Chichester：Whurr Publishers.

Fleisch B（2008）*Primary schooling in crisis*：*Why South African children are underachieving in reading and mathematics*. Cape Town：Juta.

Gold J（2012）*Changing expectations*：*The impacts of mentoring at-risk youth on college-aged mentors*. Master of Arts：Sociology dissertation. Michigan State University.

Gullan R，Power T & Leff S（2013）The role of empowerment in a school-based communityservice program with inner city minority youth. *Journal of Adolescent Research*. 28：664 – 689.

Hampden-Thompson G，Jeffes J，Lord R Bramley G，Davies I，Tsouroufli M & Sundaram V（2010）Teachers' views on students' experience of community involvement and citizenship education. *Education*，*Citizenship and Social Justice*. 10：67 – 78.

Harkavy I，Hartley M，Hodges R & Weeks J（2013）The promise of university-assisted community schools to transform American schooling：A report from the field，1985 – 2012. *Peabody Journal of Education*. 88：525 – 540.

Howie S，Staden S，Tshele M，Dause C & Zimmerman L（2012）*Progress in international literacy reading study*. Centre for Evaluation and Assessment：University of Pretoria.

Kalkowski P（1995）Peer and cross-age tutoring. *School Improvement Research Series*. Accessed 8 September 2016，https：//educationnorthwest. org/sites/default/files/peer – and – cross – age – tutoring. pdf.

Kralovec E & Buell J（2000）*The end of homework*：*How homework disrupts families*，*overburdens children and limits learning*. Boston：Beacon Press.

Krause M（2007）Service learning in physiotherapy taken to a new level：Experiences in South Africa. *Physiotherapy Reviews*. 12：277 – 284.

Lauckner H M，Krupa T M & Paterson M L（2011）Conceptualizing community development：Occupational therapy practice at the intersection of health services and community. *Canadian Journal of Occupational Therapy*. 78：260 – 268.

Lazarus J，Erasmus M，Hendricks D，Nduna J & Slamat J（2008）Embedding community engagement in South African higher education. *Education*，*Citizenship and Social Justice*. 3：57 – 83.

Mitchell T (2008) Traditional vs critical service-learning: Engaging the literature to differentiate two models. *Michigan Journal of Community Service Learning*. 14: 50 – 65.

Olivier M, Oosthuizen L & Casteleijn D (2007) Occupational therapy students' contribution towards enabling potential in a semi-rural community. *Work*. 29: 63 – 68.

Peel H, Peel B & Baker M (2002) School/university partnerships: A viable model. *The International Journal of Educational Management*. 16: 319 – 325.

Richards E & Novak J (2010) From Biloxa to Cape Town: Curricular integration of service learning. *Journal of Community Health Nursing*. 27: 46 – 50.

Rudman N P C (2014) A review of homework literature as a precursor to practitioner-led doctoral research in a primary school. *Research in Education*. 91: 12 – 29.

Stake R (1995) *The art of case study research*. Thousand Oaks, California: Sage Publications.

Stake R (2008) Qualitative case studies. In N Denzin & Y Lincoln (Eds.) *Strategies of qualitative inquiry*. London: Sage Publications.

Stanton T, Giles D J & Cruz N (1999) *Service-learning: A movements pioneers reflect on its origins, practice and future*. San Francisco: Josey-Bass Publishers.

Taylor N (2007) Equity and efficiency and the development of South African schools. In T Townsend (Ed.) *International handbook of school effectiveness and improvement: Review, reflection and refraining*. Springer International Handbooks of Education. Netherlands: Springer.

Taylor N (2008) *Whats wrong with South African Schools?* Accessed April 2018, http://www.eranet.co.za/zenex/files/359_ Taylor) %202008%20b.pdf.

Taylor N (2011) *National School Effectiveness Study (NSES): Summary for the synthesis report*. Accessed April 2018, https://^ww; jet.org.za/news/the – national – school – effectiveness – study – nses – summary – for – the – synthesis – report.

Todd A & Mason M (2005) Enhancing learning in South African schools: Strategies beyond outcomes-based education. *International Journal Of Educational Development*. 25: 221 – 235.

Weiler L, Haddock S, Zimmerman T, Krafchick J, Henry K & Rudisill S (2013) Benefits derived by college students from mentoring at-risk youth in a service learning course. *American Journal of Community Psychology*. 52: 236 – 248.

Zaff J & Lerner R (2010) Service Learning promotes positive youth development in high school: Both youths and communities bensefit when students engage in service learning in and out of school. *Phi Delta Kappan*. 91: 21 – 23.

Zulu B, Urbani G & Van der Merwe A (2004) Violence as an impediment to a culture of teaching and learning in some South African schools. *South African Journal of Education*. 24: 170 – 17.

第十一章

沟通交流促进社会包容：实习言语治疗师如何在社区实践中实现工作转型？

克里斯滕·亚伯拉罕斯　哈沙·卡特哈德

利泽·莫斯泰特　弗雷达·沃尔特斯　罗尚·加尔万

本章描述了实习言语治疗师如何进行社区实践。言语治疗师是在人际交往领域工作的合格专业人士，通常与言语、语言、听力、流畅度及发音方面存在交流障碍的患者（包括成人和儿童）打交道（Kathard & Pillay 2015）。这些障碍可能影响听、说、读和写的能力，继而影响社交、学习和工作。言语治疗（SLT）干预通常侧重于改善病患的沟通表达能力，给予患者家属一些方法建议，以提高患者在社会、学习和工作环境中的参与度。

这一职业最初起源于欧洲，后传入美洲，在20世纪30年代末引入南非（Aron 1991；Aron et al. 1967）。传统的言语治疗通常是以客户/患者与治疗师之间的一对一互动模式进行。例如，治疗师用一系列测试和仪器对患者进行评估，确定是否存在交流困难，诊断所患交流障碍的类型（如言语、语言、发音、听力、流畅度），衡量障碍的严重程度和后果。这种干预是专门针对交流障碍的一种医疗模式。在该医疗模式下，由治疗师决定是否需要改变治疗方法以及确定干预的重心（McKenzie & Muller 2006）。治疗师主要供职于卫生部门（如医院和诊所），并且越来越多地在教育机构工作（Ukrainetz & Fresquez 2003）。他们通常为能支付得起诊费的人提供私人服务，或为享受政府医疗津贴的人提供公共服务。

在学校，若老师或家长担心学生的口头和书面沟通能力，他们通常会向言语治疗师寻求帮助，在校内引荐治疗师对学生进行评估和干预。若学校无法提供该项服务，也可在校外实现。在南非，普通公立学校的大多数学生无法直接在校内享受这类治疗服务，只能私下寻求帮助。针对学校环境下如何开展言语治疗服务的问题，国际上已经研究了各种可行的方法，其重点是为患有沟通障碍的学生创建支持。过去的“抽离式”干预方法要求学生“走出”常规课堂，接受治疗。然而，自20世纪90年代以来，人们认识到这种方法的局限性，尤其当学校内的许多学生都提出治疗服务的要求时，这种方法并不能很好地应对这一情况（Elksnin & Capilouto 1994；McGinty & Justice 2006；Miller 1989）。干预措施理应促进交流能力的提高，来让所有学生受益，而课堂上使用的干预手段要比抽离式的方法更为有效（Ehren 2000）。20世纪90年代以来，适用于学校环境的治疗方法在国际上不断推陈出新，朝着以课堂为基础的交流干预方向发展，这种干预侧重于为患有交流障碍的学生提供支持，同时也为教师和其他学生提供广泛的沟通与帮扶的平台（Ehren 2000）。

少数群体和多数群体在获得言语治疗服务方面存在极度的不平等（WHO & the World Bank 2011）。在多数世界语境下，无论针对何种环境（医疗或教育场所），传统的定制化治疗模式都是不可行的，因为治疗师与患者的比例严重不足（WHO & the World Bank 2011）。如何使不同患者都拥有享受言语治疗服务的机会，这一国际挑战迫在眉睫，因此言语治疗专业人士正在思考如何转变方式，使之与社区服务更加紧密相连（Kathard & Pillay 2015）。然而，诸如美国言语语言听力学会（2016）和皇家言语与语言治疗师学院（2005）等业内的主要影响势力对社区范围内言语语言治疗实践所提供的指导是有限的。他们鼓励治疗师们把工作重心放在促进健康/正常的交流和预防交流障碍上，以此扩大其服务范围。南非关于治疗师教育和培训的指导方针反映了在社区一级提供治疗服务的重要性（HPCSA 2012）。国际上也慢慢开展了类似的研究（Jager 1994；Law et al. 2013；Wickham 2013）。

早期报道称南非缺少言语治疗服务（Legg & Penn 2013），但近来这类服务已遍布卡雅利沙镇级各医疗机构（如诊所和医院）。这表明应优先发展言语治疗实践，为社区服务（Kathard & Pillay 2013）。

在本章，以“基于职业的社区发展运动”（ObCD）为基础，我们探索了与情境相关的实践创新所具有的潜力（Galvaan & Peters 2017）。这样一来，我们的研究视野就从交流障碍转移到了促进社会包容的交流层面。

研究视野转移：促进社会包容的交流——言语治疗的焦点

我们认为，要使所有学生（包括患有交流障碍的学生）成为全纳社会的一分子，就必须让他们有机会接受优质教育。交流是学习的关键性资源，优质教育必须提供能提高交流能力的途径和机会。“学校改进计划”（SII）为此提供了一个平台，探索如何利用交流这样一种资源，来提升所有学生的社会融合度，其中也包括那些沟通有困难的学生。

本章中，我们将交流理解为一个过程，即我们如何在人际关系、课堂、学校、社区、社会（本地社会和国际社会）等相互关联的层面上，作为人类共同创造意义（Kathard & Pillay 2015）。在创造意义的过程中，我们使用听、说、读、写的基本技能。意义的创造可通过多种交流模式实现，包括言语、手势、听觉、视觉、语言和空间（Kathard & Pillay 2015）。交流在本质上具有社会性、关联性和政治性（它嵌入权力关系之中）。交流与学习是相互依存的过程，尤其在教育环境中，交流是学业学习及社会化发展的关键。虽然语言是交际话语的基础，但不应将二者混为一谈。即便语言对意义的创造至关重要，但它却只是这复杂过程的一部分。在教育环境中，为了学习而进行的交流是一个系统的过程，参与者通过这个过程在语境中共同创造意义（Kathard & Pillay 2015）。因此，交流促进了他们在学习过程中的融合。

利用跨学科协作为言语治疗服务提供参考

当言语治疗专业学生参加了一所或多所“学校改进计划”伙伴学校的实习工作时，他们实则加入了一个实践共同体，与中小学、卡雅利沙镇及跨学科合作者一起工作，并成为他们潜在的合作伙伴。在此，他们必须突破传统的实习方式，尽管这种尝试常常令人不安。由于言语治疗和职业治疗（OT）的实习生被安排在同一所伙伴学校（参见第五章），他们有机会互相学习彼此的理论及实践知识。言语治疗临床教育家利用“基于职业的社区发展运动”框架（Galvaan & Peters 2017）引导学生反思自己的社区实践。

“基于职业的社区发展运动”特别关注边缘化人群（Galvaan & Peters 2017），包括因损伤/障碍而面临沟通障碍的学生，重点关注贫穷环境下的工作实践。该框架以建立联系为前提，通过深入参与（倾听、观察并提出关键问题）的方式来创造共享意义（Galvaan & Peters 2017）。因此，该框架为融入环境提供行动、思考和反思的方法论依据。“基于职业的社区发展运动”对职业的定义在第五章和第八章中有大量描述（Silbert & Galvaan; Peters & Galvaan）。交流阐释了与行为相关的意义创造过程，故而职业和交流是相关的。在此框架下，我们强调如下内容：

> 交流被定位为行为的手段和目的（例如我们通过交流实现更好的沟通）。因此，人们认为，交流的发展路径是基于有利条件的、受资源驱动的，而不是无序受限的。
>
> 行动学习为学生提供了一个学习彼此经验的平台。社区环境对学习和创造实践有着重大影响，而实践与否是由社区的需求决定的。
>
> 暂停专家—患者模式，学生与社区成员共同创造知识，认识到合作的重要性（Galvaan 2017）。这种与社区互动的方式可能有助于提高计划可持续性。

“学校改进计划”伙伴学校的言语治疗专业学生

伙伴学校安排言语治疗专业大四学生在社区实习，预期学习效果是让毕业生投身于社区，参与、设计、实施和监测与环境相关的社区项目。在这一过程中，学生与其他利益相关方紧密合作（包括其他职业治疗专业大四学生、校职工、社区成员和非政府组织），实践并施行项目。“学校改进计划”伙伴学校的合作项目包括家庭作业辅导项目（参见第十章）和图书馆扶持计划（参见第九章）。支持伙伴学校工作的重点是与教师合作，这是因为教师在督促学生日常学习的过程中扮演着关键角色，通过沟通进行各项调解，故而被视为言语治疗师的重要合作伙伴。

在11年级学生参与了加尔万和西尔伯特于第十章中描述的家庭作业辅导项目之后，又出现了辅导能力培训项目。在该项目中，言语治疗专业学生和11年级学生每周见面交流一次，以培养学生担任导师的能力，并以此支持4年级学生的沟通能力发展。他们在辅导会议中所学的技能在作业辅导中得到了实践。图书馆与助理馆员通力合作，共同加强学生对第一语言读写能力的学习，同时增加第二语言的平行学习。就在这种合作中，图书馆使用指南应运而生，助理馆员试行。虽然这类指南仍处于开发阶段，但它参照了《课程和评估政策声明》提供的指导方针（DBE 2011a；DBE 2011b），并吸收了助理馆员和言语治疗师的丰富知识与经验。

正是在上述背景下，本研究探索了言语治疗专业学生如何通过“基于职业的社区发展运动”框架过渡到一个新兴的、以社区发展为基础的社会实践。

数据收集

当学生投身于社区实践时，他们就有机会反思自己的观察、学习和调研活动。学生每周以小组形式讨论学习情况，完成个人的书面反思报告。在实习结束时，学生会进行一次离任面谈，反思自身的实习经历。最后递交一份书面报告，用以协助后来的学生小组继续开展工作。这些书面材料和互动记录为学生提供一个良好的平台，以深入和积极的方式监测、反思并评估自己的实践情况，并促使学生开始了解自己在社区中的角色。学生撰写的报告构成了定性研究的基础。本研究收集了2015年2月至2017年3月在“学校改进计划”伙伴学校完成社区实践的所有学生的数据，然后进行分析，得出研究结果并进行讨论。

数据分析

对学生撰写和提交的书面材料、录音和录像材料进行主题分析（Braun & Clarke 2006），以此描述他们面临的沟通挑战、行为动机和实践经历。根据学生材料中反复出现的主题，对数据深入挖掘，并按时间顺序将其排序，以此构建一种集体叙事方式（Riessman 2005）。在下文的研究结果中，我们将使用一种叙事的写作风格来描述言语治疗专业学生的集体经历。通过叙事，我们可以探索和描述人类体验世界的方式，而叙事语态也可以将学生经历的复杂性和丰富性很好地呈现并描述出来（Webster & Mertova 2007）。

研究结果

研究结果分为两部分：第一，描述言语治疗专业学生对于沟通挑战的系统性特征所产生的新理解；第二，描述有益的合作如何增强预期的实践效果。这些研究结果均采用学生的集体叙事方式进行描述，自始至终都使用化名。

第一部分：了解沟通挑战的系统性特征

初到学校，我们并不清楚自己的定位。有人告诉我们，这里也是社区，只不过是学校社区。我们之前也一直在学校提供治疗服务，比如在课堂上，我们会对有交流问题的学生进行评估，继而为学生个人、团体或班级提供干预治疗。因此，我们必须学习更多关于“基于职业的社区发展运动”框架的知识，在实践中理解社区层面需要应对的沟通挑战。我们以前从未以这样的方式工作过，毕竟这是非常困难的，所以我们紧张、焦虑又担忧，感觉自己像是局外人。况且这也不同于诊所工作，我们不知道该怎么办。我们面临的第一项挑战是了解社区的需求以及判断社区成员是否对交流问题有任何担忧。

发现沟通挑战

来到学校后，我们注意到师生之间的交流十分容易，他们日常对话使用科萨语，在课堂上则使用英语。一切似乎都很正常，看起来并没有任何明显的沟通挑战。在与当时的副校长马维萨（Mawisa）先生交谈之后，我们了解到更多信息。据他所说，学校内存在着严重的交流挑战，几乎影响了所有的学生。

这些挑战在4年级学生身上表现得尤为明显。根据学校的语言政策，学习和教学用语（LoLT）会在4年级时从科萨语变成英语。然而自学生入校，他们的所有课程都使用科萨语讲授，无论是在家还是学校，他们只接触过一点点英语。因此，4年级是一个分水岭，交流问题在这个阶段会变得更加明显。交流挑战的影响十分广泛，几乎波及所有学生。每一年都有很多学生无法通过综合测试，马维萨先生非常担心，因为多数学生的英语读写能力很差，他们无法在考试中读懂问题或给出相应作答，也无法参与课堂活动。这种用英语交流的困难是导致校内交流挑战的一个重要因素。

离开马维萨先生的办公室时，我们已经有了很多问题要思索。接下来该何去何从？我们从未遇到过这样的问题，也尚不了解情况。通常，我们会对每个孩子进行评估，但在这里，这种方法似乎行不通。于是我们决定融入其中，在教室和操场进行实地观察，并与教师接触，以便加深对校内交流情况的了解。我们发现，从R年级到3年级，应增加学生英语课堂的时间，R年级学生每天至少学习1个小时，到3年级增加到3—4个小时（DBE 2011a）。然而实际情况是这时的学习和教学用语都是科萨语。当我们在教室观察学生时，他们只用科萨语进行交流。

据我们观察，当4年级学生开始正式上课时，老师会用英语讲授，并在必要时进行语言转码[2]来解释。学生们不怎么发言，尤其是在要求他们讲英语时。讲英语似乎会让学生感到不自在，他们也害怕犯错。或许他们还处于把英语当成一门额外的语言来学习的阶段？对于双语学习者来说，这样的“沉默期”也许并不罕见（Roberts 2014）。儿童通常先学会理解，然后再开口说。然而，儿童获得学习英语的机会主要是通过课堂上的正规教学，但课堂并不一定是理想的语言学习环境。通常，习得语言的最佳情境发生在自然的日常生活中，即课堂外。此外，课堂的重点是教授如数学等其他学科的知识，但学习者似乎并没有掌握语言这门学科来帮助他们学习。在英语课上，我们发现老师的授课方法十分正式，教学重点在于培养学生的读写能力，却很少关注以创造意义为目的的基本口语学习。

我们翻阅了4—6年级的练习册，发现其目的仍是培养学生的英语读写能力。学生学习基本的单词，以及如何拼写、造句和写作。尽管老师已在尽力地把自己认为有用的东西传授给学生，但是他们感觉学生在读完4年级时所学到的知识还远远不够。学生们在5—6年级仍继续学习英语，但根据6年级学生参加的综合测试成绩来看，多数人不能达到学校要求的水平。

到了6年级，学生虽然已经具备了基本的英语交际能力，但对学业学习来说还只是杯水车薪。我们能够清楚地认识到，学生和老师都面临着交流挑战，而且这个问题更加普遍。

按照课程计划的要求，学生在4年级时应已掌握英语语言和读写技能（DBE 2011b），同时该计划似乎期望学生能利用自己的基本读写能力继续学习。事实上，在卡雅利沙镇的这所学校，情况并非如此。那么科萨语的学习现状又是如何？在课堂外，学生主要使用科萨语进行良好的交流互动。看起来科萨语只被当作一门非正式的语言，它的读写学习也鲜有关注。这更像是一种双语减法学习模式，在这种模式下，学校鼓励学生学习英语语言和提高读写能力，但科萨语的读写学习似乎没有受到同等的重视或鼓励。

通过与老师交流，我们了解到，在他们眼中额外的英语学习是一个关键性挑战，因此需要其他支持来帮助他们应对这种充满挑战的局面。同时他们发现当多数学生面临英语学习的困境时，也有一部分学生学习英语和科萨语都有困难。这就是我们通常所说的语言学习障碍。在教师看来，所有的学生都需要帮助来提高沟通技能，而作为教师，他们在如何指导学生方面也需要协助。

这一局面非常复杂，令人不安，对此我们进行了几次内部讨论。现实情况和教科书上描述的儿童语言障碍不尽相同，我们要学习的还有很多。通常，只有少数儿童会有特定的语言学习困难，言语治疗师会相应解决这些问题。我们深知，当学生没有足够的机会学习一门外语时，贸然将其视为语言障碍是行不通的。学校的教学语言政策明显影响着语言学习发生的方式。

我们采访了家长及社区成员，并对老师、学者和社区成员之间就语言交流展开的探讨进行了回顾。经过梳理发现，英语和科萨语的最佳学习方式依然存在争议。显然，这两种语言都有必要作为学习和社交资源得到应用。虽然人们已认识到英语在社区背景下对教育和经济成功发挥的重要性，但同时也期望科萨语必须受到应有的重视。

深思沟通挑战

在观察调研了教学政策及课程文件之后，我们与学校社区里的各方人士进行了多次探讨。经过深入思考与反复推敲，我们最终揭示了学校在交流方面所面临的挑战。在辅导课上，导师提出难度较高的问题来启发我们的思考，我们因此获益良多，也不得不走出舒适区探究为什么这个社区的学生很难达到教育部所期望的年级水平。我们认识到，在学校范围内产生的沟通问题具有系统性。尽管这一问题从 4 年级学生的糟糕表现中就可见一斑，但这其实是一个更深层次问题的表征，在学校采用的教学语言政策和课程标准中，默认了一种中产阶级模式——学习英语的机会是充足的、可以获得的。

这引发了一个更基本的问题：为什么英语学习享有特权，而科萨语却似乎不受重视？许多非洲黑人社区被故意边缘化，他们享受的教育质量也很差，而这种情况还在继续。南非的种族隔离和殖民历史可以帮助解释这一现象，但是种族隔离和殖民统治已经结束了！真的结束了吗？

种族隔离和殖民主义似乎仍然以新的方式存在于我们生活之中。此外，还有不公正的问题，现在我们可以从交流的角度来看待它。我们认识到，能促进学习交流的工具已经变成一项挑战，成为社会排斥的帮凶。我们以前从未想过社会不公如何会转化为交流不公？而这又是如何导致从课程到日常学习都会存在的社会排斥？我们也开始意识到自己能够一展身手。如果我们能通过交流促进社会包容，那么相信我们可以对此有所作为。

我们该怎么办？目前还没有答案。课本知识在这里帮不了我们。如何通过注重交流来发展社区实践？我们参照“基于职业的社区发展运动”框架，并基于职业治疗专业学生正在进行的项目指导，加入了这项课题的研究。我们必须跨越学科边界，了解教学职业以及如何通过交流来支持这些工作。相比于我们以前做过的任何研究，这都是完全不同的方法。我们非常感谢职业治疗专业学生能够帮助我们开拓思路、提升思维和拓宽视野，并能让我们批判地、全面地进行自我反思。借此，我们明白了社区资源、能力和伙伴关系的概念以及如何将这些概念转化为实践。在我们努力从医学专家的工作模式转变为社区中的合作伙伴的过程中，我们在不断地突破自我。社区教会我们不要固守任何先入为主的想法。在前往社区工作之初，我们不应该抱着“我要去学校，我就要做这做那”的想法。在这里，我们必须怀着开放的心态。我们不是在“修复”社区或告诉他们该怎么做，而是应该和社区中的关键人物发展伙伴关系，他们能够为发展社会包容性的交流提供可持续支持。

第二部分：促进交流的合作伙伴

随着对社区环境中交流情况的深入了解，我们必须与社区中的不同伙伴进行合作，从而开始应对沟通挑战。“基于职业的社区发展运动”框架要求我们考虑传统健康专业人员团队之外的伙伴关系。

与教师合作

我们逐渐意识到，教师是重要的合作伙伴，因为他们在课堂上与学生相处的时间最多。我们必须学会如何与老师建立坦诚公开的关系。从每天问候老师开始，让他们认识我们；学会聆听，而非对他们指手画脚。我们努力维持一种非等级关系，并且限制彼此之间的权力博弈。我们知道自己没有解决这些挑战的办法。在缺乏知识又寻求无果的情况下，我们不得不集思广益，共同寻找解决方案。这是一个需要我们所有老师和治疗师耐心、合作和批判性思考的过程。

交流是复杂的。在课堂上，它是关于教师和学生如何共同创造意义。当我们考虑交流时，通常会把注意力放在学生身上，但是交流需要师生共同创造意义，而且在课堂上，老师需积极与学生互动。当我们讨论教师如何让学生参与到日常对话从而使学生能够主动学习语言时，我们意识到了教师所面临的挑战。

尽管教师经历了许多挑战，但我们意识到，从字面意义上讲，所有和教师声音有关的问题事实上是同一类问题。如果不是每天早上和他们打招呼，站在他们的立场想一下，我们也不会认识到这一点。老师们说，他们在教室里不停大声讲课，声音就变得疲倦沙哑。在这所学校，每个班的学生数量都很多，需要确保所有人都能听见。这样一来，教师讲课时的嗓音承受着巨大压力。从过往文献中可以看出，教师这一职业有患咽喉疾病的极大风险。教师每天使用嗓子，特别是要长时间、高音量讲话时，可能会出现声带小结、声音嘶哑的问题，甚至会出现暂时失声。良好的嗓音卫生，即知道如何保护自己的嗓音是很重要的。我们与教师分享了有关嗓音的卫生保健措施，提供给他们一人一个水杯和一本关于嗓音保护的指导手册，以此鼓励他们积极保护自己的嗓子。

在和老师们相处中，我们获得了很多启发。老师的工作极具挑战性，因此我们与教师之间的合作方式应该是为他们提供支持，而不是造成额外负担。有时，老师工作繁忙，很难与其发展关系。为了解彼此，我们安排了一次非正式茶会。老师很喜欢与我们互动，更重要的是，他们之间也能相互交流。于是，协作互动的教师支持大会应运而生。这是一个沟通平台，让老师有机会说出自己的烦恼或忧虑。同时我们也意识到，交流和建立关系是发展伙伴关系的关键。我们自己思考沟通的方式是如此局限，以至于错失了机会，没能了解交流作为一种资源在每一种环境和关系中的价值。自此，我们开始以新的方式看待交流。

有些学生需要额外的交流支持，但很难确定哪些学生有这类特定需求。为此，我们与教师合作制定了一份清单，帮助他们确定有额外交流支持需求的学生，包括患有口吃、听力问题或语言发展严重迟缓的学生。我们还协助建立了转诊系统，以便学生和教师在学校内外都能获得支持。

我们意识到社区是动态的——在人员流动过程中，新教师会加入团队。因此，在这一过程的每个阶段，我们都以动态的方式与教师接触。我们愿意采用更加灵活的方法。有时，我们觉得老师们表现得不自在，尤其是当他们认为我们是来听他们英语讲得怎么样的时候。我们必须努力让老师相信我们不是在评判他们，而是平等的合作伙伴。保持权力的动态均衡并非易事，特别是我们作为专业人士，已经习惯权威的专家身份，为此，我们必须努力学习如何做到这种平衡。我们学着互相批评，了解每个人为团队带来的价值。教师是我们重要的合作伙伴——从一开始我们就在许多方面进行合作，未来的合作之路还很长。

与图书馆助理馆员合作

随着对校职工的了解逐步深入，我们意识到教师并非我们可以合作和学习的唯一伙伴。我们观察了图书馆课程，并与助理馆员进行了讨论。这些调研改变了我们对读写能力的看法。我们之前认为，阅读学习在学校并不重要，然而没有阅读，一切免谈。日常生活中的各个活动都离不开阅读。

助理馆员利萨卡尼亚（Lisakhanya）告诉我们，她年纪尚轻，几乎没有受过什么培训，经常感到不知所措，不知道如何组织小组会议。我们于是开始和她一起开发可供她使用的图书馆资源。从她身上，我们了解到很多在计划活动时没有考虑到的事。在我们为利萨卡尼亚寻找基础阶段图书馆课程的教材时发现，利萨卡尼亚只能阅读 R 年级到 2 年级的科萨语教材。3 年级的课程是唯一以英语书为基础的课程。在此之前，我们天真地认为，在所有的基础阶段课程中她使用的都是英语书。这样一来，我们必须彻底改变我们的活动内容和思维方式，还要意识到提高英语水平并不是图书馆使用指南设定的唯一目标。我们必须考虑创造一种资源，去加强两种语言间的交流，以此增强语言读写能力。我们必须携手共同设想新计划，创造活动新方法。

这不过是计划活动的一部分，又不是在教授图书馆课程，这么退后一步想并不容易。我们已经习惯了掌控局面：我们为前往医院或诊所就诊的个人或团体进行治疗，“掌控”全局，并负责设计与实施治疗干预。我们观察利萨卡尼亚教授图书馆课程，像是站在不同的角度看待问题，令人耳目一新。通过合作开发图书馆使用指南，我们以可持续的方式分享知识。

与学生合作

我们还意识到学生本身也是社区中有益的合作伙伴。通过参与家庭作业辅导项目，11 年级学生在不断了解我们的过程中，似乎对我们敞开了心扉。他们表达了对辅导项目的担忧，认为一方面老师和家长有时对学生寄予了过高的期望，另一面低年级学生又太过害怕，不敢求助。为此，11 年级的学生觉得自己有能力去为大家做更多的事，而不仅仅是辅导作业。他们想通过扮演 4 年级学生的哥哥姐姐，来帮助弥合老师和家长之间的鸿沟，以期能更好地促进学习。

根据 11 年级学生提供的背景知识，我们了解到，一些学生由于家境困难而难以得到家庭的支持。因此，11 年级学生提出他们可以提供一个协作机制，帮助提高年级水平成绩。他们来自同样的社区，对现实情况非常了解，也对如何促进语言学习和交流发展有自己的深刻见解，并知晓这样的发展方式需要具备对文化和语境的敏感度。11 年级学生认为他们在社区中扮演着重要的角色，但不确定该如何发挥自己的作用。针对这一点，我们可以提供相应的指导。作为一个合作性的集体，我们和 11 年级学生以及职业治疗专业大四学生共同决定建立导师培训项目，目的是创造一个安全的、非评判性的环境。在这个环境中，学生可以自由表达观点，不同团体都能平等参与，做出贡献。该项目包括以会议的形式为学生辅导员进行能力培训，为此我们必须考虑很多事情。

首先，我们认为，为了使导师培训项目取得成功，需要建立一个明确的团队交流系统，强调团队间的尊重；建立积极的关系，创造一个安全的、非评判性的空间；制定有效的交流策略，提高利益相关者的参与度。我们与学生辅导员进行了多次讨论，合作制定了可用于导师会议的交流策略。

其次，我们观察到学生之间存在着巨大的权力变化，于是我们意识到需要在小组内部建立信任。在与职业治疗专业学生的合作中，我们引入了“破冰活动”来活跃氛围，通过强调信任、诚实和透明度来提高团队凝聚力。

最后，为了让 11 年级学生更好地督促 4 年级学生参与家庭作业辅导项目，我们为他们提供了相应的交流策略，例如为低年级学生搭建成长的支架，提供建设性的反馈，在肢体语言、面部表情、手势、语调、语速方面进行适当调整，减少行话，注意措辞，给予学生持续的鼓励。

在辅导会议期间，我们为 11 年级学生提供了不同环境中的辅导情景，让他们有机会模拟如何应对。我们从一些学生那里得到了反馈，他们感觉到目前的准备更加充分，已经具备更有效的交流策略来引导 4 年级学生参与到辅导课程中。我们发现，在 11 年级学生和社区其他人员分享宝贵见解的过程中，我们成长为真正的治疗师；与职业治疗专业学生和 11 年级学生建立共同目标的过程中，我们也从社区实践的学习中受益良多。

讨论：中断传统实践，实现新模式的过渡

如上文所述，实习言语治疗师进入社区后，个人工作会受到相应的干扰，因为他们被要求暂停传统的实践方法，需要在“基于职业的社区发展

运动”的指导框架下，发掘新的工作方式（Galvaan & Peters 2017）。同时，他们也在学习、了解和理解交流挑战方面存在不确定性（参见研究结果第一部分），因此，他们不能仅仅依靠传统的实践方法，那么中断这种对传统工作模式是有必要的。针对这一变化，学生对其面临的各种挑战进行概念化的不同思考，并且意识到他们需要以不同的方式工作。这种对传统教学方法的中断必然造成学生的不安情绪，反映在他们身上是对交流挑战的探索和思考愈加深入。这种中断状态为学生提供了开放的空间，让他们从不同方面深刻反思传统的以殖民式为主导的专业实践以及在社区背景下，他们的创造力和思维能力可能会在多大程度上受到限制。值得注意的是，虽然传统学习方式中断了，但它并不是以一种羞辱或破坏性的方式被中断的，而是以一种能够带来新的可能性的方式进行的。我们将这一过程描述为“培育性的中断”。这类中断虽然必要，但也可以通过与人和文本资料的互动而获得支持。德·利索沃伊（De Lissovoy 2010）解释了去殖民化教学法的价值，这种教学法积极反对殖民主义的统治和分裂，并致力于在互联精神下创建新的工作框架。

对言语治疗专业学生来说，他们通过与社区成员、学生、图书馆助理馆员、教师和职业治疗专业学生的互动而实现从传统模式向新阶段的过渡——所有这些人都为他们提供了工作模型和相应的支持，促进共同协商。研究结果的第二部分反映了这一点：他们是促进交流的合作伙伴。重要的是，这种中断和过渡是通过沟通的方式来协商的。与此同时，它还发掘了对造成交流挑战问题的过程、实践和价值体系的深入理解。这样一来，学生能够通过交流的视角更好地理解社会不公的问题。

研究结果表明，学生们认识到交流问题的表征是 4 年级的教学用语从科萨语变成了英语。通过与教师、学生和社区成员的互动了解，他们对此进行深入反思与质疑，逐渐理解了这种交流问题的形成过程以及课堂上的日常活动对这一问题的持续性影响。然后，他们将自己的质疑延伸到政策环境中，并研究了学校的语言教学政策如何加剧这项交流挑战。他们进一步提出质疑，认识到种族隔离和殖民主义根深蒂固的价值体系是如何造成了日常生活中的交流不公，并对仍然处于边缘化的社区产生了怎样可怕的影响。通过这一尖锐的质疑过程，学生们认识到由权力关系和结构性不平等所导致的社区交流问题，从而增强了他们的政治意识（Kathard & Pillay 2013）。于是，学生们深入了解交流挑战的规模，并对其通过历史和持续的不公而产生的过程有了深刻的认识。

霸权主义影响着人们的日常生活和幸福安康。拉缪贡多（Ramugondo 2015）用“职业意识”来形容人们对持续存在的霸权主义日益察觉。对比可知，学生们的“交流意识”增强了，开始抵制把学生视为问题根源的惯性思维，并拒绝将外语语言学习者的交流困难归为病态。相反，他们观察到了霸权主义的社会、文化、结构和政治力量是如何导致学生交流的边缘化。尽管他们还不知道在社区实践中应该做什么，但当他们开始超越传统的职业角色时，却明白了什么不该做，这令他们充满活力，心怀希望。桑戴（Sonday 2016）在描述职业治疗师应如何对挑战其传统实践的环境时，强调了在环境中进行的深刻反思以及对职业身份的超越性建构能共同激发新型实践的产生。同样地，一项关于让健康科学专业的学生接触南非农村实践的研究（Pillay et al. 2016）发现，投身于社区环境的实践让学生有机会通过质疑自己的身份来重新定位自己。我们强调，由于职业身份的不稳定性，实践环境是造成认知和情感层面混乱的关键教学驱动因素。

从学生与教师、导师和图书馆助理馆员的接触中可以明显看出，这种伙伴关系有助于明确交流挑战的问题，同时为学生创造机会，最大化其学习机会。协作参与式方法挑战了殖民式实践的基本核心。在殖民式的传统工作模式下，治疗师负责给出解决问题的专业意见，但独立于患者/社区之外。在“学校改进计划”环境中，对言语治疗师来说，一切都是未知数。在社区发展实践的指导框架下，他们必须依赖伙伴关系来促进交流。然而，传统模式中的主导框架仍继续影响着他们的实际工作，使言语治疗师处于不利地位，要过渡到这种合作方式并非易事。随着学生参与度的提高，他们开始察觉到自己的无意识偏见，并意识到殖民主义根植于他们的知识、存在和实践之中。正如研究结果第二部分所述，学生开始重视发展交流的参与式方法。然而，尽管他们将语言视为促进双语学习的资源，但他们也同样认识到英语的统治地位容易下滑——这或许是他们共谋而成的（Makoe & McKinney 2014）。

如研究结果所示，伙伴关系方法的价值在于其具有生产力，并且有潜力形成能克服多种限制的创造性战略。教师、高中同伴辅导员和图书馆助理馆员成为发展交流学习能力过程的关键所在。这反映了伙伴关系具有强大的、充满生命力和创造性的潜力。伙伴关系的价值最终表明，去殖民化的实践是一个活跃的集体项目（Maldonado-Torres 2016）。在这个项目中，合作伙伴从边缘的旁观者角色转变为行动者（Fanon 2004）。

结论

借助“学校改进计划”提供的机会，言语治疗专业学生能够参与由环境塑造的实践活动，这种实践模式不是强加的，或者预先确定的。在传统殖民式实践的转型过程中，通过他们个人的专业化奋斗，言语治疗专业学生开始重新将自己定位为参与者，在社区环境中通过交流进而促进社会包容。他们通过与其他同学和社区成员的合作，成功向一种新型的、充满不确定因素的实践模式过渡。而他们的成功转型也得益于他们认识到，突破传统，发展新兴实践虽然艰难，但却是必要的。他们在把“基于职业的社区发展运动”框架（Galvaan & Peters 2017）付诸实践的同时，也认识到社区集体机构的重要性，而他们身处其中，正是这一机构的关键组成部分。

注释

1. 每年学期末，西开普省 3—6 年级的所有学生都要参加标准化语言与数学考试。

2. 转码是指同时用科萨语和英语进行交流。

参考文献

American Speech-Language-Hearing Association（2016）*Scope of practice in speech-language pathology*. Accessed May 2017，http：//www. asha. org/policy/SP2016 –00343/.

Aron M，Bauman S & Whiting D M（1967）Speech therapy in the Republic of South Africa：Its development，training and the organization of services. *British Journal of Disorders of Communication*. 2（1）：78 –83.

Aron M L（1991）Perspectives. *The South African Journal of Communication*

Disorders. 38（1）：3 - 11.

Braun V & Clarke V（2006）Using thematic analysis in psychology. *Qualitative Research in Psychology*. 3（2）：77 - 101.

DBE（2011a）*Curriculum and policy statement Grades 1 - 3：English first additional language*. Pretoria：Department of Basic Education.

DBE（2011b）*Curriculum and policy statement Grades 4 - 6：English home language*. Pretoria：Department of Basic Education.

De Lissovoy N（2010）Decolonial pedagogy and the ethics of the global. *Discourses：Studies in the Cultural Politics of Education*. 31（3）：279 - 293.

Ehren B J（2000）Maintaining a therapeutic focus and sharing responsibility for student success：Keys to in-classroom speech-language services. *Language, Speech, and Hearing Services in Schools*. 31：219 - 229.

Elksnin L K & Capilouto G J（1994）Speech-language pathologists perceptions of integrated service delivery in school settings. *Language, Speech, and Hearing Services in Schools*. 25：258 - 267.

Fanon F（2004/1961）*The wretched of the earth*. Translated by Richard Philcox. New York：Grove Press.

Galvaan R（2017）*Occupation-based community development：Partnerships for occupational justice*. Paper presented at the ESSA conference, Portugal（8 April 2017）.

Galvaan R & Peters L（2017）Occupation-based community development：Confronting the politics of occupation. In D Sakellariou & N Pollard（Eds）*Occupational therapies without borders：Integrating justice with practice*. London：Elsevier.

HPCSA（Health Professions Council of South Africa）（2012）*Regulations relating to the undergraduate curricula and professional examinations in speech-language therapy*. Accessed June 2017, http：//www. hpcsa. co. za/uploads/editor/UserFiles/downloads/speech/ Regulations% 20relating% 20to% 20the% 20Undergraduate% 20Curricula% 20and% 20 Professional% 20Examinations% 20in% 20Speech - Language% 20and% 20Therapy；pdf.

Jager G W（1994）Community-based education in speech pathology and audiology at the University of Durban-Westville in an underserved community. *The*

South African Journal of Communication Disorders. 41：93 – 103.

Kathard H & Pillay M （2013） Promoting change through political consciousness：A South African speech-language pathology response to the World Report on Disability. *International Journal of Speech Language Pathology.* 15 (1)：84 – 89.

Kathard H & Pillay M （2015） Communicating in educational contexts. In S Moonsamy & H Kathard (Eds) *Speech-language therapy in a school context：Principles and practices.* Pretoria：Van Schaik.

Law J，Reilly S & Snow P C （2013） Child speech，language and communication needs re-examined in a public health context：A new direction for speech and language therapyprofession. 48 （5）：486 – 496.

Legg C & Penn C （2013） A stroke of misfortune：Cultural interpretations of aphasia in South *Africa. Aphasiology.* 27 （2）：126 – 144.

Makoe P & McKinney C （2014） Linguistic ideologies in multilingual South African suburban schools. *Journal of Multilingual and Multicultural Development.* 35 （7）：658 – 673.

Maldonado-Torres N （2016） *Outline often theses on coloniality and decoloniality.* Accessed May 2017，http：//frantzfanonfbundation-fbndationfrantzfanon. com/IMG/pdi7maldonado – torres_ outline_ of_ ten_ theses – 10. 23. 16_ . pdf.

McGinty A S & Justice L M （2006） Classroom-based versus pull-out language intervention：An examination of the experimental evidence. *Evidence-Based Practice Briefs.* 1 （1）：3 – 25.

McKenzie J & Muller R （2006） Parents and therapists：Dilemmas in partnership. In B Watermeyer，L Swartz，T Lorenzo，M Schneider & M Priestley (Eds.) *Disability and social change：A South African agenda.* Cape Town：HSRC Press.

Miller L （1989） Classroom-based language intervention. *Language，Speech，and Hearing Services in Schools.* 20：153 – 170.

Pillay M，Bester J，Blaauw R，Harper A，Misindwana A，Muller J & Phillips L （2016） Allied health professional rural education：Stellenbosch University learners experiences. *African Journal of Health Professions Education.* 8 （2）：169 – 173.

Ramugondo E L （2015） Occupational consciousness. *Journal of Occupational Science*. 22 （4）: 488 –501.

Riessman C K （2005） . In N Kelly, C Horrocks, K Milnes, B Roberts & D Robinson (Eds) *Narrative, memory & everyday life*. Huddersfield: University of Huddersfield.

Roberts T A （2014） Not so silent after all: Examination and analysis of the silent stage in childhood second language acquisition. *Early Childhood Research Quarterly*. 29 （1）: 22 –40.

Royal College of Speech & Language Therapists （2005） *Royal College of Speech & Language Therapists clinical guidelines*. Accessed June 2017, http: //tcs-sexed. weebly. com/uploads/l/2/5/9/12593116/ebp_ rcslt_ clinical_ guidelines. pdf.

Sonday A （2016） *A case study ofprofessional role transition for occupational therapists in specialised education in post-apartheid South Africa: A critical narrative perspective*. PhD thesis, University of Cape Ibwn.

Ukrainetz T A & Fresquez E F （2003） What isn't language? A qualitative study of the role of the school speech-language pathologist. *Language, Speech and Hearing Services in Schools*. 34 （4）: 284 –298.

Webster L & Mertova P （2007） *Using narrative inquiry as a research method: An introduction to using critical event narrative analysis in research on learning and teaching*. London: Routledge.

Wickham M （2013） Widening the SLP lens: How can we improve the wellbeing of people with communication disabilities globally. *International Journal of Speech-Language Pathology*. 15 （1）: 14 –20.

WHO (World Health Organization) and the World Bank. （2011） *World report on disability*. Geneva: World Health Organization.

第十二章

反思职业治疗干预方法：在资源不足学校学习或向其学习

帕姆·格列舍尔　希琳·达蒙斯　梅利莎·弗兰克

和其他地区一样，南非的小学生每天花大量时间在学习工作[1]上（参见第五章），其中书写是他们学习的重点。本章描述了针对“学校改进计划”（SII）伙伴学校之一的因沙耶洛小学采用的一种职业治疗干预措施，旨在提高学生的书写能力，并揭示了如何利用玩兴、环境契合度和教师伙伴关系等方面来加强上述干预措施的影响和可持续性。总体而言，通过对干预措施的发展和实施进行的反思，对其中重点采用的绩效导向提出了批评。职业治疗干预的重点有可能转向解决学生的书写问题。因此我们鼓励对现有实践进行持续反思和批评，以强化针对儿童的职业治疗实践。

学校的传统职业治疗实践

在南非，许多职业治疗师在资源丰富的主流学校开设了私人诊所（Van der Merwe et al. 2011a）。南非职业治疗师对学生的情况进行评估，提供干预措施，解决他们可能遇到的书写困难（Naidoo et al. 2009；Van der Merwe et al. 2011a）。现有文献没有详细记载职业治疗师在学校提供的干预措施，但有研究描述了南非私人职业治疗师评估并纠正初级阶段学生书写不良时所采用的方法（Van der Merwe et al. 2011a；Van der Merwe et al. 2011b）。职业治疗师还受雇于政府教育部，他们历来在学校工作，为有特殊教育需要的学生提供服务。《教育白皮书6：全纳教育》（DoE 2001）努力推动各种支持途径的发展，解决公共教育体系中的极度不平等问题，使所有南非学生均获得接受优质教育的机会。这项政策旨在解决学习障碍，鼓励人们不仅要关注学生的内部障碍（内在表现因素），而且还要关注影响学生获得和参与学习的外部（环境）障碍。实现这种扩展性关注的机制之一是创建“地区支援团队”（DBST）。地区支援团队由卫生和教育专业人员组成，他们的任务是与公立学校合作，促进所有学生的学习机会。职业治疗师可以（但不总是）成为该团队的一部分。

地区支援团队成员提供各层面的帮助，满足那些在学校同时经历内部和外部学习障碍的学生的需要。经确定，这些学习障碍需要或要求额外的支持才能得以解决。受影响最大的莫过于那些就读于资源不足学校的学生。这些学校面临的各种外部障碍包括课程、教学方法和学习支持受限（参见第二章）。外部学习障碍还可能包括环境和工效学因素，如照明不足、通风不良、书桌与黑板的距离不达标、学生坐姿不佳、书桌和椅子的高度不协调以及写作材料有限等（Van der Merwe et al. 2011a）。内部学习障碍是指儿童行为的内在因素，包括各种感觉运动、认知表现因素和社会心理表现因素，这些因素都会阻碍学生取得学业成功。地区支援团队的实践模式能够推动职业治疗师在学校中发挥的潜在作用，拓展其影响范围。他们可以推动全纳教育的发展；协助进行学校的相关评估；支持有特殊教育需要的学生；并与家长和老师协商，为他们提供有关适应家庭和课堂环境的培训与教育（Sonday et al. 2012；Struthers 2005）。

但是，上述政策框架和协作机制执行不力。职业治疗师在团队中提供的帮助有限，而且他们的方法总是基于技能培养。这可能是因为在主流学校工作的职业治疗师没有得到足够的指导来构建他们的协作结构，因此无法解决影响学生学习的各种外部障碍（Sonday et al. 2012）。从另一角度来看，这也促使治疗师采取干预措施，侧重于提高学生的学习表现。

在资源不足学校进行职业治疗干预，解决书写问题

老师通常会在课堂上布置书写学习任务，例如，抄写板书或其他书面材料、用故事表达想法、完成数学方程式、进行笔试考察各学科知识。《课程和评估政策声明》（CAPS）对书写系统教学的短期课程规定进行了概述，即“每日 15 分钟，每周四次”（DBE 2012：9）。以下是教学课程大纲。

R 年级：学生遵循前书写计划的要求，发展感觉运动和感知运动技能。在老师的教导下，学生能使用正确的握笔方式，学会写字，包括掌握每个字母和数字的起笔、大小、形状和书写笔顺。

1 年级：开始正式的书写课程。学生要学会在四线格里确定字母的位置和间距。1 年级结束时，学生应能正确、流利地书写所有的小写字母和大写字母，并能将板书或书面例句正确抄写下来。学生最开始用蜡笔在白纸上写字，随着时间的推移，他们在正式的书写课上开始使用铅笔在行间距 17 毫米的横线本上书写，尽管许多学校的 2 年级学生仍然继续使用白纸作为书写材料。

2 年级：学生应提高书写印刷体的速度。

3 年级：学生在 3 年级上半学期过渡到连体字或草写体的学习阶段。虽然手写字体的选择仍由学校/省决定，但学生们应该在 3 年级结束前学会上述两种字体。3 年级的孩子开始使用行间距 8.5 毫米的横线本。这些学习阶段转变的确切时间将取决于儿童的学习水平和学校政策（DBE 2102：12）。

学生的书写成绩是根据其书面作业的质量和数量来衡量的，这些书面作业被布置在各种学习任务中（Van der Merwe et al. 2011a）。上述大纲明确表明，课程重点在于对学生进行分层教学，提高学生的书写技法——包括正确书写字母、形状和数字、字体的清晰度和书写速度。如上所述，内部和外部学习障碍可以影响学生对书写学习的参与度及其书写成绩，而书写水平的高低既代表学生对学习的参与度，又代表其学习表现，因此学生必须掌握多种书写技能来证明自己。实际上，视觉—运动整合能力（Visual Motor Integration，VMI）是儿童书写能力发展及其准确摹写字母和数字能力的重要预测因子（Brossard-Racine et al. 2011；Naidoo et al. 2009；Visser et al. 2017），它是学生为接收、解释和集成视觉图像（通常称为视觉感知）而需要的一种内在表现因素。反之，为了输出对写在纸上的字母或数字的运动响应（通常称为运动协调），它也是必要因素。

在学校工作的职业治疗师，为培养学生的视觉—运动整合能力、视觉感知和运动响应技能，提供各种干预措施作为提高他们书写成绩的手段（Van der Merwe et al. 2011a）。这些技能与能力间的正相关在小学生身上表现得更为显著，他们更倾向于依赖视觉反馈和运动信息来引导其书写和摹写图形、字母和数字的行为（Klein et al. 2011；Overvelde & Hulstijn 2011）。

在职业治疗的研究中，并没有相关文献对外部学习障碍的治疗干预措施进行广泛介绍。

下一节将专门描述因沙耶洛小学职业治疗服务的发展进程。之所以需要发展此项服务，是因为要对中小学学生进行一系列职业治疗筛选活动。活动内容及结果如下所示。

因沙耶洛小学职业治疗实践描述

2012 年末，学生健康和福利中心组织（SHAWCO）[2]的卫生与康复部门的学生负责人（实习职业治疗师）和“学校改进计划”项目经理一同向职业治疗的毕业课程召集人发起提议，请求职业治疗工作人员协助筛选 R 年级学生中的治疗对象。老师们表示，这些学生在发展书写技能方面都有困难。因此，筛选的目的是确定视觉—运动整合能力、视觉感知和运动响应的内部表现因素是否导致学生在学校书写任务中表现较差。干预的重点是消除这些内部表现因素的干扰，提高学生的书写成绩，稍后将在本章进行探讨。

第一次筛选在 2013 年 1 月底进行。因沙耶洛小学所有 R 年级学生的监护人都收到了知情同意书。过往文献对尽早实施书写干预的价值给予了大力肯定（Van der Merwe et al. 2011b），据此选择 R 年级学生作为筛选群体最为合适。这样的筛选方式是为了确定学生从上学之初就能为书写做好准备。参照第五版视觉—运动整合发育测验（DTVMI）（Beery K E & Beery N A 2006），对那些经监护人同意的 R 年级学生进行筛选。DTVMI 是一种标准化的评估工具，被职业治疗师广泛用于评估视觉—运动整合技能（Brown et al. 2007；Van der Merwe et al. 2011a）。经证明，该测试对评估 5 岁和 6 岁儿童的书写准备极其有效（Marr & Cermak 2002；Van Hartingsveldt et al. 2011），并被视为视觉—运动整合能力的有效度量（Goyen & Duff 2005；Parush et al. 2010）。比里（Beery K E & Beery N A 2004）的研究指出这项测试具有良好的心理测量特性，包括 0.92 的测试—复测信度相关性和 0.92—0.98 的评分者间信度。它作为一种可靠而有效的视觉—运动整合能力测量方法，不会显示性别、居住地或种族差异（Beery K E & Beery N A 2006），但对收入状况十分敏感

（Frey & Pinelli 1991）。由于筛选工作是在资源不足学校进行的，因此要将收入状况作为重要的考量标准。

数据收集工作在学校内部进行，地点安排在一个通风良好，靠近学生教室的大教室。职业治疗专业大四实习生已接受了标准化仪器的使用培训，严格按照以下的视觉—运动整合发育测试管理协议（Beery K E & Beery N A 2006）向小组学员（每组 10 名）分发测试表（第五版简表）：

> 视觉—运动整合：所有学生的任务都是摹画不同的几何图形。这些图形会越来越复杂，越来越难以描画。前三个测试项目是三种类型的涂鸦，接下来的三个任务要求学生模仿考官画的三种图形（垂直线、水平线和圆圈）。然后，学生们复制描绘了 15 个按难度排列的几何图形。根据管理标准，在连续出现三次错误后终止测试。
>
> 视觉感知：向学生展示这 15 个几何图形，并给出 2—7 个选项，他们需要从这些选项中选出所呈现的正确图形。连续出现三次错误后，或者超过 3 分钟时限，测试结束。
>
> 运动协调：学生在 15 个相同几何图形不断缩小的路径内追踪轨迹，同时不得超出这 15 个图形的线条范围。超过 5 分钟时限，考试结束。

管理规定每位学生的测试时间约 10—15 分钟。评估在上午进行，尽量将疲劳对评估结果的影响降至最低。科萨语能力较强的校职工和职业治疗专业学生一同协助向学生宣布测试要求。

为确保测试评估的准确性，30% 的评估由没有参与数据收集的且经验丰富的职业治疗师进行独立评分。每位学生的原始分数按照年龄转换成标准分数，即标准分数表示的是根据年龄调整的成绩水平。之后再计算该测试三个组成部分的总样本平均标准分数，以此描述学生在视觉—运动整合能力、视觉感知和运动响应方面的表现。

这次初步筛选的结果表明，R 年级学生在视觉—运动整合能力、视觉感知和运动响应技能方面正面临重大挑战。最初的计划是利用这些筛选信息，确保每月在该地区由学生主持 SHAWCO 诊所向学生提供适当且持续的支持。然而，筛选结果显示，许多学生（超过一半）认为自己在发展这些技能方面遇到了困难。由于 SHAWCO 诊所人员短缺等后勤因素，不可能通过这一渠道提供职业治疗干预。参与筛选过程的职业治疗专业学生和督导员建议，将因沙耶洛小学作为职业治疗专业课程最后一年的实践学习场所是更加可行的举措，实习生们可以在此进行有关儿童学习、发展和游戏（CLDP）的实践学习模块。SHAWCO 负责人、现场督导员、“学校改进计划”项目经理和毕业班学生召集人就这项行动计划的开展达成共识。

2014 年 2 月，CLDP 毕业班学生开始实践学习。他们利用 2013 年筛选过程中产生的数据，为现在的 1 年级学生设计并实施个体和群体治疗。这些干预措施是由职业治疗专业大四实习生提供，在课堂之外进行。干预的重点是建立以视觉—运动整合能力、视觉感知和运动响应的表现因素为基础的干预策略，并以此提高学生的书写成绩。

2015 年 1 月，对因沙耶洛小学提供的 CLDP 职业治疗服务进行检验。根据督导员和学生们的反馈，确定哪些干预转变是必要的。这些转变包括进一步考虑如何将书写干预与 R 年级学生对书写课程的期望更紧密地联系起来。反馈意见还强调，有必要通过与 R 年级教师建立伙伴关系，提高学生对干预的参与程度，从而确定增强干预可持续性的方式。

在南非，与教师合作进行的课堂干预并不常见。职业治疗师主要是治疗单个学生（Van der Merwe et al. 2011b）。然而证据显示，课堂嵌入式和与教师合作的书写治疗干预十分有效（Case-Smith et al. 2014），这也表明需要对干预措施的结构进行调整。职业治疗专业大四实习生及其督导员与 R 年级老师聚在一起，探讨实施课堂干预是否可行。教育工作者赞成实施课堂干预，因为书写属于 R 年级 CAPS 课程的读写范围。学生及其督导员与 R 年级教师共同探索并学习 R 年级读写课程内容。他们决定将干预措施与每周课程主题和 R 年级 CAPS 课程读写领域中概述的具体学习成果结合起来。双方同意，在指定的读写课程时段内，实习生将在四个 R 年级班级提供30 分钟的课堂干预课程。这些课程每周开展四次，分成三个为期七周的实践学习模块，贯穿全年进行。

为了进一步完善每节课的内容，学生及其督导员与 R 年级老师分享了 2015 年的筛选结果（本章稍后介绍）。他们还提出了自己的看法，即哪些干预活动对解决 2015 年筛选过程中确定的沟通挑战问题是重要的。教师们受邀对提议的活动提出进一步建议或做出改变。这种方式让教师体验到职业治疗的原则，他们能对活动的重点和选择进行指导。接着，学生们利用老师在教育策略方面丰富的专业知识，以及他们在书写课程中采用的授课规则，再将这些整合到干预措施中。教师和职业治疗专业学生通过这种方式参与干预，直到一个完整的干预模板在具体指导实施的指令下修订到位。这种合作方式促进了干预的可持续性，即当学生不在实践学习现场时，教师依然可以继续实施干预。同时，学生也以这种方式与教师讨论符合学校书写干预的最佳实践模型（Case-Smith et al. 2014）。这些措施也与《教育白皮书 6：全纳教育》（DoE 2001）的理念相符，后者鼓励治疗师和教师发展合作伙伴关系，加大课堂与治疗服务的对接，并鼓励职业治疗服务与课程目标之间建立更紧密的联系。

游戏作为儿童的主要活动对修改干预极其重要。人们认识到游戏是大多数孩子最好的学习方式，因此在因沙耶洛小学利用游戏来实现干预目标（Case-Smith & Obrien 2015）。斯卡尔（Skard）和邦迪（Bundy）（2008）描述了玩兴的四个要素——内在动机、内部控制、暂停现实以及在游戏互动中读懂和给予暗示的能力。实习生在 R 年级学生课间休息时观察他们的游戏参与情况，记录玩兴的四个要素，以确定哪些游戏活动让学生感兴趣。研究发现，学生们喜欢集体性、动作性游戏活动，这些游戏包含虚构元素，并为学生们设定了游戏目标。因此将这些游戏纳入干预范围。例如，一节课堂干预包含粉笔跳房子的游戏环节。两人一组，一个学生在搭档的背上描画一个字母或数字，该学生接着跑跳一定步数，在着陆的区域形成相应的字母或数字。

上述所有转变都纳入了干预范围。在 2015 年再次进行视觉—运动整合发育测试筛选，根据结果确定在视觉—运动整合能力、视觉感知和运动响应方面进行干预的具体重点。筛选数据的过程如下。

2015 年就读于因沙耶洛小学的 R 年级学生有 118 名，我们使用视觉—运动整合发育测试对其中 64 名学生的样本进行了筛选，并向学生的监护人提供了知情同意书。这些样本既有男孩又有女孩，平均年龄为 5 岁零 6 个月。各部分总样本的平均标准分数在 75. 42—88. 68 之间（表 12. 2），这说明大多数学生的得分处于低水平或低于平均水平，百分等级为 5—23 不等。

本研究还呈现了样本中每个学生视觉—运动整合发育测试因素（视觉—运动整合能力、视觉感知和运动响应）的标准分数分布情况，如表 12. 2 所示。

表 12.1　　2015 年 R 年级学生视觉—运动整合发育测试因素分析结果

	视觉—运动整合能力 百分等级	视觉感知辅助测试 百分等级	运动响应辅助测试 百分等级
总样本量			
（n = 64）	23rd	5th	21st

资料来源：作者编制。

在测试的视觉—运动整合能力部分，标准分数在 58—114 之间，67% 的学生得分在平均范围内（83—117）。在视觉感知辅助测试中，学生获得了介于 45—120 之间的标准成绩。其中，分数分布倾向落在较低范围内，大多数学生都处于非常低和较低的范围（标准分数在 68—82）。根据学生的视觉感知表现，建议对他们的视力进行进一步的评估。在运动响应辅助测试中，学生获得了 16—114 的标准分数。分数分布偏向于较高范围，75% 的样本得分落在平均范围内。上述得分与南非儿童初级阶段代表性样本的视觉—运动整合能力、视觉感知和运动响应成绩研究结果相关（Rens 2008；Visser et al. 2017）。

表 12.2　　DTVMI 所有考试的标准成绩分布

标准成绩范围及描述符	视觉—运动整合能力	视觉感知	运动响应
	n = 64	n = 64	n = 64
40—67 非常低	5	21	6
68—82 较低	16	22	10
83—117 平均水平	43（67%）	20	48（75%）
118—132 高	0	1	0
	64	64	64

资料来源：作者编制。

如表 12.1 和表 12.2 所列出的测试成绩数据所示，样本中的三种技能平均成绩非常低或较低，表明在此基础上要实施干预的必要性。最佳实践方法是支持使用生物力学、感觉运动、习得方法组合解决书写成绩差的问题（Case-Smith et al. 2014；Van der Merwe et al. 2011b）。这些方法产生的原则为干预提供指导。通过包容各种感官输入（触觉、动觉和听觉），利用感觉运动方法，在学习者综合视觉输入基础上输出正确的运动反应。同这种方法一样，干预活动的重点是通过一系列以运动为基础的活动来培养学生的身体意识，增强学生对自己在空间中身体位置的理解。这种身体意识与自信有助于他们接收和整合视觉信息（Case-Smith et al. 2014）。

用于建立身体意识的活动包括身体儿歌（我说你做游戏）、注重平衡和跳跃的障碍课程、跳房子。这些活动还涉及生物力学方法，它的额外益处是能够稳固学生的身体重心，增强姿势稳定性。这两者是确保学生坐在书桌前画画写作时能够保持舒适姿势的关键因素。在学生产生身体意识之后，将对干预活动进行仔细的分级。这些活动从上述的动觉大身体意识运动发展到动觉活动，后者旨在帮助学生嵌入计划形成的运动符号中，即学生为创建每个图形、字母和数字而必须进行的物理动作。

在学生对图形、字母、数字的动觉意识基础上建立的活动包括使用各种媒介，如手指画、沙盘和水盘，用来帮助学生理解每个图形、字母和数字的意义。使用这些媒介鼓励学生一边吟唱歌曲（旨在建立他们对特定图形、字母或数字的视觉和运动记忆）一边摹写图形、字母和数字。接着，我们采用了一种三维方法，即学生使用橡皮泥、珠子和积木等材料来搭建三维字母、图形和数字。

作为进展过程的最后一步，在活动中采用二维方法，让学生有机会使用书写工具，如用粉笔、蜡笔和铅笔来练习书写字母、图形和数字。这些材料从较大仪器到较小工具不等。优先练习竖线和水平线，再是对角线和环形线，紧接着依次练习书写图形、字母和数字。不断摹写和练习书写各种图形、字母和数字的结构，作为一种书写习得方式。

批判和反思实践方法

上述例子表明，学校职业治疗实践中采用的传统干预方法发生了显著变化。这些变化包括：

(1) 更广泛地利用视觉—运动整合发育测试评估数据作为确立干预重点的依据；

(2) 参与评估玩兴的各个方面，并汲取玩兴的要素，支持学生参与书写干预实践；

(3) 更广泛地利用教师的帮助，深入了解课程，将课程中的主题融入干预之中，并以教师为合作伙伴，一起计划并实施干预。

为了进一步反思这项干预措施的执行情况和在这个过程中产生的认识，我们提出了以下关键设想。

尽管干预发生了变化，但干预持续的绩效导向仍然存在。干预的主要焦点是提高书写成绩，这种导向反映了学校环境中的主导式霸权，即学生衡量学业成功的标准仍然是他们取得的课程成绩（第八章，彼得斯和加尔万）。儿童活动表现仍然是职业治疗干预的重点。实践型方法受人推崇，未遭过质疑。成绩导向型评价方法的好处和积极影响不应忽视，但若继续使用这种办法而不适当考虑活动的环境性质——包括与进行活动有关的更广泛方面——那么这种方法就应该受到挑战。加尔万等人（Galvaan et al. 2015a，2015b）要求以更加契合环境的视角看待活动，这个视角关注影响特定活动重点的各种环境因素以及这些活动在环境中发生的方式。

他们提到了一种更为关键的职业治疗实践方法，该方法利用“基于职业的社区发展运动”（ObCD）框架来解决资源不足学校的学生面对的学习挑战（参见第八章）。该框架提供方法来批评既定理论基础的相关性，而这些理论基础为学生在学校的职业治疗实践提供指导。

总之，我们鼓励读者探索这一框架，并思考如何借助该框架中包含的方法来看待影响资源不足学校学生的学习项目（如书写）的更广泛的环境因素。由此，我们提出了各种问题，帮助读者思考这些环境因素：

除了内在的表现因素外，还有哪些因素可能影响和/或限制学生对书写课程的参与？

哪些更广泛的环境因素可能导致学生难以参与书写课程以及表现不佳？

书写的关键是否仍然建立在学生读写能力基础之上？学生还可以用其他什么方式表达自己的想法？

有哪些多种形式的参与可以建立在学生的读写能力之上，并允许他们以其他方式表达自己的想法？

注释

1. 在本章中，“工作”指儿童在基础学习阶段从事的学习活动，包括书写、阅读、理解、数学和生活技能。

2. SHAWCO 是开普敦大学的一个学生志愿者组织。

参考文献

Beery K E & Beery N A（2004）*The Beery-Buktenica developmental test of visual-motor integration with supplemental developmental tests of visual perception and motor coordination for children and adults and stepping stones age norms from birth to age six：Administration，scoring and teaching manual.*（4th edition）. Minneapolis，MN，USA：NCS Pearson，Inc.

Beery K E & Beery N A（2006）*The Beery-Buktenica developmental test of visual-motor integration with supplemental developmental tests of visual perception and motor coordination for children and adults and stepping stones age norms from birth to age six：Administration，scoring andteaching manual.*（5th edition，revised）. Minneapolis，MN，USA：NCS Pearson，Inc.

Brossard-Racine M，Majnemer A，Shevell M，Snider L & Belanger S A（2011）Handwriting capacity in children newly diagnosed with attention deficit hyperactivity disorder. *Research in Developmental Disabilities.* 32：2927－2934. Accessed May 2017，http：//dx. doi. org/10. 1016/］. ridd. 2011. 05. 010.

Brown G Z，Rodger S，Brown A & Roever C（2007）A profile of Canadian paediatric occupational therapy practice. *Occupational Therapy in Health Care.* 21（4）：39－69.

Case-Smith J & C O'Brien J（2015）*Occupational therapy for children and adolescents.* St. Louis，Missouri：Elsevier.

Case-Smith J，Weaver L & Holland T（2014）Effects of a classroom-embedded， occupational therapist teacher handwriting program for first grade students. *American Journal of Occupational Therapy*. 68, 690 – 698.

DBE (2012) *Curriculum and Assessment Policy Statement, Final Draft*. Pretoria: Department of Basic Education, South Africa.

DoE (2001) *Education White Paper 6: Special needs education: Building an inclusive education and、training system*. Pretoria: Department of Education, South Africa.

Frey P & Pinelli B (1991) Visual discrimination and visuo-motor integration among two classes of Brazilian children. *Perceptual and Motor Skills*. 72 (31): 847 – 850.

Galvaan R, Gretschel P & Peters L (2015b) Occupational therapy in the school context: an occupational perspective. In S Moonsamy and H Kathard (Eds) *Speech pathology and audiology within an educational context: Principles and practices*. Vian Schaik: Pretoria.

Galvaan R, Peters L & Gretschel P (2015a) Embracing an "occupational" perspective to promoting learning in context. *South African Journal of Higher Education*. 29 (3): 281 – 293.

Goyen T A & Duff S (2005) Discriminant validity of the developmental test of visual-motor integration in relation to children with handwriting dysfunction. *Australian Occupational Therapy Journal*. 52 (2): 109 – 115.

Klein S, Guiltner V, Sollereder P & Cui Y (2011) Relationships between fine-motor, visual-motor, and visual perception scores and handwriting legibility and speed. *Physical & Occupational Therapy in Pediatrics*. 31 (1): 103 – 114.

Marr D & Cermak S (2002) Predicting handwriting performance of early elementary students with the developmental test of visual-motor integration. *Perceptual and Motor Skills*. 95 (2): 661 – 669.

Naidoo E Engelbrecht A, Lewis S & Kekana B (2009) Visual motor integration (VMI) – a predictor for handwriting in Grade 0 children. *South African Journal of Occupational Therapy*. 39 (2): 18 – 21.

Overvelde A & Hulstijn W (2011) Handwriting development in Grade 2 and Grade 3 primary school children with normal, at risk, or dysgraphic characteristics. *Research in Developmental Disabilities*. 32: 540 – 548.

Parush S, Lifshitz N, Ybchnian A & Weintraub N (2010) Relationships between handwriting components and underlying perceptual-motor functions among students during copying and dictation tasks. *OTJR: Occupation, Participation & Health.* 30 (1): 39 –48.

Rens Z (2008) The standardisation of the Beery-Buktenica developmental test of visual motor integration on an Eastern Cape population aged 7 years and 0 months. Unpublished research report. Johannesburg: University of Witswatersrand.

Skard G & Bundy A C (2008) Test of playfulness. In L D Parham and L S Fazio (Eds) *Play in Occupational Therapy far children.* St. Louis Missouri: Mosby.

Sonday A, Anderson K, Flack C, Fisher C, Greenhough J, Kendal R & Shadwell C (2012) Schoolbased occupational therapists: An exploration into their role in a Cape Metropole full service school. *South African Journal of Occupational Therapy.* 42 (1): 2 –6.

Struthers P (2005) *The role of occupational therapy, physiotherapy and speech and language therapy in education support services in South Africa.* Accessed May 2017, http://hdl. handle. net/11394/1855.

Van der Merwe J, Smit N & Vlok B (2011a) A survey to investigate how South African occupational therapists in private practice are assessing and treating poor handwriting in Foundation Phase learners: Part 1 demographics and assessment practices. *South African Journal of Occupational Therapy.* 41 (3): 3 –11.

Wn der Merwe J, Smit N & Vlok B (2011b) A survey to investigate how South African Occupational Therapists in private practice are assessing and treating poor handwriting in foundation phase learners: Part II treatment and evaluation practices. *South African Journal of Occupational Therapy.* 41 (3): 11 –17.

Van Hartingsveldt M J, De Groot I J M, Aarts P B M & Nijhuis-Van der Sanden M W G (2011) Standardized tests of handwriting readiness: A systematic review of the literature. *Developmental Medicine and Child Neurology.* 53 (6): 506 –515.

Visser M, Nel R, Jansen X Kinmont L, Terblanche S & Van Wyk L (2017) Visual perception of five-year-old English-speaking children in Bloemfontein using the Beery VMI –6, DTVP –3 and T VPS –3. *South African Journal of Occupational Therapy.* 47 (2): 17 –26.

第十三章

行动中的合作伙伴关系：发展大学与中小学合作伙伴关系，建立实习教师与指导教师协作支持机制

帕蒂·西尔伯特　克莱尔·费尔贝克

种族隔离制度结束20年后的南非依然面临十分严重的教育不平等问题，如克拉克在第二章中强调的那样，南非教育一直属于二元或双制办学体系（Fleisch 2008；Spaull 2012；Van Der Berg et al. 2011；Yamauchi 2011）。随着人们对优质教育的需求日益增加，我们必须意识到学校对专业合格教师的需求，尤其是那些在教育体系中处于弱势地位与不平等处境的学校。在职前教师专业发展中，大学通过培养能在各式学校环境中工作的优秀教师，对减少教育机会不平等发挥着关键作用（Islam 2011；Mutemeri & Chetty 2011；Pennefather 2008，2011；Robinson 2014，2015）。这项培养工作的关键是让实习教师在专业必修的教学实践（TP）期间接触来自不同教育社区的学校，从而使他们能够在不同环境中发展和实践创新型教学方法。然而，如果这种实践模式能够促进职前教师专业发展，那么那些在具有挑战性的学校环境里实习的学生必须对学校和自己给予足够支持。

一般安排实习教师在指导教师所在的班级中进行教学实践。指导教师是经验丰富、知识渊博的专业人士，他们能够与实习教师合作进行课程规划、开展教学活动以及评估学生表现，为实习教师提供重要的专业发展机会，从而有助于实习教师个人和专业身份的构建（Mukeredzi 2013；Robinson 2015）。这种支持需要正式地、有计划地进行，并且应通过对话式互动将理论与实践联系起来（Mukeredzi 2013）。近期许多在南非进行的研究都指出，指导教师对实习教师提供的支持质量参差不齐（Kiggundu & Nayimuli 2009；Mukeredzi 2013；Mukeredzi et al. 2015；Mukeredzi & Manckona 2013；Mushoriwa & Mavuso 2014），并呼吁要通过持续性培训和发展为指导教师予以支持。需要建立合作伙伴关系，为实习教师和指导教师提供支持，以巩固这类研究的开展。

本章将介绍开普敦大学为期两年的行动研究项目，该项目的重点是向实习教师及其校本指导教师提供协作支持的方案。“学校改进计划”（SII）向实习教师提供分布式支持，作为他们职前专业发展的一部分。

“指导”一词意味着由经验比较丰富的教师为实习教师的专业发展和学习提供支持。在这项行动研究项目中，“支持”的概念包括情感因素（Rajuan et al. 2008）和组织因素，二者对实习教师和指导教师的专业发展均有帮助。“分布式支持”是指接受包括教师在内的众多合作伙伴对职前教师专业发展所共同承担的协作责任。这种支持水平反映出大学与中小学在具有历史挑战的环境中共同致力于发展优质教育。

正是在这种背景下，本项目提出了以下问题：

在大学与中小学合作伙伴关系中，可以采用哪种类型的协作支持策略？这种合作支持对校本指导有什么意义？

鲁滨逊（Robinson）在 2014 年进行了一项研究，提出一种支持多元化师资培养的教师教育概念模型。通过整合该研究的内容，我们认为通用方法并不适用于教学实践，而且大学提供的支持模型需要适应教学实践进行的特定环境。此外，不仅实习教师需要支持，指导教师由于可能要经常采用不熟悉的新方式来帮助实习教师，他们也需要政策支持。为了巩固这两个支持方向，我们认为，大学与中小学合作伙伴关系可以开展一种协作的参与方式，让两种层次的学校都享受这种支持机制。

职前教师培训中的大学与中小学合作伙伴关系

本章所讨论的专业实践学校（DBE 2011）的办学理念能够反映大学与中小学合作伙伴关系对职前教师培训的促进作用。专业实践学校指可以用于专业学习场所的学校，实习教师在此进行课程实践。专业实践学校应设置在不同的社会和教育环境中，旨在通过备课、授课和反思活动，为实习教师提供在实践中学习的机会（Robinson 2014）。本项目强调大学与专业实践学校在不同背景下紧密合作的重要性。

专业实践学校的办学理念体现了大学与中小学的合作伙伴关系，表明二者之间的关系发生了变化，即双方“保留各自身份，但愿意互相学习，共同学习”（Teitel 2008：78），一起承担教师专业发展的责任。蔡克纳（Zeichner 2010：89）提出了“混合空间”概念，把这种共建式参与模式视为“教师教育计划的认识论范式转变”，在这种计划中，“学术知识、实践者知识和社区知识以新的较少层级的方式聚集在一起”，为实习老师创造新的学习机会（Mutemeri & Chetty 2011）。从这个意义上说，学校成为教学实践的学习场所，学校教育可以通过实践或在实践过程中实现（DHET & DBE 2011）。

虽然所有能用于专业现场学习的学校均可视为专业实践学校，但在本研究项目中，该术语指参与“学校改进计划”大学与中小学合作伙伴关系的特定学校，它们属于克里斯蒂等人（Christie et al. 2007）所描述的南非“主流”学校。这些学校建构了“数据标准”（Christie et al. 2007：100），它们专为处在精英阶层和极度贫困阶层之间的中间人群设立，学校师生大多是黑人，拥有的物质资源十分有限。学校内学习和教学用语（LoLT）是英语，而不是大多数教师和学生的母语。“主流学校”是位于城市和城镇周边地区的典型学校，比如学校改进计划的伙伴学校就在这些地方。这些学校普遍被贫困、犯罪和失业等社会经济问题困扰。面对这样的学校环境，实习教师需要为此做好适当准备，以便发挥积极影响。

许多研究都说明了指导教师在大学与中小学合作伙伴关系模式中的作用（Hall et al. 2008；Hobson 2002；Mutemeri & Chetty 2011；Stanulis & Russell 2000；Teitel 2008）。霍布森（Hobson 2002）的研究指出，指导活动不该只由被指定为“导师”的老师进行，学校的其他老师也要实施指导。许多学者（Hobson 2002；Rajuan et al.，2008；Zanting et al. 2001）研究了实习教师对其校本指导经历的感受。在南非，近期教学实践的研究对象普遍侧重于农村学校（Mukeredzi 2013；Mukeredzi & Mandrona 2013；Mushoriwa & Mavuso 2014；Pennefather 2008）以及指导教师帮助实习教师发展的知识类型（Mukeredzi et al. 2015）。

该领域的很多学者，包括霍布森（Hobson 2002）、赫德森等人（Hudson et al. 2013）和穆克厄兹等人（Mukeredzi et al. 2015），都强调需要为指导教师提供更有效的培训机会。鲁滨逊（Robinson 2014：115）认为，在南非国家发展稳劲的指导实践尤为重要，因为在这里，指导教师要帮助实习教师准备不同情境下的教学模式，这直接影响到大学如何“在困难的社会环境中为学生提供最好的服务”。

穆克厄兹等人（Mukeredzi et al. 2015：9）呼吁所有的利益攸关方（包括教师教育者、教育部门和学校）就职前教师的支持问题进行承诺性对话。这些学者认为，“教育机构应该领衔发展和/或维持中小学和大学之间牢固的合作伙伴关系，并确保采取适当策略增强指导效果”。

尽管该领域的研究不少，但迄今为止，南非学界还没有任何调研是将职前教师教育行动研究方案作为现有大学与中小学合作伙伴关系的组成部分。此外，也没有任何研究审视在这种伙伴关系中为实习教师和指导教师提供分布式支持的可能性。

根据教学实践的传统观点，人们希望学校为实习教师开展实践教学提供场所（Mutemeri & Chetty 2011：506），但在教师发展的协作模式下，学校（及其教师）是积极的合作伙伴，也是“实现合作计划的重要贡献者”。大学与中小学之间关系的转变——从有限的交际转变为建立深入的合作伙伴关系——已被提倡作为改善教师培训实践的一种方式（Deppeler 2006；Islam 2011；Mukeredzi et al. 2015；Mutemeri & Chetty 2011；Pennefather 2011；Ramsey 2000）。

通过紧密互惠的协作，“学校改进计划”努力满足学校在职教师的专业发展需要，同时为实习教师提供机会，帮助他们积累在各种学校环境中的授课经验。这项计划并不以建立伙伴关系本身为目标，而是把伙伴关系视为提高各方参与质量的一种手段。这一目标的优势在于，它具有足够潜力为实习教师和指导教师提供新型协作支持。

专业实践学校（PPS）项目背景

开普敦大学教育学院开设为期一年的研究生教育证书（PGCE）专业课程，为初级阶段、中高级阶段以及继续教育和培训阶段[1]的职前教师提供师资培训。课程要求申请人必须具有本科或本科以上学历。该课程的校本培训模块要求学生在不同的学校完成两项为期六周的督导式教学实践。开普敦大学教育学院将确保这六周的教学实践在两所不同的学校进行，让学生在不同的学校环境中体验各自的教学实践。

在2013年和2014年，中级阶段的实习教师受邀申请“学校改进计划”专业实践学校的实习项目。这两年的申请人数众多，表明实习教师对该项目的兴趣较高，他们都在资源较好的学校完成了自己的首次教学实践。由于“学校改进计划”伙伴学校距开普敦大学有25—30公里，路程较远，因此提供交通资助。专业实践学校项目的招生人数受现有资金与指导教师的限制。2013年，共有6名学生参与该项目——3所伙伴学校各有2个名额。2014年，人数增至11名——其中2所学校有4个名额，另外3所学校有3个名额。

该项目要求由一名大学督导员和“新星计划”（iKwezi）项目的教育专家为实习教师提供支持（参见第六章）。正如后文所述，该计划的教育专家为实习教师提供的补充性支持发挥了重要作用。教学实践期间，在中小学和大学分别进行每周一次的课程规划与反思交流会。

研究方法

在这项行动研究项目中，行动研究方法的特别之处在于捕捉参与者在实践过程中的表现、评价和批判性反思（Kemmis & McTaggart 2000；Koshy et al. 2010；Meyer 2000）。这些参与者包括指导教师、大学督导员、“新星计划”团队和实习教师。参与计划的三所学校都是现有的伙伴小学，在第一批实习教师入职前一年就加入了“学校改进计划”。其中，每一所学校都有2名指导教师，由校长和学校管理团队（SMT）选出，他们也有意担任导师的角色。6名指导教师中有3名是该团队的成员，这6人都在自己的学校任教至少5年。只有1名指导教师有相关经验，但没有人接受过任何指导或培养实习教师的正式培训。6名指导教师中有5名在进行了为期两年的指导实践后继续参与其中。第6位指导教师因健康原因不得不在2014年退出。

实习教师的参与完全出于自愿。基于这三所伙伴学校的描述，介绍了实践项目的情况，并把相关情况提供给参加研究生教育证书（PGCE）专业课程的学生，他们对这些实践项目表现出浓厚兴趣。2013年，6名学生自愿进入伙伴学校开展实习；2014年，有12名学生自愿加入。在这18名志愿者中，有 2 名男性，16 名女性，2 名说科萨语，16 名以英语为母语。

本研究项目采用阐释性的主题方法分析数据，允许在不同文本中出现主导型主题和模式。学生数据的收集来自两种途径，即深入型焦点小组座谈以及学生在教学实践期间撰写的反思日志。同样，指导教师的数据由焦点小组的座谈记录和其在六周的短期课程培训中撰写的七本日志收集而来。“新星计划”教育专家提供的书面反馈也作为数据来源之一。

通过重复行动反思周期、延长问题的研究时间、多角度分析数据以及检查成员的核实方法，研究结果的质量、有效性、准确性和可信性都得到了提高（Mertler 2012）。此外还通过整合来自不同角色参与者的多个数据源（包括访谈、反思日志、书面反馈和焦点小组座谈）来验证研究结果（Stemler 2001）。研究中提及的老师和学生均使用化名。

下列的分析采用逻辑归纳法，以定性行动研究设计为基础，由两年多内收集的数据构建而成。行动研究过程包括以下两个行动反思周期。

2013 年：行动反思周期一

· 在 2013 年教学实践模块开始之前，对指导教师进行访谈，为他们提供了一次交流机会，分享对自己即将作为指导教师的期望和看法。

· 进行为期六周的教学实践和校本指导。

· 在 2013 年教学实践模块结束之后，分别与指导教师和实习教师进行焦点小组座谈，反思各自的实践经历。这对指导今后的教学实践有所帮助。

2014 年：行动反思周期二

· 在 2014 年教学实践模块启动之前开始对指导教师的短期培训课程，阐释该课程的理念，以满足指导教师在去年焦点小组座谈中所表达的需求。

· 进行为期六周的教学实践和校本指导，在每个班级安排两名实习教师，鼓励同伴支持。

·2014 年教学实践结束之后，再次与指导教师和实习教师举行焦点小组座谈，反思并评估他们的实践经历。与去年一样，两组讨论分开进行。

讨论

根据两个行动反思周期收集来的数据，本研究项目主要确定了三个主题。其中，“分布式指导”主题与实习教师的专业发展有关，而“分布式支持”主题涉及支持校本导师以帮助实习教师，从而实现其专业发展。第三个主题“想象式指导”从前两个主题衍生而来，它包含实习教师对指导的看法、指导教师的自我认知以及重新定义指导角色的可能途径。

接下来的讨论基于在这两个行动研究周期内确定的主题，描述实习教师对两次行动周期的反思，然后讨论指导教师自己的反思。

学校里的分布式指导

分布式指导涉及指导教师提供支持的两大层次。第一，他们为实习教师提供有价值的反馈，承担培养责任；第二，他们努力欢迎实习教师融入学校环境。指导教师和以前未被指定为指导教师的教师（以下称为非指导教师）都在不同程度上展现了这两种支持层次。

在指导教师的帮助下，实习教师普遍觉得自己得到了培养，受到了关心，从以下评论中可以看出：

> 她是一位了不起的导师，总是照顾我们，关注我们整体的幸福感。她极其专业，始终将我们的最大利益放在心上。她平易近人，我一直都很清楚她对我们的期望。尽管不会给出很多批评性的反馈，但是当我们有问题的时候，她总是愿意倾听，并愿意尝试回答我们的问题，她真的很称职。实习结束时，她还以书面形式为我们做了一个正式的批判性分析，这对我们帮助很大。

然而，总体而言，PGCE 学生认为课后没有从指导教师那获得足够多的重要反馈，而且反馈中少有除了类似“不错，你做得很好”之外的评价。同样，指导教师也很少向这些学生提供课前准备的安排或指导。其中一名学生说道：

> 指导教师没有教我该怎么做，只是说“就是这样，你自己去做就好。参照课本，翻翻教师手册”。所以根本没有指导如何制定实际计划。

在另一所学校，一名学生表示，虽然她的指导老师会旁听她授课，但并未与她讨论过授课事宜，而是暗示她根本“不需要”进行教学实践：

> 我记得我第一次讲课的时候，指导老师就告诉我，即使我不来这里，他们也发给我一张证书……从那以后，她就再也没有真正给过我有关其他课程的反馈，但是她会在教室里做其他的事情，比如课堂管理。

实习教师对非指导教师所扮演角色的描述表明，有时，那些没有被指派为导师的教师比真正的指导教师更负责。如果指导教师不在，或者指导教师班上的学生正在考试，实习教师就会与非指导教师建立联系。在其他时候，非指导教师会自发地邀请实习教师给他们班授课。实习教师对他们提供的支持给予好评，这些支持往往有助于增强他们对学校社区的归属感：

> 西姆迪尼女士，她间接成为我们的指导老师，每天早上都会问我们“一切都还顺利吗？你们今天有什么安排？”她是数学教育专家，会给我们提出建议……她担任起了导师的角色。

一名学生（来自另一所学校）也积极反映了来自非指导教师的反馈：

> 另一位教 4 年级的老师人很好。我上了一堂美术课，然后……她给了我们很认真的反馈……并建议我如何改善。我认为指导教师应该如此……我相信她会成为一名好的指导教师。

非指导教师提供的支持突出强调了霍布森（Hobson 2002）关于导师角色的概念。他认为，能提供指导和帮助的人员除了指定的指导教师，还应该包括能提供建议和支持的其他教师，由此强调了所有教师参与指导过程的重要性（如数据所示），也明确了不同层次互动和支持的价值。例如，学生经常提及他们在学校受到的热情帮助和照顾，如下所述：

> 学校的校职工都非常乐于助人，他们宽容温和，想方设法让我们感到自在。

分布式指导深化了专业实践学校的理念，并意味着整个学校和实习教师的专业发展与福祉息息相关。在大学，分布式支持的概念同样拓展了支持发挥的作用，使其覆盖更广泛范围内的专业人员。下文描述了“学校改进计划”提供的协作支持计划以及实习教师对该计划的回应。

“学校改进计划”提供的分布式支持

在2013年和2014年教学实践开始前，“新星计划”教育专家（第六章，迈耶等人）为“学校改进计划”伙伴学校的实习教师提供了一份成绩分析报告，系统比较了三所伙伴学校的学生在过去四年间的语言和数学成绩。这使实习教师有机会了解学校背景，并深入观察每个学校学生的成绩水平。在伙伴学校进行教学实践的实习教师除了要做课堂展示，每周还要与教学实践督导员进行一次非正式会面（不同于非伙伴学校，他们在为期六周的教学实践计划期间通常会进行两次督导检查）。此外，开普敦大学督导员和“新星计划”每周会主持实习教师的校本反思和督导会议（称为“周五会议”）。

“周五会议”让实习教师每周能有一次机会简要反思自己的实践，相互交流并分享经验，而且他们可以相互合作或与督导员和“新星计划”教育专家合作规划课程。会议关注的重点通常是回顾实习教师在前一周经历的重要活动，并在此基础上创建理论实例。此外，“新星计划”员工在会议期间讲授示范课程并就课程规划提出建议。“周五会议”基于“行动中反思”理念（Sykes & Dean 2013），而不是“行动后反思”，旨在为实习教师提供一个支持性空间，让他们与大学督导员和“新星计划”团队成员一起对其教学实践进行反思。其中一名实习教师这样评价“周五会议”：

> 我觉得“周五会议”对未来教师专业发展相当重要。你一定要与人交流……从实习项目开始之初，每个周五都可以有交流机会，我认为这会使大家更愿意参加（伙伴学校）的实施项目。

另一名实习教师评论道：

> 也许你在某个星期注意到了一些你在会议上没有提到的事情……那么在下周会议上，你可以扩展之前的话题，这样就不必重复解释整件事了。

从“新星计划”团队角度出发，其中一名教育专家反思了他们在“周五会议”期间对实习教师的支持作用：

> 在周五下午的会议中，我们围绕实习教师需要调整的内容进行讨论，给予他们有效支持。其间他们能够清晰地表达自己的教学策略，并让我们客观地评价他们的想法，这有助于增加他们对自己课堂展示的信心。

开普敦大学每周五举行的会议有助于培养实习教师的归属感。在“新星计划”的支持下，“周五会议”作为“共享空间”（Rusznyak & Moosa 2014：100）和“交往空间”（Eady et al. 2015）为实习教师提供了一个中立空间，让他们能够相互交流，并且重要的是，他们可以把实践与专业知识结合起来（Darling-Hammond et al. 2005）。这些学者认为，“周五会议”必须建立在职前学习经验的基础上。实习教师与其指导教师和大学教育工作者相互协作的价值往往在于能够强化职前专业实践（Birman et al. 2000；Cohen & Hill 2000，2001；Darling-Hammond et al. 2005；Desimone et al. 2002；Garet et al. 2001；Rutgers & Reddy 2013）。在下一节的重点探讨中，实习教师互相给予的额外支持也进一步证明了这一价值。

同伴支持

在第一次行动反思周期结束后，大家一致同意在明年将实习教师分为两人一组，结对授课，而不是像去年那样独来独往。这一转变旨在鼓励实习教师在合作中规划、反思、分享经历（Mitchell et al. 2011），并在课堂管理和教学活动中相互支持。实习教师一起往返于乡镇之间，提升了同伴支持模式的价值，从而为彼此提供了一个定期共享的交流空间。

一名实习教师意识到她的某项课堂尝试并不奏效后，这样反思道：

> （这）根本不管用，我必须想出一个计划……我会征求同伴的意见。和四位同事在班车上同行的过程非常好，我们能反思教学，交流想法……这对我和同伴们来说很有意义。我们分享各自的挫折和成就，交换改善教学方法的意见。

另一位实习教师在对她的教学实践进行整体性反思时，对“班车课堂反思”评论道：

> 我会想念“班车课堂反思”的。我从同伴那里学到了很多。有时在早上我甚至不想说话，但我的心情却总能受到班车故事分享的鼓舞。

大学督导员和“新星计划”教育专家的支持以及同伴合作使实习教师普遍感觉得到了极大的帮助。尽管背景和经历不同，但实习教师一致认为，他们都在校本导师的协作支持中受益匪浅。在一名实习老师的日志摘录中，我们可以体会到这一点：

> 在某些方面，教学实践比我预想的要容易一些。指导教师、“新星计划”团队和其他同伴的支持……都发挥了巨大作用。在实践中，我观摩其他实习教师授课，聆听他们如何解决课堂上的问题，从他们身上学到了很多。并且我们得到了关于课程和授课的指导，这对我们

来说有很大帮助，我能注意到这些收获对课堂带来的巨大改变。我认为这种指导过程能真正帮助到（实习）老师……还能激励他们。

同样，另一名实习教师在教学实践开始时评价了“新星计划”课堂展示的意义，这帮助她对学校环境做好充分准备：

相比第一次，这次教学实践，我做足了心理准备，了解学校的学生规模以及学校的相关统计数据，比如学生综合测试成绩，这些信息能帮助我更好地为教学实践做准备。

下面两名实习教师在他们的日志中更广泛地反思了自己的教学实践：

这是一次奇妙的经历，我学到了很多关于教学和教学法的知识，建议将来的 PGCE 课程也应设有这些内容。这段经历能让实习教师了解南非的教育情况，并学习如何适应这里的教学风格。

这次教学实践让我坚定地、绝对地、毫无疑问地确定了我从事教育事业的决心与热情，甘于投身于教育……对我来说，无论作为教师还是个体，这次实践都是最有价值的经历之一……它让我成为更好的自己，开阔了我的眼界，使我见识到“更广阔的天空”。我期待着自己未来的发展方向。

由于指导教师经常忙于其他工作，实习教师因此特别感激协作支持模式对他们的帮助。同时，他们对指导教师繁忙的日程安排颇有微词，他们强调指导教师应承担起自己的多重身份：除了指导之外，还包括行政管理、与家长打交道，以及为学生年度综合测试做准备。

想象式指导

现实情况是，指导教师工作繁重，又担有其他责任，因此只能给实习教师安排想象式指导，它既能减少辅导教师的工作要求，又可以重新定义导师角色。在“学校改进计划”提供的协作支持机制范围内，焦点小组对这种指导模式进行了讨论。实习教师一致认为，指导教师可以减少辅导手册中要求的对实习授课进行的观察和评价次数，尤其针对每个班级安排有两名实习教师的情况，可以相应减少。

一名实习教师认识到积极的教学实践需要分布式支持，而不只是依赖指导老师的帮助，这名实习教师这样反思：

> 在教学实践中，我得到了很多人的支持，因此进行得比较顺利。我想在自己首次进行教学实践时获得更多这样的支持。

以上我们描述了实习教师在第一个和第二个行动研究周期的教学实践期间对自己所获得的支持进行的反思，下面我们将讨论指导教师的自我反思。下一节将具体描述他们如何看待自己的导师角色。

导师身份的自我反思

2013 年教学实践开始之前，大学督导员与每一所中小学的指导教师开展讨论，特别关注他们的导师角色和期望，并针对教学实践的预期结果进行了更广泛的探讨（Gravett et al. 2014）。正如这些讨论中所揭示的那样，在所有事例中，导师的个人教学实践经历都给他们自己留下了深刻的印象（Hall et al. 2008）。据导师们回忆，他们很少受到指导教师的批评，反而能在实际任务中得到友好帮助。在所有情况下，指导教师均认为他们要发挥实际作用，像一名真正的指导教师那样提出建议，“告诉实习生应该怎么办”。导师们表示，这包括分享实用技巧——从演示教学辅助工具的使用，到帮助学生填写教师职位申请表。

如上文所述，在 2013 年教学实践之前，导师对自己角色的看法（Kwan & Lopez-Real 2005），与他们和学生在教学实践结束之后的反思一致——即他们认为批判性反思、对课程规划的投入和建设性反馈都没有发生。这些缺失反映了指导教师对其角色认识的矛盾心理，他们在教学实践之后的焦点小组座谈中表达了这一点。尽管最初已经召开了简要的说明会，但导师们表示，仍然不清楚实习教师对他们的期望是什么。因此，他们要求大学在第二年教学实践开始之前就对他们的指导技能进行进一步提升。为了响应这一要求，研究人员开发了一门大学认证的短期培训课程，以深化指导实践，为 2014 年的教学实践做准备。

对指导教师的支持（2014 年）

短期培训课程是在 2014 年教学实践开始之前引入的，旨在帮助指导教师更有效地发挥其指导作用。按照协议，指导活动将包括安排会议以向其他年级的教师介绍这些指导教师；与实习教师商议教学计划，讨论学生对课程的反应，合作准备下周的教学实践。

指导教师和实习教师需要召开一次启动会议，就导师的角色达成一致，明确实习教师对指导教师的期望，以杜绝臆测行事，避免混淆导师的角色和责任。为了互利互惠，进行指导的对话方式必须能明确认识，通过协商确定实际角色。

除了明确指导手册中概述的导师角色和期望之外，为期六周的培训课程还要求指导教师撰写反思日志，由经验丰富的导师一对一进行检查。课程培训老师在教学实践初期和中期拜访每位指导老师，帮助他们指导实习教师。指导教师利用所有记录指导活动的日志，与课程培训老师一起对教学实践活动进行反思。

教学实践结束时分析导师日志发现，5/6 的指导教师在日志中记录实习教师"授课表现良好"，但并没有对此进行解释或说明。此外，从指导教师的日志可以看出，所有指导教师都认为他们已经认真指导实习教师了，但只有一位指导教师记录了短期培训课程（见上文）包含有各种类型的活动。

在短期培训课程的开发过程中，研究人员预计，在基于实践的培训模式中，指导教师能更好地履行大学所期望的指导职责。然而，第二个行动研究周期的数据表明情况并非如此。总的来说，短期培训课程对指导教师的实践工作影响有限，特别是在他们对其实践进行批判性反思并向实习教师提供建设性反馈的能力方面。

尽管课程最初就阐明了导师角色和期望要求，但研究证明，在与实习教师交往中，指导教师的主导作用仍然是提供情感支持。本着关怀和培养实习教师的态度，指导教师认为有责任确保他们得到良好的照顾，并给予他们发展机会和空间，让他们尽可能多地实践教学。从这个意义上说，指导教师起到了某种监督作用，确保实习教师的利益最大化，并保证他们实现学科课程的培养目标。

从指导教师的反思中可以看出，他们在教学指导过程中实现了个人价值和职业价值。他们向实习教师学习新技能和新思想，得到了实习教师的强烈肯定，这也让他们相信自己能发挥作为教师的优势。这种指导经历提高了他们的自尊水平，正如一位指导教师所说，这让她觉得自己可以“作出贡献”。指导师教们认同自己对实习教师的生活产生了积极影响。一位指导教师讲述道：

> 我不确定自己是否做得好，但在与这些实习学员接触后，我可以感觉到自己改变了他们的生活。

在中小学层面，指导教师认为实习教师的教学实践对学校声誉有积极的影响：

> 这个项目让学校声名鹊起，随着消息迅速传播，入学人数不断增加。社区区民认识到，这所学校在大学的良好支持下能使他们的孩子得到更好的教育。

指导教师很高兴能通过使用技术和获取新信息而接触到其他信息源。或许最重要的是，指导教师认为，母语为英语的实习教师能在教学中减少语码转换的频次，鼓励学生在课堂上更多地使用英语。

分布式指导：从导师的角度出发

2014 年的数据再现了分布式指导的主题，因为导师们自己也主张在全校范围内更好地分配指导角色。一位老师如是认为：“尽管你只想上课，但也必须培养其他方面的职能。”另一位老师说：

> 最终，分布式指导发挥的效能并不仅仅取决于我们（指导老师），

> 它与所有人都有关。因此，我们需要代表学校与管理者一起坐到谈判桌前……（指导工作）更多的是学校的责任。

然而，实行分布式指导的学校也面临着挑战。例如，导师们指出他们有时很难从非指导教师那里收集并整理反馈，因为这些反馈并不总能如期而至。

另一个问题是，一些非指导教师把实习教师的实践课堂视为自己的自由时间：

> 其他现在有学员的老师则把学生上课的时间安排为自由时间。这个问题亟待解决，也令人不安。如果这些老师不在教室里旁听实习教师授课，那么他们也就不能提供反馈。

尽管存在这些挑战，指导老师们一致赞同指导应该在整个学校分布实施。他们认为这可能会给未来的教学实践带来积极的变化——对专任教师、实习教师和学生来说都是如此。大家认为，让更多教师接触不同的教学风格和教学策略，反过来会帮助提高学生的学习成绩。

结论

本章旨在描述在不同学校环境中为实习教师及其校本指导教师提供的协作支持计划。该计划的前提是了解当前大学与中小学合作伙伴关系对职前教师专业发展的关键作用，而这类教师发展应由大学和中小学共同承担。

从数据中可以看出，实习教师重视导师在帮助他们适应学校环境时所提供的情感支持——他们认为这种体验与他们的第一次教学实践截然不同。

鉴于指导教师日常工作的性质和环境，以及时间分配存在的各种竞争性因素，他们想要从容安排时间并不容易。实习教师经过反思，认为他们从指导教师那里得到的支持超出了自己的预期，并基于教师每天面临的环境挑战，设想是否有可能实行一种不同的指导模式。

我们充分认识到，指导教师对实习教师发挥至关重要的支持作用，特别是在具有挑战性的情况下（Hobson 2002；Pennefather 2008），而且提高“指导质量会影响实习教师在学校的整体实践表现”（Pennefather 2008：91）。然而，我们认为，在实习教师获得额外支持的情况下，有可能也确实有必要重新定义指导教师的传统角色。这种“重新设想”涉及将一些指定导师的指导任务分配给学校的其他老师。

本研究项目利用“新星计划”综合支持策略建立了其他机制来支持实习教师的教学需求。这意味着学生不需要完全依赖导师就可获得关于教学法的知识。这些机制有意囊括一系列学校或校园活动，让学术工作者、教育专家、学校导师，重要的是学生都参与进来。“周五会议”为实习教师提供了与“新星计划”教育专家和学术督导员交流的空间——并且他们能通过分享想法和反思实践进行互动。

我们认为，支持模式需要主动囊括那些将指导实践扩展到传统指导边界之外的机制，以便共享核心指导功能。这不仅确保了实习教师能获得有效的支持，而且中小学的价值在进行教学实践的期间和之后都得到增加。分布式支持的举措将巩固主流学校作为专业实习场所的使用价值，从而为学生——实际上是教师——提供一个从职前实习中获得最大利益的机会。

这项为期两年的试点项目为我们提供了宝贵的学习经验，即利用校内导师和教师支持、学生之间的协作支持、大学督导员和教育专家对校园教育的支持而形成的优势互补在多大程度上可以显著加强实习教师的职前学习。

最后，我们认为，学生在广泛背景下接受的职前教师培训需要一个可靠的合作伙伴关系计划，也需要获得支持——不仅是大学的支持，而且包括中小学的支持。基于大学和中小学这两个层面所提出的协作、互补和分布式支持策略对于优化为实习教师和指导教师提供的支持至关重要，特别是在社会和教育层面都具有挑战性的环境中。这能使实习教师对不同的学校教学工作做好准备，并在最需要教学准备的学校做出积极有意义的贡献。

致谢

作者谨在此感谢南非《教育杂志》批准出版本章内容。

作者还想要感谢“新星计划”负责人卡利·库内在行动研究项目进行期间提供的专业帮助，以及黛安娜·亨德里克斯、塔米·姆拉蒂、卡希夫·哈桑和加里·鲍威尔为实习教师提供来自大学的支持。贾妮斯·怀利和阿莉西娅·戴维兹对短期培训课程的支持也十分重要。感谢乔纳森·克拉克博士和帕姆·克里斯蒂教授的意见。

注释

1. 南非的教育制度分为不同阶段：初级（R—3 年级）；中级（4—6 年级）；高级（7—9 年级）及继续教育和训练阶段（10—12 年级）。

参考文献

Birman B，Desimone M & Porter A（2000）Designing professional development that works. *Educational Leadership*. 57（8）：28－33.

Christie P，Butler D & Potterton M（2007）*Report of the Ministerial Committee*：*Schools that work*. Pretoria：Department of Education.

Cohen D K & Hill H C（2000）Instructional policy and classroom performance：The mathematics reform in California. *Teachers College Record*. 102（2）：294－343.

Cohen D K & Hill H C（2001）*Learning policy*：*When state education reform works*. New Haven CT：Yale University Press.

Darling-Hamniond L，Hammemess K，Grossman R，Rust F & Shulman L（2005）The design of teacher education programs. In L Darling-Hammond & J Bransford（Eds）*Preparing teachers for a changing world*：*What teachers should learn and be able to do*. San Francisco：Jossey-Bass.

DHET & DBE（2011）*Integrated strategic planning framework for teacher education and development in South Africa*：*2011－2025*. Pretoria：DHET/DBE.

Deppeler J（2006）Improving inclusive practices in Australian schools：Creating conditions for university-school collaboration in inquiry. *European Journal of*

Education. 21 (3): 347 – 360.

Desimone L M, Porter A C, Garet M S, Yoon K S & Birman B F (2002) Effects of professional development on teachers' instruction: Results from a three-year longitudinal study. *Educational Evaluation and Policy Analysis*. 24: 81 – 112.

Eady S, Drew V & Smith A (2015) Doing action research in organizations: Using communicative spaces to facilitate (transformative) professional learning. *Action Research*. 13 (2): 105 – 122.

Fleisch B (2008) *Primary education in crisis: Why South African schoolchildren underachieve in reading and mathematics*. Cape Town: Juta.

Garet M, Porter A, Desimone L, Birman B & Yoon K (2001) What makes professional development effective? Analysis of a national sample of teachers. *American Education Research Journal*. 38 (4): 915 – 945.

Gravett S, Petersen N & Petker G (2014) Integrating Foundation Phase teacher education with a "teacher school" at the University of Johannesburg. *Education as Change*. 18 (1): 107 – 119.

Hall K M, Draper R J, Smith L K & Bullough J F (2008) More than a place to teach: exploring the perceptions of the roles and responsibilities of mentor teachers. *Mentoring & Tutoring: Partnering in Learning*. 16 (3): 328 – 345.

Hobson A J (2002) Student teachers' perceptions of school-based mentoring in initial teacher training (ITT). *Mentoring & Tutoring: Partnership in Learning*. 10 (1): 5 – 20.

Hudson R Spooner-Lane R & Murray M (2013) Making mentoring explicit: Articulating pedagogical knowledge practices. *School Leadership & Management*. 33 (3): 284 – 301.

Islam F (2011) School-university partnerships in preparing new teachers: Possibilities and limitations. In F Islam, C Mitchell, N de Lange, R Balfour & M Combrinck (Eds) *School-university partnerships for educational change in rural South Africa*. USA: The Edwin Mellen Press.

Kemmis S & Mclaggart R (2000) Participatory action research. In N Denzin & Y Lincoln (Eds) *Handbook of qualitative research* (2nd edition). Thousand Oaks CA: Sage Publications.

Kiggundu E & Nayimuli S (2009) Teaching practice: A make or break phase for student teachers. *South African Journal of Education*. 29: 345 – 358.

Koshy E, Koshy V & Watennan H (2010) *Action research in healthcare*. London: Sage Publications.

Kwan T & Lopez-Real F (2005) Mentors' perceptions of their roles in mentoring student teachers. *Asia-Pacific Journal of Teacher Education*. 33 (3): 275 – 287.

Mertler C A (2012) *Action research: Improving schools and empowering educators* (3rd edition). London: Sage Publications.

Meyer J (2000) Using qualitative methods in health-related action research. *British Medical Journal*. 320: 178 – 181.

Mitchell C, De Lange N, Balfour R & Islam F (2011) Transforming teacher education? A rural teacher education project experience. In F Islam, E C Mitchell, N de Lange, R Balfour & M Combrinck (Eds) *School-university partnerships for educational change in Rural South Africa*. USA: The Edwin Mellen Press.

Mukeredzi T (2013) The journey to becoming teaching professionals in Rural South Africa and Zimbabwe. *Australian Journal of Teacher Education*. 38 (10): 83 – 104.

Mukeredzi T & Mandrona A (2013) The journey to becoming professionals: Student teachers' experiences of teaching practice in a rural South African context. *International Journal of Educational Research*. 62: 141 – 151.

Mukeredzi T Mthiyane N & Bertram C (2015) Becoming professionally qualified: The schoolbased mentoring experiences of part-time PGCE students. *South African Journal of Education*. 35 (2): 1 – 9.

Mushoriwa T D & Mavuso M P (2014) Student teachers' views of the impact of school experience programme on their perceptions of the teaching profession. *Mediterranean Journal of Social Sciences*. 5 (8): 336 – 342.

Mutemeri J & Chetty R (2011) An examination of university-school partnerships in South Africa. *South African Journal of Education*. 31: 505 – 517.

Pennefather J (2008) "Rural" schools and universities: The use of partnerships as a teaching strategy in enhancing a positive response to rurality. *Perspectives in Education*. 26 (2): 81 – 94.

Pennefather J (2011) Landscape shapes mindscape: Partnerships as agency in a community of learning. In F Islam, C Mitchell, de Lange N, R Balfour R and M Combrinck (Eds) *Schooluniversity partnerships for educational change in rural South Africa*. USA: The Edwin Mellen Press.

Rajuan M, Beijaard D & Verloop N (2008) Student teachers perceptions of their mentors as internal triggers for learning. *Teaching Education*. 19 (4): 279 –292.

Ramsey G (2000) Quality matters: Revitalising teaching: Critical times, critical choices. *Report of the Review of Teacher Education and Training, New South Wales*. New South W'les Department of Education and Training: Sydney.

Robinson M (2014) Selecting TP schools across social contexts: Conceptual and policy challenges from South Africa. *Journal of Education for Teaching 4Q*. (2): 114 –127.

Robinson M (2015) *Teaching practice in initial teacher education: Research and interventions in South Africa*. Draft report: A study conducted for the Zenex Foundation.

Rusznyak L & Moosa M (2014) Supporting student teachers through their first attempts at teaching: Possibilities and limitations afibrded by school-based and campus-based models of support. *Education as Change*. 18 (sup 1): S. 91 –S. 105.

Rutgers L & Reddy C (2013) Cognitive coaching: strengthening Grade R teachers' leadership capacity as supervising partners of student teachers. *South African Journal qf Higher Education*. 27 (4): 1005 –1020.

Spaull N (2012) *Poverty and privilege: Primary school inequality in South Africa*. Stellenbosch Economic Working Papers: 13/12. Stellenbosch: Stellenbosch University and the Bureau for Economic Research.

Stanulis R N & Russell D (2000) jumping m: Irust and communication in mentoring student teachers. *Teaching and Teacher Education*. 16: 65 –80.

Stemler S (2001) An Overview of content analysis. *Practical Assessment, Research & Evaluation*. 7 (17): 1 –10.

Sykes C & Dean B A (2013) A practice-based approach to student reflection in the workplace during a work-integrated learning placement. *Studies in Continuing Education*. 35 (2): 179 –192.

Teitel L (2008) School/university collaboration: The power of transformative partnerships. *Childhood Education*. 85 (2): 75-80.

Van der Berg S, Burger C, Burger R, De Vos M, Du Rand G, et al. (2011) *Low quality education as a poverty trap*. Stellenbosch: Stellenbosch University.

Ymauchi F (2011) School quality clustering and govermnent subsidy in post-apartheid South Africa. *Economics of Education Review*. 30: 146-156.

Zanting A, Verloop N & Vermunt J (2001) Student teachers' beliefs about mentoring and learning to teach during teaching practice. *British Journal of Educational Psychology*. 71: 57-80.

Zeichner K (2010) Rethinking the connections between campus courses and field experiences in college-and university-based teacher education. *Journal cf Teacher Education*. 61 (1-2): 89-99.

第十四章

通过跨学科合作促进对社区参与的反思，推动学校整体性发展

帕蒂·西尔伯特　罗尚·加尔万　乔纳森·克拉克

本书介绍了五年来通过“学校改进计划”（SII）开展的情境驱动型跨学科积极合作。每章内容反映了不同概念方法与各种实践方式的结合，为大学与中小学在行动中的合作伙伴关系研究提供了一个当代视角。

在大学校内开展的跨学科合作以及与中小学建立的合作伙伴关系能够帮助我们更好地理解社区参与进程对卡雅利沙镇教学实践的塑造和构建作用。作为一项参与式研究，这样多层次的合作激发了一些新见解，帮助我们思考如何通过情境式参与来加强学生在高等教育阶段的学习以及如何丰富校内的教学和学习实践。学习成果的产出又促进了大学与中小学合作伙伴关系的发展，并显著推动了大学持续开发“学校改进计划”中涉及的学科和专业课程。

情境

“学校改进计划”的制定初衷是使其成为一个需求导向型、情境型的学校整体性发展模式。从一开始，情境就是关键的驱动力，这一点在该计划最初的需求问卷调查以及与伙伴学校的持续交往中可以看出。因此，尽管针对该计划的五个目标（参见第一章）而制定的各种方案是其运作的关键，但它们并非被框定为一刀切的通用干预措施。相反，正是中小学的需求明确了具体干预措施的有关信息，并塑造了干预范围、规模和持续时间，从处于“边界思维”（Grosfbguel 2011）的人的角度出发为学术研究指

明了方向。彼得斯和加尔万（参见第八章）阐述了边界思维如何适用于作为关键合作伙伴的家长们。

为推动学校发展而采取的复杂和差异化方法是合作伙伴关系工作的基础，从而突出强调了社会、政治和历史因素的影响。正如弗莱施和克里斯蒂（Fleisch & Christie 2004：96）所指出的那样，“需要将历史背景视作一个压倒性的因素，人们对效能改善的所有判断都不能脱离它而存在”。在这项合作研究中，一个重要的学习领域由此诞生，即为特定情境中的学校制定的改进策略需要考虑更广泛的社会和经济背景，并根据每个学校的具体情况调整方案的确切性（West & Hopkins 1996）。这种方法表明，多重定位对产生关于学校改进的认识至关重要，因为真正的新知识可以随着社区环境中人的出现而产生（Ndlovu-Gatsheni 2014）。例如，在第四章中，校长（在家长的支持下）对迟到学生和校园安全问题所采取的措施可以被解释为一种全景式监控方法。然而，“学校改进计划”没有站在审判的立场看待这些问题，而是认识到校长是在动态的、高度复杂的环境中怀有多种不同的（往往是相互矛盾的）预期来处理问题。

特定情境策略的实施效果表明，不同发展水平的学校需要不同的干预措施（Hopkins 2001；Westraad 2011）。此外，尽管一些学校能够在没有太多外部支持的情况下启动和维持学校发展，但也有一些学校则需要接受更多的外部支持和干预（Hopkins 2001）。

任何情境下的学校改进方案都会面临内部挑战（例如缺乏可预测性、难以控制结果），再加上外部社会经济因素，情况会更为复杂，但我们必须开放、灵活地应对这些挑战。我们试图通过共同承诺合作伙伴关系、对话、跨学科合作来做到这一点。

反思合作伙伴关系

我们认识到，“学校改进计划”内部并没有单一的运作模式，但有不同的贡献形式，这些贡献是对一系列互补、互动和相互依赖的领域中的专业知识的反映。然而，我们研究校本参与的方法是基于该计划运作模式的内在多元性，并与其合作伙伴关系的发展前景相一致。相互合作伙伴关系建立在这三个关键原则的基础上：建立关系、培养信任以及通过批判性反思和回顾来加强对持续参与进程的支持。

在项目初始阶段，建立关系与培养信任至关重要（参见第一章），我们认为这是持续参与的一个整体特征。建立信任关系需要各方参与者在整个干预期间积极并持续地给予支持，而这又需要不断投入时间和精力。如本书第一章和其他章节所讨论的那样，建立关系和培养信任的过程代表了“学校改进计划”的目的特性。我们在此要强调的是不断创造机会来进行反思和回顾的重要性。大学和中小学的这些对话平台能帮助我们深化合作，建立信任，并产生新的概念和实践。然而，我们承认，尽管跨学科实践已经取得了一些进展，但还需要进一步的认知转变（Grosfbguel 2011）。亚伯拉罕斯等人（Abrahams et al.）（第十一章）和格列舍尔等人（Gretschel et al.）（第十二章）解释了这点，并描述了他们的学科实践如何重新被概念化。

对话、反思和学习

承诺与参与项目执行的人员以及我们的校本伙伴继续对话，对于帮助应对学校情境中的挑战至关重要。这确保了该计划（SII）在满足学校需求方面仍然具有相关性和有效性（Li 2017）。从一开始，我们就致力于不断反思和回顾不同层次的合作伙伴关系，包括区级巡回指导组、其他部门人员、校长、学校管理团队（SMT）、学校管理机构（SGB）、家长、教育工作者和学生。这些层面的批判性反思为他们创造了多样化的机会，他们可以分享自己对合作伙伴关系各个方面的不同看法。讨论和行动则反过来促进了新的认识的产生，而这些认识也已经成为我们建立联系、共创变革不可或缺的一部分（Freire 1982）。

在各个层面，以对话和行动的形式而进行的参与已通过一系列论坛得以开展，但不限于本书各章所述的论坛。多种参与形式为批判性地反思实践、回顾进展、应对挑战和介入联合规划都创造了机会。一个重要观点应运而生，即创建强有力的对话平台非常重要，在承认和肯定优势的同时，处理当前面临的挑战的能力是有效参与的关键。除了以解决方案为重点外，联合反思和回顾会议的目的还在于加深信任，深化合作，最重要的是确保该计划（SII）继续满足学校社区的需求。

在大学层面，科研工作者、临床教育者和学生督导员之间经常举行反思会议和实践总结大会。大多数都预先安排在一年中的不同时间点，例如在学生七周实践学习模块结束后。但若有必要，可以随时举行。实践总结大会提供了全年不断的机会，从而批判地反思实践中跨学科合作的过程，应对挑战，并为后续实践模块的进行提供新的思路。重要的是，针对实践的持续对话和合作反思塑造了新的概念，进而引发了新的实践。

可持续性

在大多数学校改进计划中，都有这样一种假设，即可持续发展战略需要从一开始就纳入战略目标范畴。根据这一观点，衡量成功干预的标准体现在学校不再需要在特定的时间点进行特定的干预。然而，我们通过校本合作伙伴关系认识到，在所有学校环境中，持续性学校改进干预是必需的，而且总是必要的。任何将自己定义为学习型机构的学校，都可以践行对持续性专业发展的承诺，并且这种承诺确实是推动学校有效发展的关键因素（Li 2017）。这标志着“学校改进计划”对学校整体性发展的愿景，代表着与合作学校长期合作的承诺。

在南非，中产阶级普通公立学校如果有意就能获得组织性支持以促进教师专业发展。然而，大多数普通公立学校（例如本书提到的那些学校）没有这样的财政资源。虽然学校可以免费获得由非政府机构和私营服务商（自筹资金）提供的服务和资助，但大多数工薪阶层学校可获得的服务选择和范围都很有限。

虽然我们认为继续参与诸如“学校改进计划”等项目是学校发展的当务之急，特别对于那些社会经济条件较差的学校，但我们也充分认识到学校在实施这些方案和干预措施中承担责任的重要性。只有当学校有足够多的参与者愿意接受变革（Westraad 2011）并致力于变革时，在学校内部进行的任何变革才能由此获得动力。如果各方没有深入集中地共同参与合作伙伴关系，那么计划能吸引到的投资始终都是有限的，从而造成特定干预的效力受到损害。

大学层面的可持续性

作为学生专业实践的一项必修课程，来自各大学院系的学生每年都被安排到伙伴学校实习，这表明该计划（SII）的这一内容已正式纳入大学课程。中小学和大学之间建立的合作伙伴关系促使这类实习能够持续进行，不受外部资金的影响，而是嵌入大学课程之中。本科生和研究生在各个学科的贡献反映了大学的社会响应进程，他们不断为大学生和中小学生提供价值。这为大学内跨学科知识的产生创造了机会。

中小学层面的可持续性

中小学将“学校改进计划”方案纳入其年度战略规划研讨会的主题范畴，从而促使学校发展的参与者将各种活动视作对中小学学业计划的干预，而不是补充。将该计划（SII）方案纳入学校改进规划（SIP）和集成质量管理系统（IQMS）过程是在对此类项目进行整合。具体干预措施被纳入学校发展过程是极其重要的，因此学校能够在《全国学校整体性评价政策》的框架内正式形成能够自我完善的文化（DoE 2001）。

“学校改进计划”方案被纳入学校每周活动的一个例子是因沙耶洛小学实行的家庭作业辅导项目（参见第五章和第十章）。起初，该项目（由进行社区实践的职业治疗专业学生引进）的执行方式是由邻近一所中学的11年级学生对因沙耶洛小学的6年级学生进行每两周一次的课后作业辅导。2017年，教师们与“学校改进计划”共同决定，将该项目与对4年级、5年级、6年级最新推出的干预项目结合起来，主要针对需要额外学业帮助的学生，并于2016年推行。教师将这两个项目合并，继续推行，这表明他们认为课后作业辅导项目于学生有益。

关于图书馆——在2013—2016年实施的图书馆扶持计划中，“学校改进计划”承担了3/4的图书馆助理馆员津贴，但这种情况已逐渐发生变化。2017年，该计划只提供了4名助理馆员中每人1/4的津贴费用，其余部分都由学校负责。学校对图书馆及其助理馆员的财政投资进一步反映在以下活动中：图书馆助理馆员需要定期参加员工通报会，向教师说明图书馆有关事项。学校制定的时间表应确保每个班级每周都有一次机会去图书馆，这也体现了学校的支持及其可持续发展。

结论

当我们回顾“学校改进计划”过去几年的工作，并重新审视今后的发展目标时，我们首先要强调大学和各中小学的贡献。各中小学重视专业发展和学校自身发展，在创造更有利的教学环境方面发挥了重要作用。在大学，学生和科研工作者已开始探索新途径，使社区参与能够丰富课程改革，引起一定的社会反响。

我们针对参与式研究采取的合作方式——重视实践推动理论研究，并结合理论指导实践——一直是本项目涉及的重要学习领域，它将在我们前进的过程中为我们的工作提供信息。实践与理论的双向互动是本研究的重点内容，即大学—中小学合作伙伴关系、跨学科合作、社区参与和学校整体性发展。通过这个多层次的过程，我们将继续批判性地审视理论和实践之间的联系，并将中小学和大学定位为彼此的合作伙伴，相互帮助。

我们承认，大学已经开始更积极地参与工薪阶层社区的学校教育，将其作为社会响应进程的一部分，并且在某些院系内及各系部之间存在着强有力的跨学科合作。然而，我们认为，在应对国家教育挑战和动员教育机构内部的合作行动方面，各院系内部和院系之间需要做的工作还有很多。此外，还需要在不同大学之间——尤其是在大学、中小学和社区之间——建立伙伴关系，并在此方面取得更大进展，以打破主流话语，改变传统实践，而也正是因为这些话语和实践的历史性存在，我们的行动被限制，我们的思想被禁锢。

本研究强调了创造新空间的必要性。在这些空间中，大学与中小学合作伙伴关系（如 SII）开展的活动可以指导青年和教育相关的更广泛的辩论。这涉及批判地回顾学校和社区的参与过程如何有助于知识的产生和应用，它需要一种创造性、交互式和跨学科性质的参与式研究方法。在向前迈进的过程中，我们也要提出疑问，像“学校改进计划”这样的合作伙伴关系如何通过解决资源不足的社区青年的多方面需求，在改善教育不平等方面发挥作用。因此，我们的任务是扩展目前的大学与中小学二元合作方式，并通过与伙伴学校进行跨学科合作，构想出一个更能直接契合社区需求的模式。在这种模式下，大学连同中小学和社区，可以作为“锚”发挥关键作用，如本森等人（Benson et al. 2007）的提议所言，作为变革的“创造性催化剂”。我们需要将大学—中小学—社区的三位一体合作视作一个平台，并对此进行探索，促使大学重新定位自己与其所服务社区的关系，对大学在更广泛的社区参与和社会责任方面发挥的作用进行重新构想，这对决策者、科研人员和教育服务提供者都有影响。

归根结底，大学的根本责任是在清晰的社会响应和社会正义进程范围内，通过形成更深入且能持续的社区参与形式，重新构思并转变其体制文化。

参考文献

Benson L，Harkavy I & Puckett J（2007）*Deweys dream：Universities and democracies in an age of education reform.* Philadelphia：Temple University Press.

DoE（2001）*Whole school evaluation policy.* Government Gazette Volume 433. Pretoria：Department of Education.

Fleisch B & Christie P（2004）Structural change，leadership and school effectiveness improvement：Perspectives from South Africa. *Discourse：Studies in the Cultural Politics of Education.* 25（1）：95 – 112.

Freire P（1982）Creating alternative research methods：Learning to do by doing it. In B Hall，A Gillette & R Tandon（Eds）*Creating knowledge：A monopoly? Participatory research in development.* New Delhi：Society for Participatory Research in Asia.

Grosfbguel R（2011）Decolonizing post-colonial studies and paradigms of political-economy：Transmodernit decolonial thinking，and global coloniality：*Transmodernity：Journal of Peripheral Cultural Production of the Luso-Hispanic World.* 1（1）：1 – 38.

Hopkins D（2001）*School improvement for real.* London and New York：Routledge.

Li Y Y (2017) Processes and dynamics behind whole-school reform: Nine-year journeys of four primary schools. *American Educational Research Journal*. 54 (2): 279 – 324.

Ndlovu-Gatsheni S J (2014) Global coloniality and the challenges of creating African futures. *Strategic Review for Southern Africa*. 36 (2): 181 – 202.

West M & Hopkins D (1996) *Reconceptualising school effectiveness and school improvement*. Paper presented at the Annual Meeting of the American Educational Research Association, New Tork (8 – 12 April).

Westraad S (2011) *Changing schools in challenging contexts: The documentation of a South African whole-school development journey*. Port Elizabeth: GM South Africa Foundation.

第十五章

参与伦理中的扩展的思维方式与非对称性互惠：对大学与中小学合作伙伴关系的反思

帕姆·克里斯蒂

> 尽管公共世界是普天下大众的汇集之处，但是存在于其中的人都处于不同的位置，一个人的位置和另一个人的位置就像两个物体的位置一样，是不一样的。被他人看到，被他人听到的意义只来自这一事实：每个人都是在不同的位置上去看去听的。这就是公共生活的意义。
>
> （Arendt 1998：57）

> 人与人之间的道德尊重蕴含着他们之间的互惠关系，大家彼此接受，互相为对方考虑。但就各自的历史和所处的社会地位而言，他们的关系是不对称的。
>
> （Young 2001：208）

自20世纪80年代以来，有关大学与中小学合作伙伴关系的研究就已蓬勃发展。针对在开普敦市开展的大学与中小学合作伙伴关系，本书各章将其放置在更为广阔的文献领域里进行考察，并用大量篇幅描述了相关活动。虽然在此提及的一系列活动都被包含在通用术语“合作伙伴关系”的范围之内，但本书各章阐释了参与其中的多种多样的而非单一的方式。这表明“合作伙伴关系”术语本身值得进一步探讨。

通常，合作伙伴关系被理解为共同的事业或互惠互利的关系。它可能是为保障权利和义务（包括共享利益和亏损）而签订的正式协议，也可能是非正式的、松散的活动安排。它存在于各种不同的情景之中，从商业活动到体育活动。简而言之，合作伙伴关系的一般含义涵盖了许多差异，从而导致这一概念在乍看之时不够精确。

合作伙伴关系至少涉及互利合作的协议，因此可能需要一定程度的谈判和信任。但是，有些问题需要进一步探讨，例如，如果不另作规定（例如针对“初级合伙人”“资深合伙人”或“隐名合伙人”），“合作伙伴关系”是否需要具备平等主义精神？当合伙人的利益不同时，如何理解互惠关系？是否有必要使各方都平等地受益？当各方在考虑建立合作伙伴关系时，若一方是一所享有特权的全球顶级大学，而另一方学校则来自开普敦最贫穷、服务最匮乏的社区之一，上述问题就会成为被关注的焦点。在这种情况下，多重权力差异（包括物质资源、文化和社会资本以及政治话语权）就会加剧制度形式的差异（包括目标、结构和实践）。针对这种特殊情况，合作伙伴关系是否可能实现互利互惠？如果可能，应采取什么形式的合作关系？如何维持这种关系？这些是本章重点考虑的问题。我认为，应基于参与伦理去寻找答案，而所建立的合作关系和所开展活动的质量与性质又体现出这种伦理。为了制定一种框架来阐明这些问题，我特别借鉴了汉娜·阿伦特（Hannah Arendt）和艾利斯·马瑞恩·扬（Iris Marion Young）著作中有关公共领域的论述，并将他们的观点与我早期关于教育的参与伦理和去殖民化挑战的著作结合起来。

本章论证过程如下：以探索跨越差异的道德参与的概念为开端，特别借鉴了汉娜·阿伦特和艾利斯·马瑞恩·扬关于公共领域的观点。在阐述扩展的思维方式和非对称性互惠的概念之后，思考这一框架对考察大学与中小学合作伙伴关系的影响。最后，简要评论去殖民主义，简略描述这种特殊合作伙伴关系的运作背景以及南非大学和中小学目前面临的不容忽视的道德挑战。

跨越差异的道德参与

在我们共同生活的世界里，怎样才能更好地与他人相处？我认为，要将这个问题视作一种经常性的性格习惯并保持下去，这是教育中的一项伦理任务。相比于一套稳定的道德规范，更重要的是道德要求人们具备不断质疑善恶问题的意愿，这些善恶问题关乎其他有情众生以及在这个共享的星球上与我们息息相关的生命（Christie 2005，2008）。在公共领域，道德参与需要考虑他人的观点和利益。正如安娜·耶特曼（Anna Yeatman 2004）所说：

> 敞开心扉去接受道德要求，就是敞开心扉去接受思维挑战，促使我们以对同时代的同胞们更加宽容、负责的态度来考虑人类的处境。这意味着我们愿意倾听他们为何不赞成我们作为道德的代表人对双方提出要求，并且当我们听取了这些反对意见时，愿意重新考虑自己的立场，并继续同这些对话者进行对话。

我将在本章结论中再次阐述这一点。

在探索人们可能需要什么样的道德参与时，汉娜·阿伦特的政治思想研究对此提供了宝贵的见解，尤其是在《人的境况》（1998 年）和《过去与未来之间》（1993 年）这两本书中提出的观点。在第一本书中，阿伦特在 vita activa（积极生活）一章探讨了劳动、工作和行动的关键主题，以及公共领域的需求。在第二本书中，她探究的主题包括自由、真理和权威政治，以及康德的“扩展的思维方式”的概念。我认为，她对公共领域的研究方法，特别是对“扩展的思维方式”概念的认识，可以为我们提供有用的指导，帮助我们探索大学与中小学作为不同的教育机构进行合作的本质和可能性。

阿伦特认为，“公共”代表着一个世界，它“对我们所有人来说都再普遍不过，却又将我们从各自占有的私人空间中区分开来”（Arendt 1998：52）。公共领域是一个与他人一起行动和交流的空间（与个人的私人空间相反）。阿伦特称其为“显现空间”，因为个体需要在公共演讲和行动中现身。对阿伦特来说，公共领域牵涉到多种利益，需要在公共事务中与他人进行对话并合作行动。阿伦特说：

> 共同生活在这个世界，这在本质上意味着一个物质世界处于共同拥有它的人群之中，就像一张桌子放在那些坐在它周围的人群之中一样。这一世界就像一件中间物品一样，在把人类联系起来的同时，又将其分隔开来。作为一个共有的世界，公共领域，可以说把我们聚在

一起，又防止我们彼此竞争（Arendt 1998：52）。

公共领域为兴趣迥异的人提供了一个共同的聚集地，因此催生了“桌子”的概念。会议是一个脆弱的行动空间，可以看和听，它依赖于“方方面面的同时存在”（Arendt 1998：57）。而且，没有参与者的出席，或缺乏那些将他们聚集在一起的活动（想象一张空桌子的场景），都无法保证会议的顺利进行。正如本章开篇引言所指出的那样，公共生活必然意味着其参与者本着共同的焦点或目的聚在一起，从不同的角度看待和体验世界。共同世界是一个有着不同立场和利益的世界。那么在公共领域的共同世界中，如何才能最恰当地处理分歧呢？

在《过去与未来之间》这本书中，阿伦特针对判断能力提供了一套互补的观点。她借鉴并扩展了康德的“扩展的思维方式”概念，将其发展为“站在他人的位置上思考”的能力。康德的参照点是美学，而阿伦特将其扩展到政治公共领域。她认为，虽然逻辑和理性或许可以在内在的主观世界中使用，但判断的权力必须在公共领域中行使。判断的力量“建立在他人潜在同意的基础上”（Arendt 1993：220），因此超越了个人利益。判断能力，成了一种特殊的政治能力，即“不仅从自己的立场上看事物，而且从恰好在场的所有其他人立场上看事物的能力……判断是‘与他人共享世界’在其中发生的重要活动，即使不是最重要活动”（Arendt 1993：221）。

如果判断是要在别人面前思考，那么就产生了一个问题：判断实际上会导致什么？艾利斯·马瑞恩·扬与塞拉·本哈比（Seylah Benhabib）展开了一场辩论，其主题是当阿伦特认为扩展的思维方式“要求我们把每一个人看作是我们在道德上应该尊重的人，且要站在他们的立场思考”时，她所传递出的含义是什么（Young 2001：207）。本哈比的解释是，道德主体需要以一种与在场其他人立场相反的方式进行思考，他们本着平等互惠的精神把自己置于对方的位置。此外，她认为这种立场的“可逆性”对平等互惠和道德尊重至关重要。扬却持不同意见。她认为，虽然道德尊重是相互的，但重要的是要认识到人与人之间可能存在结构性差异，当在他人面前进行思考时，需要特别考虑这些差异。在存在社会结构差异，特别是特权和压迫关系的地方，简单地改变立场是不可能或不可取的。个体之间的这种差异包括但不仅限于种族、阶级和性别等结构性差异。用扬的话说：

> 个人将不同的历史、情感习惯和生活计划带到人际关系中，这就使其立场不可逆转。如果我们认为这些差异是对称的，且相信尽管他们的经历和价值观存在严重分歧，但一个人可以把自己置于另一个人的立场上，那么可能会导致差异在彼此之间形成的创造性交流就此结束（Young 2001：212）。

扬认为，一个人想要倾听他人表达观点，并不需要简单改变自己的立场。在她的解释中，互惠概念要求积极考虑多种视角及其之间关系的存在，包括承认造成不对称关系的特权和压迫关系。正如她所指出的那样，颇具讽刺意味的是，往往是那些处于社会特权地位的人试图屈尊站在别人的立场。当他们这样做的时候，“基于特权而作出的假设常常让他们在不知不觉中歪曲了他人的处境”（2001：215）。相反，在沟通和对话中，采取谦逊的道德态度更为恰当：

> 在道德尊重的立场上，每一方都必须认识到其他各方都有不可让步的观点和有效利益，相互尊重的互动必须考虑到这些……虽然他们之间可能存在许多相似之处和接触点，但每个立场和视角都超越了其他分享或想象的可能性。交际互动的参与者处于一种相互接近的关系中，他们跨越时空相遇，可以了解、分享、交流各自的兴趣爱好。但每个人都为这种关系带来历史和结构化的定位，使其区别于彼此，具有各自的形状、轨迹和力量配置（Young 2001：216）。

对扬来说，“不能凭与他人互换立场的意愿而构建道德关系，而是通过与他人保持礼貌的距离或有礼貌地与别人交际”（2001：217）。在扬的概念中，对于跨越差异的理解是具有创造性潜力的，因为人们对新鲜事物和差异持开放态度，最终也能接受他人的与众不同之处。

回看阿伦特的观点，公共世界需要多元化的利益，而不是瓦解差异，因此基于道德尊重而进行的跨越差异的交流很重要。正如她在书中所写的，“当人们只从一个角度去看世界，当人们只允许世界从一个角度展现自己时，公共世界也就走到了尽头”（Arendt 1998：58）。

大学与中小学合作伙伴关系在公共世界中是互惠关系

如果大学与中小学合作伙伴关系被理解为公共领域中迥异的、不对称的利益集合——如阿伦特所说的“桌子”一样，不同的利益体聚在一起，在一个公共世界里交流互动，那么可以对合作方参与活动的特性得出一些有效的推论。

首先，我们应尊重各方在谈判桌上提出的不同利益，这些利益能帮助形成各方加入合作伙伴关系的共同焦点。我们的目标不是消除合作伙伴之间的分歧，而是推动各方达成一致，通过在演讲和行动中的出现和在场来进行互动，确保围绕共同焦点来保持合作伙伴关系的活力。这个公共世界的互动空间是脆弱的，需要受到各方的尊重，它不是理所当然地存在，而是有意识地被培育而成。没有谈判桌上的沟通和行动，公共世界也就不复存在。没有道德尊重、互惠和对不同利益的认可，各种私利关系就会死灰复燃，公共事业就会丧失立足之地。

鉴于大学和中小学作为教育机构在结构和经验上存在显著差异，有必要承认互惠不可能是对称的。试图“改变立场”，站在对方的立场上思考问题，或设身处地为对方着想都是不可能的，甚至是不可取的。相反，朝着非对称性互惠的形式努力却是很必要的。在这样的形式下，对分歧的开放心态可能产生创造性的交流和新的理解方式。相比于假设各方可以从内心深处开始了解彼此的世界，保持礼貌的距离和交际可能会更有成效。

在这种特殊情况下，还应考虑伙伴学校在社会和物质资源方面存在的结构性差异。扬提出了一个颇具讽刺意味的观点：那些拥有社会特权的人往往试图屈尊站在他人的立场，因此很可能歪曲了他人的观点，这对合作伙伴关系中大学一方的人来说是一个特别的警告。扬认为，大学有自己的社会声望，并追求知识的卓越地位，因此我们在开展非对称性互惠关系时所表现出的道德谦逊，并不是大学在与其他各方交往中必然培养出来的一种品质。我认为，道德互惠伙伴关系可能需要大学一方的成员不再自以为是地认为自己具备认识他人世界的能力，从而在与中小学交往时，能够以开放的心态看待在创造性空间与同一项目的不同利益体接触时学到的东西。全知的方法不仅是居高临下的，它还消除了创新和改变新的认识模式的可能性。如果发生此类情况，这种合作伙伴关系的真实性就会遭到质疑。毕竟，阿伦特的“桌子”聚集了多个不同的合作方，它们有着共同利益，需要被认真对待。道德互惠伙伴关系不仅代表了大学的知识利益，也代表了学校工作所涉及的多重利益。虽然大学和中小学可能在改进学校和学生专业学习方面有共同的利益，但他们也有超越合作伙伴关系之外的个人利益，并且双方都不会在这种个人利益上让步。

有关本章开篇提出的一些问题，即在严重结构性不平等的情况下，是否有可能建立互惠的大学与中小学合作伙伴关系，阿伦特和扬的研究对此做出了肯定的回答。扩展的思维方式和非对称性互惠可能为跨越差异的交流提供了道德基础。但归根结底，这些方法并没有解决在更广泛的社会活动中造成结构性差异的本质问题以及这些差异带来的道德挑战。然而，对于在不平等的合作伙伴之间（包括在特权和压迫环境中）如何形成并维持相互尊重的关系，这些方法还是有帮助的。此外，对于那些发生在合作关系之外的和独立于合作关系的共同世界之外的特权和压迫，道德参与必须存在于此。由于全国各地的中小学和大学都有学生抗议殖民主义带来的不平等现象依然持续存在，这一观点正切中要害。

去殖民化的挑战

本章并不在此阐述去殖民化理论，而旨在说明，去殖民化是在呼吁从根本上改变那些在殖民主义的正式政治与行政结构解体后仍然存在的多种纠缠不清的不平等现象。在南非，尽管种族隔离制度已经正式结束，但经济不平等造成的深远影响仍明显存在。种族、性别、语言、地域等问题的交叉点标志着由殖民权力矩阵导致的不平等继续存在。西方认识论尽管带有明显的偏见和局限，但它仍然保持着普遍主义的立场。去殖民主义理论家提出这样的挑战，即呼吁从殖民权力矩阵中解脱出来，以不同的、多元的方式了解并参与解放计划。米格诺罗（Mignolo）说：

> 去殖民化是指努力实现人类生活的愿景，它不依赖于或不通过抹杀社会差异而统一理想的方式强迫形成，但现代化/殖民化却在这么做，因此思想去殖民化的起点是允许存异。除了改变对话内容之外，

去殖民化还需要改变其使用的措辞（2007：459）。

挑战经济和文化实力是一项必然具有破坏性的变革性工程。塔克和扬（2012）在题为《去殖民化不是隐喻》的论文中抓住了去殖民化的根本挑战。他们认为：

> 教育宣传和学术活动容易使用去殖民话语，例如，越来越多的人呼吁开展“学校去殖民化”，或使用“去殖民化方法”，或推动“学生思想去殖民化”，从而将“去殖民化”这一措辞变成了一种隐喻。尽管他们的目的可能很重要，但社会正义、批判性方法或殖民主义的去中心化方法的目标可能与去殖民化不可比拟（2012：1）。

塔克和扬警告说，不要同化或推崇去殖民化的激进倾向。对南非而言，这是一个重要警告，因为经济和社会不平等的结构——殖民权力矩阵——是如此明显。对加入在南非建立的这种特殊的大学与中小学合作伙伴关系的各方而言，这也是一个重要警告，因为在种族隔离最严重的城市之一，他们要跨越其明显不平等的地理界限。

正是在这种充满挑战的情况下，合作伙伴关系才得以建立并开展。在本书各章中，我们阐述了合作伙伴关系发展过程中的一些具体活动，并用实例说明，当一所大学和一组中小学都围在他们为建造一个公共世界而创建的特定“桌子”旁时，他们可能取得的成就以及这种互惠互利的合作伙伴关系可能给人们的生活带来的变化。

参考文献

Arendt H（1954/1993）*Between past and future：Eight exercises in political thought*. New York：Penguin Books.

Arendt H（1958/1998）*The human condition*. Chicago：University of Chicago Press.

Christie P（2005）Towards an ethics of engagement in education in global times. *Australian Journal of Education*. 49（3）：238－250.

Christie P（2008）*Opening the doors of learning：Changing schools in South Africa.* Johannesburg：Heinemann.

Mignolo W（2007）Delinking：The rhetoric of modernity，the logic of coloniality and the grammar of decoloniality. *Cultural Studies.* 21（2）：449 –514.

Tuck E & Vang K W（2012）Decolonization is not a metaphor. *Decolonization：Indigeneity，Education and Society.* 1（1）：1 –40.

Yeatman A（2004）*Ethics and contemporary global society.* Accessed 1 March 2005，http：//www. onlineopinion. com. au/view. asp？article =2616.

Young I M（2001）Asymmetrical reciprocity：On moral respect，wonder and enlarged thought. In R Beiner & J Nedelsky（Eds）*Judgement，imagination and politics：themes for Kant and Arendt.* Lanham：Rowman & Littlefield Publishers.

附　　录

术语表

非洲黑人　讲班图语的南非土著居民。

语码转换　在进行对话时交替使用两种或多种语言的做法，通常多见于在教学语言与学生和/或教师的母语不同的课堂。

有色人种　有南非血统的混血儿，他们受奴隶制和种族隔离制度的历史影响，讲克里奥尔化语言。

学生　学校里的青年人被正式称为学生。学校里的非洲黑人青年几乎无一例外地称自己为学生。

实践学习　一种学习方法，学生在专业实践环境中，在专业领域专家的监督下学习。

服务学习　一种发生在实践环境中的学习方法，它与其他形式的体验式学习的区别在于它强调学生学习和为社区服务之间的相互作用。

教师　正式的校本教师被称为教育人员；这两个标签可以互换使用。

白人　居住在南非的欧洲后裔。

编者按

本书中经常使用非洲黑人、有色人种和白人这类以种族划分释义的术语。这样的群体分类是以种族隔离为特征的种族分类政治制度的基础，这些分歧在南非也被赋予了深远的（通常带有感情色彩）内涵。我们使用这些术语绝非是宣扬种族的阶级划分，也并非否定诸如种族和文化等社会结构的复杂性。与大多数南非人一样，我们在日常会话和社交场合中使用这类术语，并在工作场所或学校内以此定义个人身份，但在这些场景下使用这类术语并不带有贬义色彩。

在南非，国家资助的学校被称为普通公立学校。相反，自筹资金的学校被称为私立学校。

关于本卷编辑

罗尚·加尔万（Roshan Galvaan）是南非开普敦大学（UCT）职业治疗专业的教授。

乔纳森·克拉克（Jonathan Clark）是开普敦大学教育学院学校发展处（SDU）和学校改进计划（SII）的负责人。

关于贡献者

克里斯滕·亚伯拉罕斯（Kristen Abrahams）是开普敦大学言语治疗专业的在读博士生。她的研究对象是“学校改进计划”的一所伙伴小学。

帕特里克·巴恩斯（Patrick Barnes）是卡雅利沙镇乌萨萨邹中学的校长。

康斯坦丝·比索（Constance Bitso）是福特海尔大学图书馆馆长。

帕姆·克里斯蒂（Pam Christie）是开普敦大学教育学名誉教授，昆士兰大学荣誉教授，金山大学—联合国教科文组织教师教育多样性与发展教席论坛的基金会成员。

希琳·达蒙斯（Shireen Damonse）是开普敦大学职业治疗专业的临床教育工作者，在卡雅利沙镇的“学校改进计划”伙伴学校承担监督学生学习的工作。

梅利莎·弗兰克（Mellisa Francke）是一位职业治疗师，在开普敦市北泰格堡区的下属部门的初级卫生保健机构工作。在撰写本书时，她是“学校改进计划”的健康和社区协调员。

帕姆·格列舍尔（Pam Gretschel）是开普敦大学职业治疗专业的高级

讲师。

卡希夫·哈桑（Kaashief Hassan）是开普敦大学学校发展处的数学教育专家。

黛安娜·亨德里克斯（Diane Hendricks）是开普敦大学教育学院的学校发展处的语言教育专家。

哈沙·卡特哈德（Harsha Kathard）是开普敦大学交流科学和障碍专业的教授。

卡利·库内（Cally Kiihne）是高级教育专家，也是学校发展处幼儿发展（Early Childhood Development，ECD）和初级阶段（Foundation Phase，FP）项目和课程的主要领导人。

姆多利西·姆博博（Mxolisi Mbobo）自2015年起担任因沙耶洛小学校长，是该校的创始人之一。

苏珊·迈耶（Susan Meyer）是开普敦大学学校发展处和“学校改进计划”的助理教育专家，也是开普敦市的犹太教育和职业培训非政府组织的项目经理，该组织致力于为贫困社区的儿童、教师和组织提供教育发展服务。

利泽·莫斯泰特（Lize Mostert）是一名临床主管，在开普敦大学从事言语治疗研究。此外，她还在开普敦市一家专注于为儿家公立和私立医院提供成人神经康复的私人诊所做临时代理工作。

“百佳计划”项目经理费里亚尔·帕克（Ferial Parker）是开普敦大学学校发展处的生活技能教育专家。

莉斯尔·彼得斯（Liesl Peters）是开普敦大学健康与康复科学系职业治疗专业的讲师。

加里·鲍威尔（Gary Powell）是开普敦大学学校发展处的数学教育专家。

克莱恩·苏迪恩（Crain Soudien）是人文科学研究理事会的首席执行官，也是开普敦大学教育和非洲研究专业的名誉教授。

克莱尔·费尔贝克（Clare Verbeek）是Funda Wanda资助下的阅读干预项目的课程开发人员。

弗雷达·沃尔特斯（Freda Walters）是开普敦大学健康与康复科学系言语治疗专业的高级临床教育工作者。

贾妮斯·怀利（Janis Wylie）是开普敦大学学校发展处的教育管理专家，负责培养学校领导能力，制定管理方案，以及开展继续教育课程。

致　谢

感谢南非国家研究基金会（NRF）的社区参与资助平台（Community Engagement Grant）（2015—2017），正是因为他们的大力支持，本书各章节涉及的研究才能顺利展开。我们也对所有合作伙伴关系的参与者致以诚挚的谢意。感谢开普敦大学教育学院学校发展处提供的专业知识，也感谢我校所有同事与学生和都会东部文教区的官员以及各类社区组织提供的支持和持续性合作。最重要的是，我们要对“学校改进计划”的伙伴学校，特别是学校的校长们表示衷心的感谢，感谢姆多利西·姆博博（因沙耶洛小学）、姆伦吉西·斯科（乌曼加里索小学）、帕特里克·巴恩斯（乌萨萨邹中学）、滕巴·姆巴塔内（西维伊塞尼小学）和帕哈列拉·库珀（科技中心）。这些伙伴学校的校长、副校长、教师、学生和家长为深化和维系富有生机的合作伙伴关系做出了巨大贡献。对此，我们深表感激。